Governança da Inteligência Artificial

Aguinaldo Aragon Fernandes
Ivanir Costa
Vladimir Ferraz de Abreu
(coordenadores)

Governança da Inteligência Artificial

Estrutura, desafios e práticas para organizações inovadoras

BRASPORT

Rio de Janeiro
2025

Editor: Antonio Muniz
Operação Editorial: Monaliza Rosario
Produção Editorial: Marina Oliveira
Editoração Eletrônica: Rinaldo Mickus
Capa: Rinaldo Mickus

Dados Internacionais de Catalogação na Publicação (CIP)
(Câmara Brasileira do Livro, SP, Brasil)

Governança da inteligência artificial para organizações : estrutura, práticas e desafios / coordenação Aguinaldo Aragon Fernandes, Ivanir Costa, Vladimir Ferraz de Abreu. -- Rio de Janeiro : Brasport Livros e Multimídia, 2024

Vários autores.
Bibliografia.
ISBN 978-65-6096-046-6

1. Administração de empresas 2. Governança da internet 3. Inteligência artificial - Inovações tecnológicas 4. Inteligência artificial - LegislaçãoI. Fernandes, Aguinaldo Aragon. II. Costa, Ivanir. III. Abreu, Vladimir Ferraz de.

24-239081 CDD-004.6

Índices para catálogo sistemático:

1. Governança digital : Tecnologia da informação 004.6

Eliane de Freitas Leite - Bibliotecária - CRB 8/8415

BRASPORT Livros e Multimídia Ltda.
Rua Washington Luís, 9, sobreloja – Centro
20230-900 Rio de Janeiro-RJ
Tel./Fax: (21)2568.1415
e-mails: marketing@brasport.com.br
vendas@brasport.com.br
editorial@brasport.com.br
www.brasport.com.br

Dedicamos este livro às nossas famílias.

Agradecimentos

Agradecemos aos profissionais, executivos, professores, colegas e organizações com os quais convivemos no passado e presente, assim como à comunidade de profissionais de TI, gestão de dados e de IA e àqueles que estão engajados em jornadas de transformação das organizações e na sociedade.

Vocês são a nossa fonte permanente de conhecimento e de grande inspiração.

Coordenadores

Aguinaldo Aragon Fernandes

Doutor em Engenharia pela USP, Mestre em Ciências em Administração pela COPPEAD/UFRJ e Bacharel em Administração pela UFRGS. Profissional atuante em gestão empresarial e de tecnologia, autor de vários livros em gestão de TI e consultor em projetos de governança de TI, *discovery* de dados, sistemas de IA, ITSM, normas ISO 27001 e 20000 e mentoria executiva. Participa de grupo de pesquisas no PPGI da UNINOVE sobre temas relacionados de tecnologia e sustentabilidade e inteligência artificial, tendo publicado artigos científicos em periódicos Qualis A1. Participa em bancas de mestrado e doutorado em várias instituições pelo Brasil como professor convidado. Tem especialização em gestão da qualidade pela FGV e design instrucional pelo IBDI. Tem o selo *Top Voice* pelo Linkedin em estratégia de TI.

LinkedIn: <https://www.linkedin.com/in/aguinaldo-aragon-fernandes/>

E-mail: <aguinaldo.aragon@conceptussolutions.com.br>

Lattes: <http://lattes.cnpq.br/1667376936429489>

Ivanir Costa, PhD

Bacharel em Física pelo Instituto de Física da USP, pós-graduado em Tecnologia da Informação pela UNIP, mestre em Engenharia de Produção com ênfase em Informática pela UNIP e doutor em Engenharia de Produção pela Escola Politécnica da USP. Professor e pesquisador dos programas de mestrado e doutorado em Informática e Gestão do Conhecimento (PPGI) da Universidade Nove de Julho (UNINOVE). Professor de cursos de pós-graduação e MBA na FIA/FEA da USP, UNINOVE, SENAC. Foi orientador de mestrado no curso de Engenharia da Computação do IPT (Instituto de Pesquisas Tecnológicas) do Estado de São Paulo. Desenvolve pesquisas e ministra cursos e consultoria nas áreas de Sistemas de Informação, metodologias de desenvolvimento, qualidade, métricas de estimativa, transformação digital e governança digital e métodos ágeis desde 1983. Diretor técnico do ITAC

(Instituto de Tecnologia Aragon & Costa). Possui mais de uma centena de artigos publicados em congressos e periódicos nacionais e internacionais nas áreas de métricas, processos, qualidade, governança de TI e transformação digital e governanças. Possui livro publicado, capítulos de livro nacional e internacional na área de qualidade, processos e governança de TI. Orientou e formou mais de 40 alunos em doutorado e mestrado.

E-mail: <icosta11@live.com.br>

Lattes: <http://lattes.cnpq.br/0646085361798175>

LinkedIn: <https://www.linkedin.com/in/ivanir-costa-83a78b1/>

Vladimir Ferraz de Abreu

Bacharel em Engenharia da Computação pela Unicamp (1993), com especializações em Criação de Produtos e Serviços Utilizando Inteligência Artificial pelo MIT (2024), Gestão de Processos de Negócios pela COPPE-UFRJ (2007), Qualidade e Produtividade pela Fundação Vanzolini-USP (2001) e em Administração de Empresas pela FEI/ESAN-SP (1995). Autor, pela Brasport, do livro *Implantando a Governança de TI: da Estratégia à Gestão de Processos e Serviços*, juntamente com Aguinaldo Aragon Fernandes (quatro edições entre 2006 e 2016) e do livro *Governança Digital 4.0*, juntamente com Aguinaldo Aragon Fernandes e Jose Luis Diniz (2019), também publicado pela Brasport. Participação, como autor, em um quadro sobre governança de tecnologia no livro *Automação & Sociedade: Quarta Revolução Industrial, um olhar para o Brasil* (Brasport, 2018). Profissional da área de tecnologia da informação com atuação no mercado há mais de 30 anos, com histórico de atuação em funções técnicas, gerenciais e de garantia da qualidade em diversas empresas, em sua maioria integradoras de tecnologia nacionais e globais. Tem experiência acadêmica como professor em programas de MBA, lecionando disciplinas como Governança de TI, Gestão de Serviços e BPM em instituições como Universidade Anhanguera, PUC-SP e Faculdade São Lucas-RO. Possui certificações CobiT®, ITIL® e ISO/IEC 20000 e participou da comissão constituída pela ABNT para localização da norma ISO/IEC 20000 no Brasil. Tem conduzido, através de sua empresa Conceptus Integradora de Competências, projetos e atividades de consultoria e mentoria para organizações de diversos tamanhos e segmentos, envolvendo uma ampla gama de assuntos e disciplinas, tais como governança, gestão e melhoria de processos de TI, gestão de processos de negócios, planos para cidades inteligentes e para jornadas de dados, transformação digital e inteligência artificial.

LinkedIn: <https://www.linkedin.com/in/vladimirabreu/>

E-mail profissional: <vladimir.abreu@conceptussolutions.com.br>

Nota dos coordenadores

Vários dos autores são nossos conhecidos de longa data e têm um grande histórico de atuação no mercado de tecnologia, ou como consultores, colaboradores em organizações, docentes em universidades de primeira linha e como executivos. Tentamos explorar essa experiência e esse conhecimento nesta obra. Outro aspecto desta obra é que muitas novidades são apresentadas e discutidas e praticamente todas as nuances em governança de IA foram abordadas.

Autores

Ana Maria Lopes Correa

É graduada em Ciências da Computação pela Universidade de Guarulhos, pós-graduada em Qualidade e Produtividade pela Fundação Vanzolini e em Administração pela PUC-SP. Possui também formação em conselheira de administração com fluência digital – *Digital on board* – pela HSM. Com mais de 30 anos de experiência na área de tecnologia, atuou como executiva em consultorias, sendo responsável pela direção da operação para grandes bancos e como CIO da Cacau Show. Tem atuado desde 2015 como consultora especialista utilizando abordagem *Design Thinking*, metodologias ágeis, *framework* de gestão de resultados OKR e técnicas de inovação e criatividade para a implementação de práticas e transformação ágil, planejamento estratégico e melhorias de resultados. Desde 2021 vem se especializando constantemente e atuando no desenvolvimento de soluções com o uso de inteligência artificial, sejam produtos, métodos ou estratégias de alinhamento de negócios aos objetivos de desenvolvimento de IA. Desde então já foi responsável por desenvolvimento de soluções com utilização de IA, tais como o IQD (*Intelligent Quality Dashboard*), Scouter, robô de autocura de automação de testes e aplicação com a utilização de IA generativa para a geração de artefatos de desenvolvimento de software. É fundadora da Focus4Results, empresa com foco em consultoria em implantação de modelos de gestão com OKR, definição de soluções de inteligência artificial e capacitação de profissionais em métodos ágeis para IA. Criadora das soluções AI Use Case Discovery Framework®, primeiro *discovery* totalmente voltado para a identificação de *AI Use Cases* alinhados à estratégia da organização, e a EvyAI®, IA generativa especializada em tecnologias de inteligência artificial (modelos e algoritmos) para aplicações de negócios.

LinkedIn: <https://www.linkedin.com/in/ana-maria-corr%C3%AAa-42723017/>

E-mail: <ana.correa@focus4results.com.br>

Ana Paula Bernardi da Silva

Doutora em Engenharia Elétrica pela Universidade de Brasília, Mestre em Matemática pela UFRGS. A pesquisadora atua na área de governança e gestão pública em tempos de transformação digital. Professora de cursos de mestrado e graduação da Universidade Católica de Brasília. Suas temáticas de interesse são: governança corporativa e pública (direcionamento, avaliação e monitoramento de estratégias organizacionais), governança de TIC para otimizar recursos e gerar valor, desenvolvimento de capacidades dinâmicas e capacidades digitais e cidades inteligentes e sustentáveis. Seus projetos de pesquisa versam sobre desenvolvimento de estratégias para aprimorar a governança de organizações públicas e desenvolvimento de políticas públicas envolvendo a transformação digital

E-mail: <anapaula@p.ucb.br>

Lattes: <http://lattes.cnpq.br/2644093939475294>

LinkedIn: <https://www.linkedin.com/in/ana-paula-bernardi-da-silva-36026b275/>

Dirceu Matheus Júnior, MSc

Mestre em Engenharia Elétrica e Computação (Mackenzie). Mais de 38 anos de atuação em empresa de grande porte, com passagens pela área de TI (CIO, Gerente e Analista), Financeira (Gerente) e de Recursos Humanos (Gerente). Mais de 35 anos de experiência em docência acadêmica como professor universitário e coordenador de Pós-graduação. Professor na Graduação e na Pós-Graduação, presencial e EAD. Professor do Programa de Mestrado Profissional em Computação Aplicada do Mackenzie. Membro do Grupo de Pesquisa MackLeaps. Área de pesquisa em Governança, IA, Gestão e Digital.

E-mail: <dirceu.matheus.jr@gmail.com>

Lattes: <http://lattes.cnpq.br/8219003984875284>

LinkedIn: <https://www.linkedin.com/in/dirceumatheusjunior/>

Eduardo Stefani, M.e.

Bacharel em Ciência da Computação pelo Centro Universitário Metodista do Rio de Janeiro, MBA em Gestão Estratégica de Tecnologia da Informação pela Fundação Getúlio Vargas, com extensão na Universidade da Califórnia – Irvine. Mestre em Tecnologia da Informação e Gestão do Conhecimento pela Universidade Nove de Julho, com pesquisas sobre riscos, transformação digital e dependência tecnológica. Doutorando e pesquisador nos programas de mestrado e doutorado em Informática e Gestão do Conhecimento (PPGI) da Universidade Nove de Julho. Desenvolve pesquisas com ênfase em governança digital, inteligência artificial e governança de inteligência artificial. Atua como consultor sênior em uma multinacional de software, com foco em replicação de dados e nuvem. Possui artigos publicados em congressos e periódicos nacionais e internacionais nas áreas de risco, governança de tecnologia da informação, transformação digital, governança digital, governança de inteligência artificial e dependência tecnológica.

E-mail: <eduardo_stefani@outlook.com>
Lattes: <http://lattes.cnpq.br/2056001907891428>
ResearchGate: <https://www.researchgate.net/profile/Eduardo-Stefani>
LinkedIn: <https://www.linkedin.com/in/stefanieduardo/>

Dr. Gianni Ricciardi, PhD

Tecnólogo em Processamento de Dados pelo Mackenzie, bacharel em Administração pela Luzwell, pós-graduado em Gestão Estratégica de Pessoas para negócios pela Ítalo-brasileira, MBA em Marketing pela FIA/FEA (USP), MBA em Governança de TI pelo IPT (USP), Mestrado em Engenharia de Software pelo IPT (USP), PhD em *Business Administration* pela Florida Christian University (EUA) e Doutorado em Administração pela UNAMA (Universidade da Amazônia). Professor nos cursos de Pós, MBA e Mestrado na FDC (Fundação Dom Cabral), FIAP, FIA (USP), IBMEC, FECAP, IPT (USP) e FGV. Atuou como Vice-Presidente de Administração da ANEFAC (Associação dos Executivos de Finanças, Administração e Contabilidade), atuou na área de tecnologia da informação como Gerente no GRU Airport – Transformação Digital, Diretor na American Express e Cartão Sollo, Gerente na Visanet/CIELO – *Startup* até o IPO, Gerente na Elavon do Brasil (STONE) – *Startup*, Diretor na INTEC TI – *Startup* – Logística, Projetista na Digibrás do Brasil – *Startup* – Robótica, Consultor na TransCash – *Startup* – Pagamentos Digitais, Consultor na PWC e *Subject Matter Expert* na área de Governança de TI na ISO International pela ABNT/CB-021/CE 021.

E-mail: <gianni.ricciardi@live.com>
Lattes: <https://lattes.cnpq.br/9708274442781362>
LinkedIn: <https://www.linkedin.com/in/gianniricciardi7/>

Gilberto Clovis Josemin

Professor-pesquisador da Universidade Católica de Brasília, possui graduação em Tecnologia da Informação pela Unisinos, especialização em Gerência e Engenharia de Software pela UFRGS, especialização em Administração Pública pela FAAP-SP, mestrado e doutorado em Administração pela UFRGS. Sua experiência inclui ensino, pesquisa e extensão nos cursos de graduação em Administração, no programa de pós-graduação stricto sensu em Políticas Públicas, no programa de Governança, Tecnologia e Inovação e no programa de Comunicação e Economia Criativa. Atuou como coordenador de projetos de sistemas de informação para gestão acadêmica e como gerente de TI de instituição de ensino superior, como gestor de projetos de sistemas de informação em empresa de telefonia e empresas de logística e como desenvolvedor em projetos de tributação e arrecadação de impostos em gestões estaduais e municipais. Sua experiência profissional inclui organizações públicas e privadas e atividades empresariais (como empreendedor) na área de desenvolvimento e comercialização de software corporativo.

E-mail: <gcjosemin@gmail.com>

Lattes: <http://lattes.cnpq.br/0533203029190940>

Leandro Zerbinatti, PhD

É um acadêmico e profissional na área de Engenharia de Sistemas. Formado em Engenharia Eletrônica e Mestre pela Universidade Presbiteriana Mackenzie, é Doutor em Engenharia Eletrônica pela Escola Politécnica da USP. Acumulou experiências em diversas empresas da indústria de Tecnologia da Informação e Comunicação, atuando no ciclo de vida de desenvolvimento de sistemas em múltiplas áreas de aplicação, como, por exemplo, saúde, segurança, educação, financeiro, defesa e aviação. Hoje é CEO da Piacatech, uma empresa focada em Consultoria e Treinamento em transformação digital e inovação de empresas. Além da carreira no setor corporativo, Leandro Zerbinatti é professor, atuando em diversas instituições de ensino superior, incluindo a Pontifícia Universidade Católica de São Paulo e a Universidade Presbiteriana Mackenzie, ministrando disciplinas ligadas à Engenharia de Software, Inteligência Artificial, Ciência de Dados e Transformação Digital.

E-mail: <lzerbinatti@gmail.com>

Lattes: <http://lattes.cnpq.br/5329693874687346>

LinkedIn: <https://www.linkedin.com/in/leandro-zerbinatti-phd-9658881/>

Leonardo Leão

Bacharel em Sistemas de Informação pela Faculdade de Negócios e Tecnologia da Informação (FACNET), Pós-graduado em Governança de TI pela Universidade Católica de Brasília (UCB), ITIL® 3 *Expert*, ITIL® 4 *Managing Professional*, COBIT® 5 *Implementation* e *DevOps Fundamentals* pela PeopleCert; *Information Security Foundation based on ISO/IEC 27001*, *Consultant Manager* ISO/IEC 20000, VeriSM *Foundation* e *Data Protection Officer* (DPO) pela EXIN; COBIT® 4.1 *Foundation* pela

ISACA, COBIT® 5 *Foundation* pela APMG International e *GeneXus Analyst* pela Artech. Consultor e instrutor em áreas de conhecimento relacionadas a proteção de dados pessoais, gerenciamento de serviço, gestão e governança de TIC, com atuação na administração pública e no setor privado há mais de 20 anos. Coautor da obra *Governança Digital 4.0*, também publicada pela Brasport. Instrutor credenciado pela PeopleCert, com mais de 3.000 horas de treinamentos oficiais ministrados. Atualmente, dedica-se à condução de projetos que alinham as estratégias de TIC aos desafios de negócio das organizações, aplicando técnicas de planejamento ágil, como a metodologia *Objectives and Key Results* (OKR).

E-mail: <leonardoleao.consultores@gmail.com>

LinkedIn: <https://www.linkedin.com/in/leonardo-le%C3%A3o-itil-expert-e-mp-dpo-a8463923/>

Marco Antônio de Moraes

Formação em Engenharia Eletrônica e Administração de Empresas com especialização em Análise de Sistemas de Informação (PUC-RS), Inteligência *Artificial lato sensu* (FUB-DF) e Sistemas Gerenciadores de Bancos de Dados (FUB-DF). Extensiva experiência em desenvolvimento de sistemas (programação e análise), modelagem de informações, gerência de projetos e implantação de sistemas de suporte à decisão, também com experiência na condução de projetos e equipes de desenvolvimento para grandes corporações, tais como Banco do Brasil, Vale do Rio Doce, Fundação CENTRUS (Banco Central) e Secretaria de Orçamento Federal (Sistema Orçamentário Federal), com extensiva utilização de ferramentas associadas à estimativas de complexidade, prazo e custos de projetos. Experiência na condução de palestras, apresentações e cursos técnicos, tendo ministrado cursos e palestras em vários eventos nacionais e em várias capitais como São Paulo, Rio de Janeiro, Brasília, Goiânia, São Luís e Fortaleza. Atuou como CIO da CNT-SEST/SENAT, sendo responsável pelo projeto, pela instalação e pela operação dos dois *datacenters* dessas instituições (2004-2014). Posteriormente tornou-se Consultor de TI da Presidência e Diretoria até 2017 e desde então vem atuando como consultor independente, assessorando e mentoreando a utilização de arquitetura empresarial e práticas ágeis bem como pesquisa com métricas de desenvolvimento.

LinkedIn: <https://www.linkedin.com/in/marco-moraes-6292b435/>

E-mail: <mrcmres@gmail.com>

Maritza M. Carvalho Francisco, MSc

Executiva, mentora, pesquisadora, docente e palestrante com 30 anos de experiência em governança de dados, arquitetura de dados e gestão de metadados. Doutoranda em Governança de Dados pela Universidade de São Paulo, com Mestrado em Engenharia da Computação pelo IPT e pós-graduações em Gerenciamento de Tecnologia da Informação e Engenharia de Software. Atuou em empresas líderes no Brasil, como Grupo Habib's, Grupo Hinode, B3, Grupo Pão de Açúcar, Carrefour Soluções Financeiras e Hospital Israelita Albert Einstein, desenvolvendo estratégias de dados e liderando projetos de transformação digital. É coautora do livro *Governança Digital 4.0*, também publicado pela Brasport, *Chief Data Governance Partner* da DACORP e fundadora do Instituto Ágilis, onde mentora e capacita profissionais na implementação de práticas eficazes de estratégia de dados, governança de dados e governança digital.

E-mail: <maritzaagilis@gmail.com>

LinkedIn: <https://www.linkedin.com/in/maritzacarvalho>

Lattes: <https://lattes.cnpq.br/2383404753889013>

Samuel Queiroz Peixoto

É graduado em Tecnologia da Informação pela Universidade Brasil, pós-graduado em Administração de Empresas pela FAAP e possui MBA Executivo em e-Management pela FGV. Possui também formação em Governança Corporativa e Conselhos de Administração pelo IBGC. Com mais de 30 anos de experiência, atuou como executivo em grandes organizações, incluindo Gartner, Hewlett Packard Enterprise, IBM, BTG Pactual, ABN Amro, Banco BBA e Itaú, entre outras empresas. Também atua como conselheiro consultivo e consultor de tecnologia, inovação e governança, além de professor no MBA de Estratégia de Tecnologia da FIA-USP. Samuel desenvolve pesquisas e ministra cursos e palestras nas áreas de governança corporativa, transformação digital, gestão de mudanças e estratégias tecnológicas. Ao longo de sua carreira executiva, liderou projetos em bancos, empresas de tecnologia e *fintechs*, sempre integrando sua visão estratégica e ampla experiência. É autor de artigos sobre eficiência operacional, inovação, governança corporativa, inteligência artificial e transformação digital.

LinkedIn: <https://www.linkedin.com/in/samuelpeixoto/>

E-mail: <sq.peixoto@me.com>

Thiago Luiz Rosa Sávio Costa, MSc

Mestre em Governança, Tecnologia e Inovação pela Universidade Católica de Brasília (UCB) (2022), pós-graduado em Gerenciamento de Projetos pela Fundação Getúlio Vargas (FGV) (2016) e Graduado em Administração de Empresas pelo Instituto de Ensino Superior de Brasília (IESB) (2008). Pesquisador pela FAPDF em Gestão de Ativos e Estratégia Digital. Atualmente é Coordenador de Estratégia Corporativa, Arquitetura Empresarial na Associação de Poupança e Empréstimo (POUPEX). Possui experiência na aplicação de técnicas de design para solução de problemas complexos relacionados à formulação de estratégia digital, a estruturas de governança de TI, à arquitetura empresarial e a modelos de negócio.

Lattes: <http://lattes.cnpq.br/6559090389077352>

LinkedIn: <https://www.linkedin.com/in/thiago-costa-965774111/>

E-mail: <thiagosaviocosta@outlook.com>

Prefácio

A história da humanidade é uma narrativa de revoluções tecnológicas que moldaram a maneira como vivemos, trabalhamos e nos organizamos. Desde o domínio do fogo e a invenção da roda, passando pela prensa de Gutenberg e pela Revolução Industrial, até chegarmos à internet, cada uma dessas inovações reescreveu o funcionamento do mundo. Agora, estamos à beira da maior de todas essas revoluções: a inteligência artificial. Como Isaac Asimov nos advertiu: "a ciência reúne conhecimento mais rápido do que a sociedade reúne sabedoria". A IA nos confronta com esse exato dilema – uma tecnologia com um potencial quase infinito, mas que traz consigo riscos e responsabilidades que exigem nossa mais atenta governança.

Minha experiência como empreendedor me leva a encarar a IA não apenas como uma inovação, mas como uma força que transformará radicalmente a economia global e todas as indústrias. Nos próximos anos, a diferença entre a forma como trabalhamos hoje e como trabalharemos no futuro será tão grande quanto a que separa as ocupações medievais das profissões modernas. A IA não só reformulará mercados e modelos de negócios, como abrirá oportunidades antes inimagináveis. No entanto, essa transformação requer uma abordagem estratégica, que alie inovação à governança ética e responsável.

Para a humanidade, a IA apresenta um leque de possibilidades sem precedentes. Estamos à beira de democratizar o acesso ao conhecimento e à educação em escala global, além de criar soluções inovadoras para desafios que antes eram intransponíveis, como crises de saúde e mudanças climáticas. Pela primeira vez, a tecnologia nos oferece uma verdadeira oportunidade de nivelar o campo de jogo, criando um futuro mais equitativo e justo. No entanto, para que essa transformação seja inclusiva e alcance todas as camadas da sociedade, é crucial que ela seja conduzida de maneira ética e cuidadosa, sem deixar para trás aqueles mais vulneráveis às mudanças tecnológicas.

Para as empresas, estamos entrando na era do *hyper digital*, onde a IA permitirá um crescimento exponencial da produtividade, seguido por uma personalização em massa e, finalmente, pela criação de novos modelos de negócios disruptivos. As organizações que souberem integrar a IA de forma estratégica estarão posicionadas para liderar essa nova era. No entanto, a inovação sem governança é um caminho arriscado. A governança de IA deve ser vista como um pilar central na estratégia corporativa, pois só as empresas que unirem inovação e responsabilidade serão capazes de prosperar em um ambiente global cada vez mais competitivo e regulamentado.

Este livro é um guia indispensável para líderes e gestores que desejam navegar por essa nova era de transformação. Ele apresenta:

- soluções práticas para mitigar os riscos associados à IA por meio de uma governança sólida;
- *frameworks* éticos que alinham o desenvolvimento tecnológico com as regulamentações emergentes e as demandas sociais;
- exemplos de organizações que já estão na vanguarda da governança de IA, oferecendo valiosas lições para quem quer liderar esse processo de forma consciente e eficaz.

A governança da IA não é uma escolha, mas uma necessidade estratégica. As empresas que adotarem essa tecnologia de maneira responsável estarão mais bem preparadas para prosperar em um cenário global altamente competitivo e em constante mudança. Além disso, a cooperação entre governos, empresas e instituições internacionais será essencial para garantir que a IA atue como uma força de estabilização global e não como uma fonte de desigualdade ou descontrole.

Ou, como nos advertiu Voltaire: "Com grandes poderes vêm grandes responsabilidades".

Cesar Gon

Fundador e CEO da CI&T (NYSE: CINT)

Membro do Conselho de Administração do Banco Itaú

Sumário

1. A tecnologia e as organizações do século XXI

Aguinaldo Aragon Fernandes

Nos dias de hoje os modelos clássicos de negócio não têm sustentado a dinâmica da competição no mercado.

A velocidade de mudança é exponencial em todos os setores de negócio. No Brasil vemos, com muita intensidade, muitas mudanças no varejo, em instituições financeiras, meios de pagamento, seguros, *e-commerce*, serviços digitalizados de governo e assim por diante.

Um exemplo clássico de mudança no modelo de negócio no Brasil é no varejo, com as grandes empresas de *e-commerce*. Está abalando o pequeno varejo de rua, assim como empresas legadas de varejo. Os bancos totalmente digitais também são um bom exemplo.

A disrupção tecnológica tem sido o grande "player" de mudança nas organizações. E isto tem implicado em mudanças na forma de organizar e liderar as empresas.

A competição no século XXI vem estabelecendo alguns fatores, como: saber aprender, ter agilidade, convergir os mundos físicos com os digitais, aderir a demandas regulatórias e da sociedade, forte capacidade de adaptação, inovação, empoderar pessoas etc.

Na realidade, a competição[1] nos dias de hoje tem várias facetas e torna o ambiente muito mais complexo do que se imagina.

---

[1] No âmbito governamental, temos observado um esforço no sentido de implementar a Estratégia de Governo Digital cujo grande objetivo é digitalizar a relação do governo com cicadãos e empresas. A competição, no caso, é como atender ao máximo de beneficiários com as políticas públicas.

Até meados dos anos 1990 pouco se falava em outras responsabilidades para a organização com fins lucrativos a não ser dar lucro para os acionistas.

A organização do século XXI tem outras responsabilidades na agenda, como: atender a demandas da sociedade e comunidade onde opera, apoiar e ser parceira de ações de governo, dar contribuição para a redução da emissão de carbono e para o meio ambiente em geral, assegurar a segurança ocupacional de seus empregados, saber lidar com as instabilidades geopolíticas que afetam o negócio, demonstrar sua contribuição para os objetivos de sustentabilidade, os Objetivos de Desenvolvimento Sustentável (ODSs)[2] etc.

A disrupção tecnológica tem sido representada pela inteligência artificial (IA), internet das coisas (*Internet of Things* – IoT), *big data* e *analytics*, *cloud computing*, robótica, impressão 3D, *blockchain*, realidade aumentada e virtual, computação quântica, computação de borda, criptografia avançada, internet 5G.

Essas tecnologias abrem muitas oportunidades de reconstrução do negócio ou para construir um novo modelo de negócio, abrangendo: relacionamento com os clientes, fornecedores, cadeia de suprimento, operações, distribuição e logística, desenvolvimento de produtos e serviços, novas formas de trabalho (híbrido, remoto ou presencial), gerenciamento operacional, tático e estratégico, sustentabilidade etc. Podem apoiar fortemente a estratégia do negócio por mais competitividade, inovação e resiliência[3].

Entre as tecnologias emergentes a que mais tem chamado atenção de empresas e do cidadão comum atualmente é a inteligência artificial generativa (GenAI).

Avaliando o impacto da IA sobre o desempenho da organização, Wamba-Taguimdje *et al.* (2020) identificaram impactos positivos em termos de: eficiência, rotinização de tarefas, confiabilidade de processos, melhoria das informações usadas para a tomada de decisão, melhoria dos serviços, construção de confiança, lucratividade, aumento do valor de mercado, operações mais eficientes em termos de custo, aumento do *market share*, melhoria do *feedback* do cliente, personalização de ofertas, melhoria do planejamento estratégico etc.

No caso da GenAI, de acordo com Chui *et al.* (2023), os impactos são significativos:

- O impacto da GenAI sobre a produtividade pode adicionar trilhões de dólares na economia global.

[2] ODSs são objetivos de desenvolvimento sustentável da Organização das Nações Unidas que contemplam metas para 2030 em termos de erradicação da pobreza, saúde e bem-estar, igualdade de gênero, energia limpa e acessível etc.
[3] Vide no Apêndice 1 uma relação de casos de sucesso de uso de tecnologias por empresas brasileiras.

- Cerca de 75% do valor que os casos de uso em GenAI podem entregar recaem em quatro áreas: operações para clientes, marketing e vendas, engenharia de software e inovação.
- GenAI terá um impacto significante em vários setores de negócio, como bancos, alta tecnologia, ciências da vida etc. em termos de percentagem de suas receitas.
- GenAI tem o potencial de mudar a anatomia do trabalho, melhorando a capacidade do trabalhador individual com a automação de algumas de suas atividades e aumentando sua produtividade com impactos na economia.

Pesquisa de 2024 realizada pelo Boston Consulting Group com cerca de 1.000 companhias de várias partes do mundo (BCG, 2024) identificou que:

- Observam-se ganhos de 15% em produtividade em tarefas corriqueiras com o uso da GenAI.
- Ganhos de 30% a 50% têm sido observados em IA em processos de negócio.
- Os usos da GenAI se estendem para gestão do conhecimento, desenvolvimento de código de aplicações, geração de conteúdos, análise de contratos, reconciliação de faturas etc.
- 68% das organizações que usam IA e GenAI estão redesenhando os seus processos.

Ooi *et al.* (2023) preconizam oportunidades de uso da GenAI em vários setores como saúde, educação, marketing, varejo, marketing digital, serviços, gestão de produto, recursos humanos, bancos e produtividade pessoal. Esses autores estabelecem que a Governança da IA (GIA) é um desafio.

Este livro trata de um tema que tem suscitado muitos debates, estudos, atenção da mídia, das organizações e dos reguladores, que é a IA, e de um tópico que ainda não está recebendo a devida atenção: a governança dessa IA.

O gatilho para a elaboração deste livro foi a moda de uso da GenAI observada em conversas com o grupo de autores e colaboradores do livro: nos perguntávamos: onde está a governança nas organizações para tratar dessa inovação? Ainda mais sabendo que há uma série de implicações de responsabilização e de privacidade de dados envolvidas com a IA.

Pensando na mensagem, estruturamos o livro em 19 capítulos.

O primeiro capítulo é esta justificativa da importância do tema.

O segundo capítulo – "O cenário da IA" – trata do impacto na sociedade, nas empresas e o que está vindo de inovações e de mudanças.

O terceiro capítulo – "O que é a IA" – entra nos seus conceitos fundamentais, abordando os tipos de IA e modelos principais.

O quarto capítulo – "Riscos da IA" – discute os riscos que a IA impõe para as organizações e que podem afetar o desempenho, a privacidade de clientes, a responsabilização pelos resultados do uso da IA, questões regulatórias etc.

O quinto capítulo – "Entendendo a governança corporativa" – explora os mecanismos da governança corporativa, destacando como ela serve de base fundamental para a GIA. Nesse contexto, a GIA é entendida como uma extensão da governança corporativa, somando-se aos seus princípios e práticas, em vez de representá-los de forma distinta ou sobreposta.

O sexto capítulo – "O que é a governança de IA" – apresenta a GIA, seus mecanismos e práticas necessárias para que ela agregue valor ao negócio e minimize ou elimine os aspectos indesejáveis.

O sétimo capítulo – "Práticas da governança de IA" – explora as práticas de GIA, mais especificamente as práticas de Direção, Supervisão, Avaliação e Relatórios.

O oitavo capítulo – "Práticas de gestão e operação da IA" – explora as práticas de gestão da IA em termos de gestão da conformidade, dos dados, da TI e do ciclo de vida do desenvolvimento de sistemas de IA.

O nono capítulo – "Como gerenciar os riscos de IA" – explora como os riscos de IA devem ser gerenciados, o que é um desdobramento das práticas de governança. É sugerido um processo com a apresentação de um caso de uso e o tratamento de indicadores-chave de risco.

O décimo capítulo – "A IA como habilitadora da estratégia organizacional" – trata de como escolher as melhores oportunidades de uso da IA na organização e sobre como chegar aos objetivos desejados e possíveis com a IA. Apresenta um roteiro para a construção da estratégia da IA.

O décimo primeiro capítulo – "Como medir o retorno da IA nas organizações" – explora os benefícios da IA para a organização do ponto de vista do seu retorno. Este assunto tem muita relevância em nível da alta administração, que alocou recursos e investimentos para obter resultados positivos para a organização.

O décimo segundo capítulo – "Estratégia e governança de dados com IA" – complementa a discussão do relacionamento entre a governança de IA e a de dados. Sem práticas de governança de dados dificilmente a implantação da IA será bem-sucedida.

O décimo terceiro capítulo – "O que é a IA confiável e responsável" – explora o que seria uma IA responsável e apresenta os princípios e requisitos para que isso aconteça. A IA confiável é importante do ponto de vista de atendimento à legislação, a regulamentos e ao escrutínio geral sobre o sistema de IA usado pela organização.

O décimo quarto capítulo – "A questão da conformidade com regulações e a legislação" – aborda o que vem por aí em termos de legislação no Brasil e em outros países e que pode afetar o sistema de IA da organização.

O décimo quinto capítulo – "Capacidades organizacionais em IA" – trata das capacidades que a organização deve ter para adotar, implementar, usar sistemas de IA e fornecer sustentação a esses sistemas. Compreende as capacidades em processos, tecnologias digitais e competências e habilidades necessárias para uma organização evoluir na jornada de IA.

O décimo sexto capítulo – "Governança de IA no setor público" – explora os modelos e mecanismos de GIA no setor público federal. Também explora os requisitos para os demais entes federados, visto o Projeto de Lei nº 2338.

O décimo sétimo capítulo – "As normas ISO relativas à governança de IA" – explora vários normativos, em especial normas que implementam a GIA e o sistema de gestão da IA.

O décimo oitavo capítulo – "Modelos internacionais relacionados com IA" – apresenta outros modelos voltados para o uso ético da IA.

Por fim, o décimo nono capítulo – "Como implementar a governança de IA" – apresenta questões-chave e um modelo de implementação da IA na organização.

2. O cenário da IA

Eduardo Stefani
Ivanir Costa

O cenário da IA nas organizações e na sociedade está em rápida evolução, com empresas adotando tecnologias de IA para otimizar processos, melhorar a tomada de decisões e personalizar a experiência do cliente. A automação de tarefas repetitivas e a análise de grandes volumes de dados são áreas onde a IA, principalmente a generativa, tem mostrado grande impacto, em setores como saúde, educação e transporte. Todavia, desafios como a ética, a privacidade e a necessidade de habilidades especializadas continuam a ser pontos críticos a serem abordados.

2.1. A IA como tecnologia habilitadora

O cenário da IA tem um componente dinâmico que impõe um sério desafio para as organizações e a sociedade. Levando em consideração que em 2011 surgiu o conceito de Indústria 4.0, com o seu anúncio formal ocorrido em 2013, seguido de um processo de Transformação Digital (TD) que elevou a competição a outro patamar (GAIVORONSKAYA *et al.*, 2020), incluindo a IA como uma das tecnologias habilitadoras (COSTA *et al.*, 2022), é natural perder a noção do tempo. Trata-se de pouco mais de 10 anos, e a maneira como o tema é abordado já tem características de uma perspectiva histórica.

A IA é uma tecnologia habilitadora crucial para o processo de TD, permitindo a automação de processos, a análise avançada de dados e a personalização em escala. Com a IA, as organizações podem inovar, melhorar a eficiência operacional e oferecer experiências mais ricas aos clientes. Além disso, a IA facilita a adaptação a novas demandas do mercado e a criação de novos modelos de negócios.

A IA, como uma das tecnologias digitais da TD, apresentava um conceito de alto nível, porém o que ocorreu nos últimos anos foi o fortalecimento de uma de suas vertentes: a IA Generativa (GenAI). Saindo de um contexto de alto nível para um bem mais específico, a GenAI se popularizou fortemente, e hoje pode-se afirmar seguramente que é um fenômeno de cultura popular. É um desafio encontrar campos de negócios ou estudos nos quais a GenAI não seja um diferencial.

Trata-se de um fenômeno que pode ser comparado ao das telecomunicações, da microinformática e do surgimento da internet, que mudaram as organizações e a sociedade de modo irreversível. A GenAI tem essa mesma potência, e o mais importante é que estamos apenas no início do processo de seu desenvolvimento.

2.2. Impactos da IA generativa

A GenAI está catalisando uma transformação significativa no mercado global, com investimentos bilionários previstos nos próximos anos. Grandes corporações e investidores de capital estão destinando recursos para o desenvolvimento da GenAI, reconhecendo seu potencial disruptivo. Esses investimentos visam aprimorar a tecnologia e explorar novas aplicações que irão moldar o futuro de várias indústrias, desde a criação de conteúdo até a automação de processos empresariais complexos.

Cafferata e Dias (2024) destacam em um artigo da consultoria McKinsey que 65% das empresas globais já utilizam a GenAI, com um aumento expressivo em comparação aos últimos dez meses. Apesar disso, a maioria ainda está nos estágios iniciais de experimentação da tecnologia, enquanto apenas 5% das organizações já atribuem mais de 10% do seu EBIT (*Earnings before interest and taxes*) ao uso eficaz da GenAI. As empresas líderes estão focadas em áreas de alto potencial, adaptando soluções e gerindo riscos desde o início para capturar valor além da expectativa.

O impacto dessa onda de investimentos é significativo, especialmente nas empresas que buscam se manter competitivas em um mercado cada vez mais orientado por dados e automatização. A GenAI promete revolucionar setores como marketing, atendimento ao cliente e design de produtos, oferecendo ferramentas que permitem a personalização em escala e a criação de soluções sob medida com uma eficiência nunca vista.

Empresas que adotarem essa tecnologia poderão reduzir custos operacionais, aumentar a produtividade e criar oportunidades de negócio. Contudo, a necessidade de adaptação rápida e a requalificação da força de trabalho se tornam desafios centrais, pois as organizações precisarão garantir que a força de trabalho esteja preparada para tirar vantagem da GenAI.

Empresas que se destacam na implementação da GenAI seguem um plano robusto e têm o apoio das lideranças seniores, com 59% delas possuindo uma rota bem definida. Elas aplicam a tecnologia em várias funções de negócios, indo além das soluções prontas ao customizar ou desenvolver seus próprios modelos para maximizar o valor. No entanto, enfrentam desafios, especialmente na gestão de dados e em mudanças organizacionais, essenciais para a escalabilidade e sucesso da GenAI (CAFFERATA; DIAS, 2024).

Cafferata e Dias (2024), no mesmo artigo da consultoria McKinsey, enfatizam que o sucesso na implementação da GenAI não depende apenas da tecnologia, mas de uma abordagem holística que integra todos os elementos necessários para escalar a inovação e alcançar o retorno financeiro esperado. As empresas devem aprender com os desafios enfrentados para evitar riscos e desbloquear o verdadeiro potencial da GenAI em suas operações.

Um artigo adicional da consultoria McKinsey indica a ascensão da GenAI como uma prioridade nas agendas de lideranças globais. Com potencial de gerar entre US$ 2,6 trilhões a US$ 4,4 trilhões para a economia global, a GenAI está transformando setores como marketing, vendas, pesquisa e desenvolvimento, e operações relacionadas a clientes. Destaca-se que os CEOs (*Chief Executive Officers*) não se perguntam mais se devem adotar essa tecnologia, mas sim como e por onde começar a implementá-la, dada a sua capacidade de melhorar a produtividade e criar valor significativo para as empresas (MARTINS; CAFFERATA; DIAS, 2023).

A GenAI requer uma combinação de infraestrutura técnica adequada, estratégia clara de criação de valor e um entendimento aprofundado dos riscos e benefícios da tecnologia. A liderança deve priorizar a construção de um ecossistema de parcerias e assegurar que a força de trabalho esteja preparada para as mudanças iminentes. A transformação já está em curso, e o sucesso a longo prazo dependerá da habilidade das organizações de navegar nessa nova era, equilibrando inovação com uma gestão cuidadosa dos riscos associados.

A velocidade com que as novidades em GenAI estão sendo desenvolvidas e implementadas é sem precedentes, exigindo que as corporações adaptem suas estratégias em tempo recorde. As inovações nessa área não apenas surgem rapidamente como se difundem globalmente de maneira acelerada, forçando as empresas a se manterem constantemente atualizadas para não perderem o momento. Essa rapidez coloca pressão sobre os ciclos tradicionais de desenvolvimento de produtos e serviços, que agora precisam ser mais ágeis e iterativos. Organizações que não conseguirem acompanhar essa velocidade correm o risco de perder participação no mercado para concorrentes mais dinâmicos e tecnologicamente avançados.

Um relatório publicado pelo *MIT Technology Review Insights* (2023) baseado em uma pesquisa global com 600 executivos seniores de dados e tecnologia indica que o surgimento de ferramentas de GenAI, especialmente desde o final de 2022, impactou significativamente a percepção pública e as estratégias empresariais. Já de acordo com o banco de investimentos Goldman Sachs (2023), o potencial da tecnologia para transformar diversas funções empresariais e a economia é imenso, com projeções estimando um aumento de 7% no PIB global devido à automação impulsionada pela IA.

O relatório do MIT explora como a GenAI, particularmente os grandes modelos de linguagem (LLMs), está massificando o acesso à IA. Destaca a mudança de projetos para a integração de IA por toda a empresa, permitindo que as empresas desbloqueiem valor a partir de dados não estruturados previamente inexplorados. Os CIOs (*Chief Information Officers*) estão agora investindo em infraestruturas de dados flexíveis e escaláveis, como plataformas híbridas que suportam dados estruturados e não estruturados, democratizando o acesso enquanto aumentam a segurança e a eficiência.

Um tema central é o equilíbrio entre o aproveitamento de tecnologias de código aberto e a manutenção do controle sobre dados proprietários e propriedade intelectual. Enquanto algumas organizações estão construindo seus próprios LLMs (*Large Language Models*) para proteger seus dados, outras estão cautelosas em depender excessivamente de plataformas de IA de terceiros devido a riscos como vazamento de dados e resultados não confiáveis. A governança e a gestão de riscos na adoção da IA, especialmente no que diz respeito à privacidade dos dados, confiabilidade dos modelos e explicabilidade dos sistemas de IA, são temas ainda com pesquisa incipiente (SOHMEN; RAZZAQUE, 2009).

2.3. A IA generativa e os trabalhadores

Uma pesquisa da consultoria McKinsey elaborada por Cafferata e Mayol (2024) apresenta um novo grupo de trabalhadores denominado “Geração GenAI” que emerge com a adoção da GenAI. Essa geração valoriza mais as competências cognitivas e socioemocionais do que as habilidades técnicas, pois muitas funções operacionais podem ser facilitadas por máquinas. Além disso, tendem a priorizar flexibilidade e relacionamentos no ambiente de trabalho, colocando o salário em uma posição secundária em suas motivações para permanecer na empresa.

Essa pesquisa da McKinsey identifica quatro grupos principais entre os trabalhadores envolvidos com a GenAI: “criadores”, diretamente envolvidos no desenvolvimento de ferramentas e sistemas; “usuários intensivos”, que utilizam a GenAI em grande parte de suas tarefas; “usuários casuais”, que a utilizam em menos da metade de suas funções; e “não usuários,” que ainda não foram afetados pela tecnologia. Observou-se que, embora a maioria dos trabalhadores não utilize diretamente a GenAI, muitos podem se tornar usuários em breve, destacando a necessidade de requalificação e aperfeiçoamento para manter a força de trabalho alinhada com as novas demandas.

As empresas precisam ajustar suas propostas de valor para reter e desenvolver talentos na era da GenAI. Isso inclui redefinir a flexibilidade no trabalho, focando nos resultados alcançados em vez do tempo dedicado, além de implementar uma escuta ativa para entender melhor as necessidades dos colaboradores. A pesquisa mostra que, apesar das preocupações, há um grande entusiasmo em relação à integração da GenAI, representando uma oportunidade de alinhar expectativas e aumentar a produtividade de forma significativa.

A liderança nas empresas também será impactada de forma substancial. Líderes empresariais precisarão desenvolver uma compreensão profunda da GenAI para tomar decisões estratégicas que maximizem o retorno sobre os investimentos tecnológicos. Isso inclui a necessidade de criar uma cultura organizacional que apoie a inovação, fomente a colaboração entre humanos e máquinas e enfrente as questões éticas associadas ao uso de IA. Além disso, a automação de tarefas e a criação de conteúdo pela GenAI poderão levar a uma redefinição do trabalho, onde a criatividade e as habilidades interpessoais se tornarão ainda mais valorizadas, enquanto tarefas repetitivas e analíticas serão delegadas às máquinas.

2.4. Riscos da IA generativa

A privacidade e a segurança dos dados também são preocupações críticas no contexto da GenAI. O uso extensivo de dados para treinar modelos de GenAI aumenta a probabilidade de violações de privacidade e do uso indevido de informações sensíveis. Como os sistemas de GenAI requerem grandes quantidades de dados para funcionar de maneira eficaz, o risco de expor informações pessoais ou confidenciais cresce. As práticas de manuseio de dados devem ser seguras e medidas robustas devem entrar em vigor para proteger contra acessos não autorizados e vazamentos de dados (OSENI *et al.*, 2020).

Outro risco relevante associado à GenAI é o potencial de questões de viés e equidade. Os sistemas de IA são treinados com base em dados que podem refletir preconceitos existentes, levando à perpetuação ou até ao agravamento desses preconceitos. Isso pode resultar em desfechos injustos, especialmente em áreas críticas como contratação, aplicação da lei e concessão de crédito. Garantir a equidade na IA requer uma consideração cuidadosa sobre os dados utilizados e o desenvolvimento de técnicas para detectar e mitigar vieses (NTOUTSI *et al.*, 2020).

A dependência de sistemas de GenAI representa um risco relacionado à confiabilidade. À medida que organizações e indivíduos passam a depender cada vez mais da GenAI para a tomada de decisões e outras funções críticas, as consequências de falhas ou imprecisões nos sistemas de GenAI se tornam mais pronunciadas. A dependência excessiva desses sistemas pode levar a interrupções significativas se eles produzirem resultados incorretos ou deixarem de operar conforme o esperado. Isso enfatiza a necessidade de desenvolver sistemas resilientes e de manter a supervisão humana para mitigar os potenciais riscos (YAZDI *et al.*, 2024).

Um risco da GenAI que deve ser cuidadosamente considerado é a divisão digital, onde os benefícios da IA podem não ser distribuídos de maneira equitativa entre diferentes grupos socioeconômicos. Essa disparidade pode exacerbar as desigualdades existentes, pois aqueles com acesso a tecnologias avançadas de IA podem obter vantagens desproporcionais em áreas como educação, saúde e oportunidades econômicas. Comunidades marginalizadas podem ser ainda mais abandonadas, aprofundando a divisão e consolidando as desigualdades (ROBINSON *et al.*, 2020).

Outro risco crítico está relacionado à privacidade. A implantação de IA em sistemas de vigilância tem o potencial de infringir significativamente os direitos de privacidade dos indivíduos. Podem ocorrer práticas de monitoramento intrusivas, onde informações pessoais são coletadas e analisadas sem o devido consentimento. Isso levanta preocupações sobre o possível uso indevido desses dados por governos ou corporações, resultando na possibilidade de controle autoritário (PARK, 2021).

Sistemas de GenAI estão cada vez mais tomando decisões que tradicionalmente eram do domínio humano, como diagnósticos médicos, julgamentos legais ou até ações militares. Essa mudança levanta questões sobre autonomia, consentimento e as implicações morais de delegar decisões críticas a máquinas. A falta de diretrizes éticas claras pode resultar em sistemas de IA fazendo escolhas prejudiciais para indivíduos ou para a sociedade como um todo (CATH, 2018).

Além disso, a IA tem o potencial de influenciar significativamente normas e comportamentos culturais. À medida que se torna mais integrada ao cotidiano, ela pode alterar a forma como as pessoas interagem com a tecnologia e entre si. Por exemplo, o aumento da criação de conteúdo e das ferramentas de comunicação impulsionadas por IA pode mudar as formas tradicionais de expressão e interação social, levando a novas dinâmicas culturais. Essas mudanças podem impactar desde a arte e o entretenimento até a linguagem e as normas sociais, potencialmente perturbando práticas e valores culturais estabelecidos (LEE, 2022).

No cenário em evolução da GenAI, os potenciais riscos que ela apresenta são uma área significativa de preocupação. Um dos riscos mais imediatos é a substituição da força de trabalho. Isso é especialmente verdadeiro para funções que envolvam tarefas repetitivas, que a IA pode realizar de maneira mais eficiente e sem a necessidade de pausas. O efeito em cadeia dessa substituição pode ser amplo, afetando indivíduos, indústrias e economias, o que exige uma reavaliação das estratégias de desenvolvimento da força de trabalho e criação de empregos (FREY; OSBORNE, 2024).

Em conclusão, embora a GenAI ofereça consideráveis promessas, ela também apresenta riscos substanciais que precisam ser abordados. Os desafios da divisão digital, das preocupações com vigilância e privacidade, dos dilemas éticos e dos impactos culturais destacam a necessidade de regulamentação cuidadosa, acesso inclusivo e diálogo público contínuo para garantir que os benefícios da IA sejam realizados de maneira equitativa e responsável.

3. O que é a IA

Ivanir Costa
Aguinaldo Aragon Fernandes

A inteligência artificial (IA) tem se tornado uma das áreas do conhecimento mais fascinantes e impactantes da tecnologia moderna, e este capítulo visa explorar os conceitos da IA, os seus diferentes tipos, a IA generativa (GenAI) e suas principais aplicações nas organizações.

3.1. Conceito da IA

Ainda que a IA esteja recebendo grande atenção, permanece uma certa confusão quanto ao seu conceito. Isso ocorre devido aos usos da IA, que são extremamente variados e potencialmente revolucionários em termos de valor comercial (WITT; WOLANSKE; MERTHOU, 2021).

Com o desenvolvimento experimentado nos últimos anos, muitas definições têm sido publicadas sobre a IA, e ela tem sido uma disciplina com muita popularidade na área acadêmica, em setores industriais e em funções de negócio (HAENLEIN; HUANG; KAPLAN, 2022).

McCarthy (2007), considerado o pai da IA quando instigado a responder, proferiu que poderia haver diferenças entre os pesquisadores sobre o conceito.

De acordo com McCarthy, a IA:

> *É a ciência e engenharia de fazer máquinas inteligentes, especialmente programas de computador inteligentes. Está relacionado com as tarefas similares usando o computador para entender a inteligência humana, mas a IA não tem que ser confinada em si mesma pelos métodos que são biologicamente observáveis (tradução dos autores).*

Uma definição mais atual nos é dada pela ISO/IEC 22989:2022 (ISO, 2022):

> *Pesquisa e desenvolvimento de mecanismos e aplicações de sistemas de IA os quais geram saídas como conteúdo, previsões, recomendações ou decisões para um determinado conjunto de objetivos definidos pelo homem.*

O programa do governo do Brasil, denominado de **IA para o Bem de Todos**, (MINISTÉRIO DA CIÊNCIA, TECNOLOGIA E INOVAÇÃO, 2024), nos dá a seguinte definição para IA:

> *Para os propósitos deste Plano define-se Inteligência Artificial como sistemas que produzem resultados a partir de um grande volume de dados, permitindo um processo de aprendizagem, que realiza previsões, classificações, recomendações ou gera decisões que possam influenciar ambientes físicos e virtuais.*

A IA é apoiada por várias disciplinas, como ciência da computação, biologia, filosofia, matemática, metafísica e psicologia, e não tem uma definição que atenda a todas as audiências.

Abbas (2021) pontua a definição sobre as palavras IA. A primeira definição proposta é que a IA é a automação da cognição, já a segunda é que a IA é um fenômeno social e cognitivo que permite a uma máquina se integrar socialmente com uma sociedade para desempenhar tarefas que requerem processos cognitivos e se comunicar com outras entidades na sociedade por troca de mensagens com alto conteúdo de informação e representações curtas.

Dentro do campo de IA há uma tipologia de aplicações e técnicas como: Processamento de Linguagem Natural (*Natural Language Processing* – NPL); visão computacional; *machine learning* (aprendizagem supervisionada, aprendizagem não supervisionada, aprendizagem por reforço, redes neurais, aprendizagem profunda) ou aprendizagem de máquina (HULKKONEN, 2021).

O processamento de linguagem natural (NPL) permite a interação entre computadores e a linguagem humana, e isso inclui a capacidade de entender, interpretar e gerar texto de maneira que seja natural para os humanos. Já a visão computacional é a capacidade dos sistemas para interpretarem e entenderem imagens visuais, que permite aplicações como reconhecimento facial e análise de imagens médicas, por exemplo. O *machine learning*, que é considerado como um dos pilares da IA, envolve algoritmos que permitem que os sistemas aprendam e melhorem com a experiência sem serem explicitamente programados para cada tarefa específica. As redes neurais são modelos computacionais inspirados no cérebro humano, capazes de reconhecer padrões complexos e realizar tarefas como classificação e previsão (LUDEMIR; BRAGA; CARVALHO, 2000; DA SILVA, 2020; SHARMA; SHARMA; JINDAL, 2021; CASELI; NUNES, 2024).

Espera-se que a IA tenha impactos significativos em uma organização que a adote, como: eficiência do processo; geração de *insights*; transformação dos processos do negócio; desempenho operacional; desempenho financeiro; desempenho no mercado; desempenho na sustentabilidade; e impacto em riscos para o negócio.

Em termos da sociedade e economia, são esperados vários níveis de impacto, fazendo com que muitos países comecem a desenvolver sua política de IA, como o Brasil está fazendo agora. Isso vai impactar os sistemas de gestão de riscos das empresas.

Outras definições encontradas na literatura (ENHOLM *et al.*, 2022):

Tabela 3.1. Definições de IA. Fonte: adaptado de Enholm *et al.* (2022).

Autor	Definições
Kolbjørnsrud *et al.* (2017)	IA é definida como computadores e aplicações que sentem, agem e aprendem.
Afiouni (2019)	IA é um conceito geral para sistemas de computadores que desempenham tarefas necessárias para a inteligência natural do ser humano, sendo baseada em regras ou não.
Lee *et al.* (2019)	IA são sistemas inteligentes criados para usar dados, analisar e observar determinadas tarefas sem a necessidade de ser programado para fazer essas tarefas.
Wang *et al.* (2019)	IA é um conceito amplo que captura o comportamento inteligente da máquina.
Makarius *et al.* (2020)	IA é uma capacidade dos sistemas para interpretar corretamente dados externos, aprender a partir desses dados e usar essa aprendizagem para alcançar metas específicas através da adaptação flexível.
Schmidt *et al.* (2020)	IA é a saga para mimetizar as capacidades cognitivas do ser humano através de computadores.
Demlehner e Laumer (2020)	IA é um sistema de computador que tem a habilidade de perceber, aprender, julgar ou planejar sem ser explicitamente programado para seguir determinadas regras ou sequências de ação através de todo o processo.

Autor	Definições
Wamba-Taguimdje *et al.* (2020)	IA é definida como um conjunto de teorias e técnicas usadas para criar máquinas capazes de simular a inteligência e modelar o comportamento inteligente sem a intervenção humana.
Mikalef e Gupta (2021)	IA é a habilidade de um sistema de identificar, interpretar, fazer inferências e aprender a partir dos dados para atingir metas organizacionais e sociais predeterminadas.

3.2. O que é IA generativa (GenAI)

Não podíamos deixar a GenAI de fora da conceituação, pois é o elemento que está fazendo as organizações se interessarem pelo assunto e investirem. Nos últimos anos têm surgido várias ferramentas que têm atraído a atenção mundial, como ChatGPT, Copilot, Bard, DALL-E. Essas tecnologias são exemplos da GenAI, uma classe de tecnologias de aprendizado de máquina que pode gerar novo conteúdo, tais como texto, imagens, música ou vídeo a partir da análise de padrões de dados.

Os progressos observados com a GenAI têm sido obtidos pelo uso de recursos computacionais escaláveis, inovações em arquitetura, a capacidade de treinar o modelo usando grandes quantidades de dados e outros aperfeiçoamentos. A GenAI trata de soluções de aprendizado de máquina treinadas em grandes quantidades de dados para produzir saídas com base em *prompts* do usuário (entrada na forma de comandos).

A GenAI utiliza algoritmos que podem gerar novos dados a partir de dados existentes, sendo o GPT-4 um exemplo notável, pois é um modelo de linguagem que pode gerar texto coerente e relevante em uma variedade de contextos (GONÇALVES; TORRE; MELO, 2024). É um modelo de linguagem grande (*Large Language Model* – LLM) especializado em processamento de linguagem natural (NPL).

Um LLM é um modelo de aprendizado de máquina treinado para gerar texto semelhante à linguagem humana. Ele é chamado de "grande" porque é treinado em um grande conjunto de dados e é capaz de gerar texto altamente realista e coerente (SÆTRA, 2023).

Outra definição de LLM: são sistemas de IA projetados para processar e analisar grandes quantidades de dados em linguagem natural para gerar respostas às solicitações (*prompts*) dos usuários. Esses sistemas são treinados com grandes quantidades de dados usando algoritmos avançados para aprender padrões e estrutura da linguagem humana e são capazes de gerar respostas em linguagem natural a uma ampla gama de solicitações (DATABRICKS, 2023).

A Tabela 3.2 ilustra um conjunto de soluções de GenAI disponibilizadas no mercado internacional.

Tabela 3.2. Soluções de IA generativa. Fonte: os autores.

ChatGPT 4 (Criado pela OpenAI)	Falcon (GenAI dos Emirados Árabes)
PalM (Desenvolvido pelo Google)	ERNIE (Pertence à chinesa Baidu)
BERT (Desenvolvido pelo Google)	Cohere (*startup* canadense)
Claude (GenAI da Anthropic)	Gemini (GenAI do Google)
Copilot (GenAI da Microsoft)	LlaMA (GenAI da Meta)

Tipos de aplicação das LLMs:

- *Chatbots* e assistência virtual.
- Geração de código.
- Análise de sentimento.
- Classificação e agrupamento de texto.
- Tradução de idiomas.
- Sumarização de textos.
- Geração de conteúdo.

A Figura 3.1 apresenta uma visão integrada das disciplinas e tecnologias que compõem o modelo de linguagem LLM (SARKER, 2024).

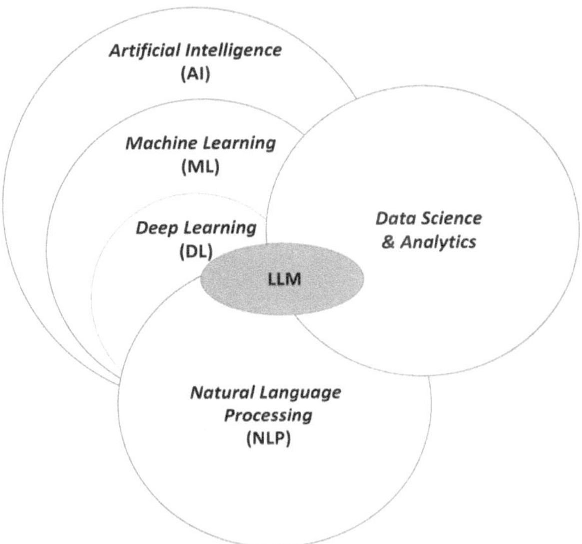

Figura 3.1. LLM. Fonte: adaptado de Sarker (2024).

As aplicações da GenAI são vastas e incluem a criação de conteúdos, arte digital e desenvolvimento de jogos. Esses sistemas têm o potencial de revolucionar a forma como as pessoas e as organizações consomem mídia, oferecendo novas ferramentas para artistas, designers e desenvolvedores (MACHADO, 2023).

As GenAI, como ChatGPT, Copilot e outros, podem atender às organizações em áreas como planejamento estratégico, marketing e vendas, operações, TI/engenharia, risco e jurídico, recursos humanos, contabilidade e finanças, até otimização de serviços públicos/funcionários. Exemplos são recomendação de estratégia comercial, *chatbots* de atendimento a clientes, geração de anúncios e *posts* para marketing e automação de tarefas de consolidação de relatórios. O sistema de GenAI também pode funcionar como um colaborador, aumentando a capacidade de entrega dos funcionários.

Na área da educação, pode auxiliar no processo de aprendizagem, pesquisas, respostas a determinados temas e apoio a trabalhos escolares. Na área da saúde pode ser usada para interação com médico e paciente, suporte à decisão clínica, educação na saúde, telemedicina, triagem de pacientes etc.

Na criação de conteúdo a GenAI vem promovendo um impacto profundo na comunicação, na geração de conteúdo, no marketing e na propaganda pelo poder de gerar conteúdos sintéticos e de automação de processos.

Porém, a GenAI tem seus riscos em relação a questões éticas, de direito autoral, viés, os usuários confiarem demais nos conteúdos gerados, "fake news", problemas de privacidade, alucinação, qualidade de dados de treinamento, questões de autenticidade e capacidade de explicar os resultados gerados.

3.3. Classificação da IA

A IA é um campo vasto e diversificado que pode ser categorizado de várias maneiras. Aqui estão algumas das principais classificações e tipos de IA:

3.3.1. Tipos de IA

a) **IA Estreita (*Narrow AI*):** refere-se a sistemas de IA projetados e treinados para realizar uma tarefa específica ou um conjunto limitado de tarefas. Assistentes virtuais como Siri e Alexa, sistemas de recomendação como o algoritmo da Netflix e software de reconhecimento de imagem são exemplos de IA estreita.

b) **IA Geral (*General AI*):** refere-se a sistemas de IA que possuem a capacidade de entender, aprender e aplicar conhecimentos de maneira geral, similar a um ser humano, para resolver uma ampla variedade de tarefas. Atualmente, a IA geral ainda é um conceito teórico e não foi totalmente alcançada. Algumas aplicações vislumbradas são: medicina personalizada, pesquisas científicas avançadas, educação personalizada, exploração espacial e tomada de decisão em negócio.

c) **IA superinteligente (*Superintelligent AI*):** refere-se a uma forma de IA que supera a inteligência humana em praticamente todos os aspectos, incluindo criatividade, tomada de decisões e habilidades emocionais e sociais. Atualmente, é uma teoria e não foi alcançada, mas podemos imaginar algumas aplicações hipotéticas que mostram seu potencial impacto em várias áreas, como curas de doenças, gerenciamento de catástrofes etc.

3.3.2. Tipos de aprendizagem

a) **Supervisionada:** o modelo é treinado com um conjunto de dados rotulados. Isso significa que o modelo recebe exemplos de entrada e as saídas correspondentes, permitindo que ele aprenda a mapear corretamente as entradas para as saídas. Exemplo de aplicações: classificação de imagens, reconhecimento de voz, previsão de fraude etc.

b) **Não supervisionada:** o modelo é treinado em um conjunto de dados sem rótulos, ou seja, ele não recebe as saídas esperadas. Em vez disso, o modelo tenta encontrar padrões, regularidades ou estruturas nos dados por conta própria. Exemplos de aplicação: agrupamento de clientes, agrupamento de documentos, detecção de anomalias etc.

c) **Reforço:** um agente aprende a tomar ações em um ambiente para maximizar uma recompensa cumulativa. Esse tipo de aprendizado é particularmente útil em situações em que a tomada de decisão sequencial é necessária. Exemplos: jogos, robótica, controle de tráfego etc.

d) **Semissupervisionado:** combinação de aprendizado supervisionado e não supervisionado, usando uma pequena quantidade de dados rotulados e uma grande quantidade de dados não rotulados. Exemplo: classificação de grandes conjuntos de dados onde a rotulagem é cara.

e) **Por transferência:** aplicar conhecimentos adquiridos em uma tarefa para melhorar o desempenho em outra tarefa relacionada. Exemplo: visão computacional.

3.3.3. Tipos de algoritmos

Os algoritmos de *machine learning* podem ser classificados de várias maneiras, dependendo do tipo de aprendizado, da natureza dos dados e do problema a ser resolvido. A seguir, alguns dos principais tipos de algoritmos de *machine learning*.

Algoritmos de aprendizado supervisionado

- **Regressão linear:** utilizado para prever valores contínuos. Exemplo: previsão de preços de imóveis.
- **Regressão logística:** usado para classificação binária. Exemplo: diagnóstico de doenças (doente/não doente).
- **Árvore de decisão:** modelo baseado em árvore para classificação e regressão. Exemplo: análise de crédito.
- ***K-Nearest Neighbors* (KNN):** algoritmo baseado em instâncias para classificação e regressão. Exemplo: recomendação de produtos.
- **Redes neurais artificiais (*Artificial Neural Networks* – ANN):** modelos inspirados no funcionamento do cérebro humano. Exemplo: reconhecimento de padrões em imagens.
- **Florestas aleatórias (*Random Forests*):** conjunto de árvores de decisão para melhorar a precisão. Exemplo: diagnóstico médico.
- ***Gradient Boosting Machines* (GBM):** conjunto de modelos fracos, como árvores de decisão, combinados para formar um modelo forte. Exemplo: previsão de *churn* de clientes (estimar a probabilidade de um cliente cancelar ou não renovar seu serviço ou produto).

Algoritmos de aprendizado não supervisionado

- ***K-Means Clustering*:** algoritmo de agrupamento que particiona os dados em *k clusters*. Exemplo: segmentação de clientes.
- ***Hierarchical Clustering*:** agrupamento hierárquico de dados. Exemplo: agrupamento de documentos.
- **DBSCAN (*Density-Based Spatial Clustering of Applications with Noise*):** algoritmo de agrupamento baseado em densidade. Exemplo: detecção de anomalias.
- **Análise de Componentes Principais (*Principal Component Analysis* – PCA):** redução de dimensionalidade dos dados. Exemplo: visualização de dados.

- **t-SNE (*t-Distributed Stochastic Neighbor Embedding*):** técnica de redução de dimensionalidade para visualização de dados. Exemplo: visualização de dados de alta dimensão.
- ***Apriori Algorithm*:** algoritmo de regras de associação para descobrir relações frequentes entre itens. Exemplo: análise de cestas de compras.
- ***Autoencoders*:** redes neurais utilizadas para redução de dimensionalidade e detecção de anomalias. Exemplo: compressão de dados.

Algoritmos de aprendizado por reforço

- ***Q-Learning*:** algoritmo de aprendizado por reforço baseado em tabelas Q. Exemplo: jogos de tabuleiro.
- ***Deep Q-Networks* (DQN):** algoritmos que combinam *Q-Learning* com redes neurais profundas. Exemplo: jogos de vídeo.
- **Algoritmos de Política (*Policy Gradient Methods*):** direcionados a aprender uma política diretamente. Exemplo: controle de robôs.
- **Algoritmos de Ator-Crítico (*Actor-Critic Methods*):** combina políticas de aprendizado com funções de valor. Exemplo: veículos autônomos.

Algoritmos de aprendizado semissupervisionado

- ***Co-training*:** algoritmo que treina múltiplos classificadores usando diferentes conjuntos de características. Exemplo: classificação de grandes conjuntos de dados com poucos rótulos.
- ***Generative Adversarial Networks* (GANs):** Usados para gerar novos dados semelhantes aos dados de treinamento. Exemplo: geração de imagens realistas.

Outros algoritmos

- ***Support Vector Regression* (SVR):** variante do SVM para regressão. Exemplo: previsão de preços de ações.
- ***Naive Bayes*:** algoritmo baseado no teorema de Bayes, útil para classificação. Exemplo: classificação de e-mails como *spam* ou não *spam*.
- ***Ensemble Methods*:** combinam múltiplos modelos para melhorar o desempenho. Exemplo: *random forests* (criação de muitas árvores

de decisão, de maneira aleatória); *gradient boosting* (técnica de aprendizado de máquina para problemas de regressão e classificação).

- ***Markov Decision Process* (MDP):** Modelo matemático para tomada de decisão em processos estocásticos. Exemplo: controle de robôs.

3.4. Problemas de negócio atendidos pela IA

Pedimos ajuda ao ChatGPT para dar exemplos de uso da IA para resolver problemas de negócio.

Automatização de processos:

- **Atendimento ao cliente:** *chatbots* e assistentes virtuais para responder a perguntas comuns e fornecer suporte 24/7.
- **Na execução de tarefas repetitivas:** a RPA (*Robotic Process Automation*) aumenta a eficiência operacional e libera os funcionários para a realização de atividades mais estratégicas.
- **Processamento de documentos:** reconhecimento óptico de caracteres (OCR) para digitalizar documentos e extrair informações automaticamente.

Análise de dados:

- **Previsão de tendências:** análise preditiva para prever demanda de mercado, tendências de consumo e comportamento do cliente, ajudando na tomada de decisões estratégicas.
- **Detecção de fraudes**: algoritmos de IA para identificar padrões anômalos em transações financeiras e detectar atividades fraudulentas.

Personalização e recomendação:

- **Marketing personalizado:** segmentação de clientes e recomendações de produtos com base em comportamento e preferências individuais.
- **Conteúdo personalizado:** plataformas de *streaming* que recomendam músicas, filmes ou séries com base no histórico de visualização do usuário.

Otimização de operações:

- **Gerenciamento da cadeia de suprimentos:** otimização de inventário e logística usando IA para prever demanda e ajustar a produção.
- **Manutenção preditiva:** monitoramento de máquinas e equipamentos para prever falhas e agendar manutenções preventivas.

Melhoria da experiência do cliente:

- **Análise de sentimento:** análise de *feedback* de clientes em redes sociais e outros canais para entender a percepção da marca.
- **Interação omnicanal:** integrar múltiplos canais de comunicação para fornecer uma experiência consistente ao cliente.

Recursos humanos:

- **Recrutamento e seleção:** ferramentas de IA para triagem de currículos e identificação dos candidatos mais qualificados.
- **Engajamento dos funcionários:** análise de dados sobre engajamento para melhorar a satisfação e retenção de funcionários.

Finanças e contabilidade:

- **Análise financeira:** algoritmos para prever desempenho financeiro e identificar oportunidades de investimento.
- **Automatização de tarefas contábeis:** processamento automático de faturas, pagamentos e outras tarefas administrativas.

Segmentação de público-alvo:

- **Análise de dados de clientes:** IA analisa dados demográficos, comportamentais e transacionais para segmentar clientes em grupos específicos, permitindo campanhas mais direcionadas.
- **Modelos de propensão:** algoritmos preditivos identificam quais clientes têm maior probabilidade de comprar um produto ou serviço específico.

Personalização de conteúdo:

- **Recomendações de produtos:** plataformas de *e-commerce* usam IA para recomendar produtos com base no histórico de navegação e compras do cliente.
- **E-mails personalizados:** ferramentas de IA personalizam e-mails de marketing com conteúdo relevante para cada destinatário, aumentando a taxa de abertura e conversão.

Otimização de campanhas publicitárias:

- **Gestão de anúncios:** IA ajusta automaticamente lances em leilões de anúncios em tempo real para maximizar o retorno sobre o investimento (ROI).

Criação de conteúdo:

- **Geração automática de textos:** algoritmos de IA criam descrições de produtos, postagens em *blogs* e outros conteúdos com base em dados fornecidos.
- **Design de anúncios:** ferramentas de IA auxiliam na criação de *banners* publicitários, otimizando cores, layout e mensagens para melhor desempenho.

Automação de vendas:

- **Assistentes virtuais:** *chatbots* e assistentes virtuais automatizam a interação inicial com clientes, respondendo a perguntas frequentes e coletando informações.
- **Gestão de *leads*:** ferramentas de IA classificam e priorizam *leads* com base em seu potencial de conversão, ajudando a equipe de vendas a focar nos *prospects* mais promissores.

Previsão de vendas:

- **Modelos preditivos:** algoritmos analisam dados históricos de vendas e tendências de mercado para prever futuros resultados de vendas.
- **Análise de *pipeline*:** ferramentas de IA fornecem *insights* sobre o progresso de negociações e a probabilidade de fechamento.

Otimização de preços:

- **Precificação dinâmica:** IA ajusta preços em tempo real com base na demanda, concorrência e outros fatores, para maximizar a receita.
- **Análise de elasticidade de preço:** algoritmos ajudam a entender como mudanças de preço afetam a demanda por produtos ou serviços.

Análise de desempenho de vendas:

- ***Dashboards* de IA:** ferramentas de análise ajudam a monitorar o desempenho de vendas em tempo real, identificando tendências e oportunidades de melhoria.
- **Análise de comportamento de vendedores:** IA analisa o desempenho individual dos vendedores, fornecendo *insights* para treinamentos personalizados e estratégias de melhoria.

Engajamento com clientes:

- ***Follow-ups* automatizados:** ferramentas de IA enviam automaticamente *follow-ups* após interações de vendas, ajudando a manter o engajamento do cliente.
- **Personalização de ofertas:** IA personaliza descontos com base no comportamento e preferências do cliente, aumentando a probabilidade de conversão.

Segurança cibernética:

- **Sistemas de segurança cibernética:** IA apoia essa área crítica com sistemas inteligentes capazes de detectar e responder a ameaças de segurança em tempo real, protegendo dados sensíveis da organização (ZEQUIM; RIBEIRO, 2022).

3.5. Reflexões sobre a inteligência artificial

A IA continua em um processo de evolução rápido, oferecendo novas oportunidades e desafios. É fundamental compreender seu histórico, conceitos, tipos e aplicações que são essenciais para aproveitar seu potencial e mitigar possíveis riscos na sua implementação.

Na literatura encontram-se diversos autores refletindo sobre a IA e seus diversos impactos na sociedade, como Alves (2023), entre outros, que versa por temas como as consequências da automação no trabalho, o problema dos direitos autorais, entre outras reflexões.

Na área sensível da educação, e considerando os primeiros exemplos na aplicação da IA, pode-se supor que as alterações para o processo de ensino-aprendizagem são as mais diversas. A IA, enquanto um sistema inteligente capaz de maximizar os casos de sucesso de uma determinada tarefa, difere de outras tecnologias existentes em sala de aula pelo seu processo autônomo e automatizado de realização das atividades. Em vez de ser um meio para conseguir realizar uma atividade estudantil, como é o caso de outras tecnologias, ela se apresenta como a atividade em si. Nesse sentido, diversas atribuições desempenhadas tanto pelos discentes quanto pelos docentes poderão ser facilmente substituídas pelas ferramentas tecnológicas pautadas em IA (RUSSELL; NORVIG, 2010; DURSO, 2024).

Já no mundo empresarial, as organizações que adotam a IA de forma estratégica podem obter vantagens competitivas significativas, transformando operações e criando valor sustentável (RODRIGUES; ANDRADE, 2021).

Enfim, pode-se afirmar que a implementação dessa tecnologia deve ser estrategicamente organizada, exigindo uma governança que planeje, oriente e coordene o uso dessa tecnologia disruptiva de processos organizacionais e da sociedade.

4. Riscos da IA

Aguinaldo Aragon Fernandes

A IA transcende meramente os aspectos técnicos de sistemas, abrangendo fortemente fatores éticos.

A IA afeta diretamente pessoas, organizações e a sociedade em geral.

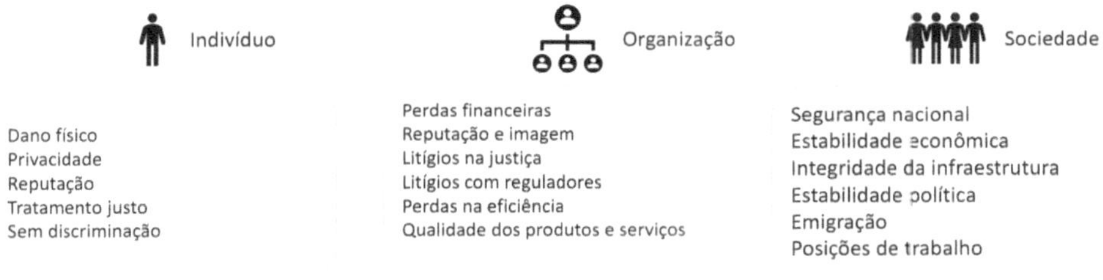

Figura 4.1. Implicações da IA. Fonte: adaptado de Cheatham, Javanmardian e Samandari (2019).

Atualmente uma organização, seja ela com fins lucrativos ou não, tem que atender a várias partes interessadas. Seu propósito não é mais limitado a maximizar o lucro para os acionistas.

A agenda ESG (*Environment, Social and Governance*), por exemplo, agora se torna obrigatória para organizações com ações listadas em Bolsa. Esse propósito significa entregar produtos e serviços com proteção ao meio ambiente, com segurança ocupacional para os funcionários e com governança para atender a acionistas e à legislação pertinente.

Essa ampliação de propósitos leva a um cenário de riscos empresariais ou organizacionais significativo, sem considerar os demais riscos.

Casos noticiados na imprensa mundial nos últimos anos sobre problemas éticos de sistemas de IA (uso de dados de usuários sem consentimento, problemas no reconhecimento facial de outras raças, problemas de confiabilidade de carros autônomos etc.) acenderam a luz de reguladores.

Hoje, na União Europeia, há uma legislação abrangente que regula sistemas de IA (*European AI Act*). No Brasil um projeto de lei, o PL nº 2338, está em discussão no Senado Federal e trata da regulação da IA[4]. Isso sem considerar a Lei Geral de Proteção de Dados, que já está vigente no Brasil.

Em recente pesquisa com base em 43 *frameworks* de gestão de riscos, Slattery *et al.* (s.d.) encontraram mais de 700 riscos de IA.

Portanto, o olhar sobre riscos de sistemas de IA vai além daqueles meramente técnicos. O risco sempre está presente na medida em que uma organização define uma meta, um objetivo em busca de um estado futuro (mais competitivo, mais crescimento).

A ISO 31000:2018 (ABNT, 2018) define o risco como **o efeito das incertezas sobre os objetivos.**

De acordo com o NIST (*National Institute of Standard and Technology*) (homólogo americano ao nosso Inmetro) (2023):

> *Risco é uma função de uma probabilidade de uma fonte de ameaça atuando sobre uma vulnerabilidade potencial e o impacto resultante de um evento adverso na organização.*

Para a B3, bolsa de valores brasileira, os riscos empresariais podem ser classificados como:

- **Riscos de mercado:** as flutuações nas receitas líquidas ou no valor de um título ou de uma carteira, em função das mudanças em preços e taxas praticados pelo ambiente empresarial, são reflexos do risco de mercado aos quais as empresas estão expostas
- **Riscos legais de *compliance*:** as empresas estão expostas ao risco legal quando da inobservância dos corretos registros das operações da empresa, abrangendo documentação incorreta referente às transações e à legalidade de suas obrigações, no que se refere ao descumprimento da legislação vigente e de decisões judiciais decorrentes de ações reclamatórias.
- **Riscos de crédito:** risco de crédito é definido como a possibilidade de redução no valor real da carteira de clientes de uma empresa, resultado da deterioração na qualidade do crédito dos que

[4] Em julho de 2024, o PL ainda tramitava no Senado Federal.

compõem essa carteira, ou seja, está diretamente associado à insolvência de uma empresa.

- **Riscos operacionais:** risco operacional é definido como a possibilidade de ocorrência de perdas resultantes de falha, deficiência ou inadequação de processos internos, pessoas e sistemas, ou de eventos externos.
- **Riscos de liquidez:** as empresas necessitam de equilíbrio financeiro entre as obrigações contratadas, com seu respectivo prazo de pagamento e a geração de caixa, para não correrem riscos de falta de liquidez (capacidade de pagamento).
- **Riscos ambientais:** riscos de incidentes em instalações industriais.

Os riscos de tecnologia como TI e IA são considerados riscos operacionais.

Os riscos de IA devem ser vistos como perdas de oportunidades pelo negócio, pelo fato de não estarem aplicando competitivamente a tecnologia, ou riscos éticos e de confiabilidade do sistema de IA, e como estes podem afetar a sua própria sustentação.

No caso da IA, cada desenvolvimento de uma solução precisa ter os riscos gerenciados.

A Tabela 4.1 resume os principais riscos de IA[5] de acordo com Fernandes e Abreu (2024).

Tabela 4.1. Riscos de IA. Fonte: adaptado de Fernandes; Abreu (2024).

Classificação	Riscos	Consequências
Oportunidades para o negócio	- Não explorar as oportunidades de novos negócios - Não explorar as oportunidades de transformação do negócio - Não explorar oportunidades de melhoria da eficiência	- Perda de competitividade e inovação, podendo afetar o crescimento do negócio ou a melhoria de serviços aos clientes e cidadãos.
Conformidade legal	- Não conformidade com a legislação e regulações como LGPD, *European AI Act* etc.	- Pagamento de multas. - Perda de reputação. - Responsabilização civil por danos causados por sistemas de IA.

[5] Não é uma lista definitiva, porém foi obtida a partir de várias publicações e artigos.

Classificação	Riscos	Consequências
Ética	- Ausência de código de conduta. - Não assegura que os princípios éticos estejam presentes em sistemas de IA. - Riscos sistêmicos. - Erosão da autodeterminação dos indivíduos e da sociedade. - Impacto em contratos com clientes.	- Reduz a confiança nos sistemas de IA da empresa junto a usuários, clientes e cidadãos. - Polarização política.
Confiabilidade	- Não há avaliação e supervisão humana. - Não há possibilidade de rastrear decisões do sistema de IA. - Sistema tem documentação inadequada. - Não há avaliação sobre impactos ambientais. - Não há avaliação sobre usos de recursos e energia pela cadeia de suprimento. - Capacidade de serem auditados. - Não há salvaguardas quanto a discriminação e equidade. - O usuário pode recorrer a decisões do sistema de IA.	- Reduz a confiança nos sistemas de IA da empresa junto a usuários, clientes e cidadãos. - Dúvida sobre os resultados do sistema de IA. - Sistema não consegue ser auditado. - Impacto nos relatórios ESG da organização. Aumento de uso de recursos. - Fornecedores não estão alinhados com a questão ambiental. - Não se sabe ao certo se o sistema de IA fará discriminação (raça, orientação sexual, etarismo, local e origem do utilizador etc.). - Litígios em função de recursos. - Problemas na reputação e imagem da organização.

Classificação	Riscos	Consequências
Riscos de projetos	- Projeto mal dimensionado. - Fundos insuficientes para o projeto. - Má definição do escopo. - Não há controles para assegurar ética e confiabilidade do sistema de IA. - Ausência de *stakeholders*-chave no projeto. - Ambiente de trabalho pouco inovador. - Altos custos do projeto.	- Projeto não atende ao escopo. - Projeto ultrapassa o custo orçado. - O sistema de IA pode ser implantado com problemas de ética e confiabilidade. - O sistema de IA afeta a geração de caixa do negócio. - Problemas na reputação da empresa ou organização.
Riscos de solidez técnica	- Há vulnerabilidades na rede. - Ataques em dados, modelos e infraestrutura. - Ausência de uma arquitetura e de recursos que garantam continuidade do sistema e da infraestrutura. - Falta de capacidade de reprodutibilidade de resultados. - Inexatidão nos resultados. - Obsolescência do modelo. - Não há monitoramento dos resultados (explicabilidade). - Erros de modelagem afetando o desempenho do sistema de IA.	- Perda de confiança do mercado no produto. - Problemas de adoção do produto ou da solução na empresa. - Responsabilização civil da empresa. - Desempenho insatisfatório do sistema de IA.
Riscos do processo	- Processo não atende ao requerido para o desenvolvimento de sistemas de IA. - Métodos e técnicas inadequadas para desenvolvimento de sistemas de IA (escolha do modelo, treinamento e testes do sistema etc.).	- Geração de resultados sem confiança, inexatos. - Documentação inadequada do produto. - Produto não atende a questões éticas e de confiabilidade.

Classificação	Riscos	Consequências
Riscos na força de trabalho	- Manutenção dos talentos envolvidos com projetos e sistemas de IA. - Obsolescência do conhecimento. - Impacto nos contratos de trabalho. - Diminuição da força de trabalho. - Requalificação da força de trabalho.	- Perda de conhecimento. - Jogar o investimento fora. - Recomeço de aprendizagem. - Obsolescência do modelo.
Riscos em terceiras partes	- Dependência de fornecedores. - Obsolescência dos fornecedores. - Propriedade intelectual do algoritmo. - Qualidade dos serviços. - Continuidade dos serviços. - Problemas de *compliance* do fornecedor. - Impacto em contratos de terceiros.	- A organização não atinge os resultados requeridos com o sistema de IA. - Risco de interrupção do serviço. - Risco da obsolescência do serviço. - Risco da continuidade do serviço. - Risco solidário face ao não *compliance* do fornecedor.
Risco de dados	- Dados insuficientes. - Baixa qualidade dos dados. - Risco na coleta de dados. - Origem dos dados. - Dados com viés. - Não há um sistema de privacidade e proteção aos dados. - Não há governança de dados.	- Inexatidão de resultados do sistema. - Muitos vieses nos resultados. - Dados sensíveis são abertos. - Falta de confiança no sistema de IA. - Instabilidade na qualidade de dados por não seguir práticas sistemáticas.

Classificação	Riscos	Consequências
Riscos de governança e orquestração	- Inexistência de papéis e responsabilidades relativos a IA. - Inexistência de uma política para IA. - Inexistência de controles internos para IA. - Inexistência de um sistema de gestão de IA. - Inexistência de avaliações de conformidade e *compliance*. - Inexistência de avaliação de riscos de IA. - Capacidade da organização de mitigar os riscos da IA.	- Problemas na priorização e responsabilização. - Cada área da organização trabalha de forma diferente. - Problemas de conformidade e *compliance* geram multas e litígios na justiça.
Atos da natureza	- Perdas de instalações. - Danos físicos em recursos computacionais.	- Aumenta investimento para a recuperação das instalações.
Ações industriais (espionagem)	- Espionagem por competidores. - Segurança das especificações e dos projetos de IA.	- Perda de competividade e liderança.

De acordo com a norma ISO/IEC 22894:2023 (ISO, 2023), as fontes de riscos que devem ser observadas são:

- A complexidade do ambiente em que a IA atua pode gerar muitas incertezas se o sistema de IA não conseguir lidar com todas as situações que possam surgir no seu uso (exemplo: carros autônomos).
- Falta de transparência e explicabilidade. Conforme o grau de transparência e explicabilidade, podem ocorrer riscos de privacidade e propriedade intelectual.

- Nível de automação do sistema de IA pode afetar requisitos de segurança e justiça. No caso de transferência do sistema, se o agente estará pronto para receber o sistema.
- Aprendizagem de máquina. Processos de coleta de dados são fonte de riscos para sistemas de IA.
- Problemas de hardware para atender ao sistema de IA.
- Problemas no ciclo de vida dos sistemas.
- Riscos de erros no projeto do sistema de IA. Implementação com erros. O sistema não é mantido.
- Prontidão tecnológica. Riscos com uso de tecnologia ainda não madura.
- Riscos de conformidade com a legislação.
- Complexidade do ambiente sócio, econômico e cultural. Riscos de viés do sistema de IA.
- Vulnerabilidades na infraestrutura tecnológica. Riscos de ataques a dados e a modelos.
- Vulnerabilidades de serviços de terceiros. Riscos de fornecedores não atenderem aos requisitos de serviços de TI, principalmente para a sustentação dos sistemas de IA.

A gestão de riscos é uma disciplina-chave para o desenvolvimento de sistemas de IA, pois os princípios éticos e demais riscos operacionais afetam diretamente o seu ciclo de vida.

Ao contrário do desenvolvimento de sistemas de informação, que geralmente recebe auditoria em controles e resultados, a gestão de riscos de sistemas de IA é bem mais invasiva ao longo do ciclo de desenvolvimento, desde a escolha do sistema de IA face ao problema de negócio que pretende resolver até o seu descarte.

Portanto, é imprescindível estruturar o gerenciamento de riscos em nível tático e operacional de forma integrada com o Sistema de Riscos Empresariais (em inglês é conhecido como *Enterprise Risk Management* ou ERM).

No Capítulo 9 será discutido o processo de gerenciamento de riscos de IA.

5. Entendendo a governança corporativa

Samuel Peixoto

5.1. Introdução

A governança corporativa não é um manual padronizado, nem é igual para todas as empresas de todos os setores e portes. Pelo contrário: ela deve ser estruturada com base no "porquê", antes do "como". Assim, a natureza de cada negócio e os riscos causados a ele mesmo, ao meio ambiente, aos acionistas, aos colaboradores e aos demais *stakeholders* exigem que a governança seja adaptada para atender ao contexto de cada organização e seu tipo de negócio.

Quando falamos sobre a importância da governança corporativa, podemos pensar que a sua ausência pode representar um enorme risco ao meio ambiente, à sociedade e à economia. Essa é a principal razão de sua existência: direcionar as empresas e seus negócios para mitigar riscos. Empresas em diversos setores são constituídas e reguladas sobre um conjunto de políticas, normas e procedimentos, elaboradas por órgãos reguladores em abrangência nacional ou mesmo internacional. Essas diretrizes servem de base para que áreas como *compliance*, risco operacional, auditoria e controles internos definam o conjunto de regras na sua empresa. Essas regras determinam como a empresa funciona e definem os limites de atuação das empresas e seus representantes, garantindo que decisões não sejam tomadas de forma intempestiva ou impetuosa, desigual, obscura, pessoal e irresponsável, indo na direção contrária aos interesses dos *stakeholders*.

A governança corporativa visa criar um ambiente de transparência, equidade, prestação de contas e responsabilidade, assegurando que as empresas operem de maneira ética e sustentável, promovendo a confiança dos investidores e demais *stakeholders*. Exemplos de falhas em governança que resultaram em grandes prejuízos e crises podem reforçar ainda mais a necessidade de práticas robustas de governança nas organizações.

Com a crescente adoção da IA nas operações empresariais, a governança de IA tornou-se uma área crucial dentro da governança corporativa. O conselho de administração desempenha um papel vital na orientação, supervisão e avaliação das iniciativas de IA. Este capítulo explorará detalhadamente o papel do conselho na formação de estruturas adequadas, aprovação de políticas de IA, supervisão de sua implementação e avaliação contínua dos resultados, garantindo que a IA seja utilizada de maneira ética, responsável e alinhada com os objetivos estratégicos da organização.

5.2. Governança corporativa

A governança corporativa envolve um conjunto de práticas, processos e estruturas que asseguram que uma empresa seja dirigida e controlada de maneira eficaz e ética. Várias organizações ao redor do mundo têm contribuído significativamente para o desenvolvimento e a promoção de melhores práticas de governança corporativa, oferecendo diretrizes, princípios e *frameworks* que ajudam as empresas a alcançarem altos padrões de transparência, responsabilidade, equidade e sustentabilidade. Esta seção explorará algumas das principais práticas de governança corporativa, oferecendo uma visão abrangente das suas contribuições e comparando suas abordagens.

5.2.1. Modelos de governança corporativa

A governança corporativa varia significativamente em diferentes partes do mundo, refletindo diferenças culturais, econômicas e legais de cada região. Muito embora seja frequente encontrar referências a cinco modelos (japonês, alemão, anglo-saxão, latino-americano e latino-europeu), abordaremos os três principais a seguir.

Modelo anglo-saxão

O modelo anglo-saxão, predominante nos Estados Unidos e no Reino Unido, é caracterizado por um forte foco nos interesses dos acionistas. Este modelo enfatiza a maximização do valor para os acionistas e promove a transparência, a responsabilidade e a prestação de contas como princípios fundamentais.

No modelo anglo-saxão, o conselho de administração é a principal estrutura de governança, responsável por supervisionar a gestão executiva e garantir que as decisões sejam tomadas em prol dos acionistas. Este modelo é conhecido por sua ênfase na separação entre propriedade e gestão, com diretores independentes desempenhando um papel crucial na supervisão das operações corporativas.

Modelo continental europeu

Comum em países como Alemanha, França e Países Baixos, este modelo adota uma abordagem mais inclusiva em relação aos *stakeholders*. Ele considera não apenas os interesses dos acionistas, mas também os dos funcionários, clientes, fornecedores e sociedade em geral.

O conselho de administração é composto por representantes dos acionistas e dos funcionários, promovendo a inclusão de diferentes perspectivas na tomada de decisões. Este modelo é conhecido por sua ênfase na colaboração entre gestão e trabalhadores, com estruturas de responsabilidade compartilhada que permitem que os funcionários participem ativamente da governança da empresa.

Além disso, no modelo continental as empresas buscam financiamento principalmente através de empréstimos bancários. Isso resulta em uma menor ênfase no mercado de capitais e um foco maior na construção de relações de longo prazo com *stakeholders*.

Modelo japonês

O modelo japonês se distingue por sua abordagem de longo prazo e ênfase na estabilidade e na harmonia organizacional. Ele valoriza o consenso e a colaboração entre diferentes *stakeholders*.

No modelo japonês, as empresas são frequentemente parte de grandes grupos corporativos conhecidos como *keiretsu*, que compartilham laços financeiros e comerciais estreitos. Esse modelo é caracterizado por um forte senso de lealdade e compromisso entre as empresas e seus *stakeholders*, com um foco na criação de valor sustentável a longo prazo.

Além disso, no modelo japonês há uma ênfase na continuidade e estabilidade organizacional, com práticas de emprego vitalício e uma abordagem cuidadosa para a sucessão da liderança. Isso promove um ambiente de trabalho colaborativo e harmonioso, onde a tomada de decisões é baseada em consenso e alinhamento de interesses.

5.2.2. Impacto das normas e padrões globais

É importante ressaltar que, à medida que as organizações competem globalmente, elas precisam seguir padrões e normas do país em que operam. Isso impacta significativamente a forma de se fazer negócios e o uso de tecnologias como os sistemas de IA. Por exemplo, as regulamentações de privacidade de dados na União Europeia, como o GDPR (*General Data Protection Regulation*), exigem medidas rigorosas de proteção de dados, o que afeta diretamente os sistemas de IA que processam informações pessoais. Nos Estados Unidos, a regulação é mais focada na transparência e na responsabilidade das empresas para com seus acionistas.

Além disso, normas como as diretrizes de ética da IA, promovidas pela OECD (*Organisation for Economic Co-operation and Development*), influenciam a implementação de IA de forma que respeite os direitos humanos e promova uma utilização responsável e transparente. As empresas devem estar cientes dessas diferenças e adaptar suas práticas para garantir conformidade e competitividade nos mercados globais.

5.2.3. Principais entidades de governança corporativa

Conheça algumas das principais entidades globais que promovem a governança corporativa.

Instituto Brasileiro de Governança Corporativa (IBGC)

O IBGC é a principal referência em governança corporativa no Brasil. Fundado em 1995, tem como missão promover as melhores práticas de governança corporativa para contribuir para o desempenho sustentável das organizações e influenciar positivamente o ambiente empresarial e a sociedade (IBGC, 2023).

Conheça os princípios e a compilação das definições da governança corporativa conforme o "Código das Melhores Práticas de Governança Corporativa", 6ª edição (IBGC, 2023):

- **Integridade:** praticar e promover continuamente uma cultura ética, evitando conflitos de interesse.
- **Transparência:** fornecer informações claras, precisas e tempestivas, além das exigências legais.
- **Equidade:** tratar todos os sócios e partes interessadas de forma justa e respeitosa.
- **Responsabilização (*Accountability*):** assumir responsabilidade pelas consequências das ações e prestar contas de maneira clara.
- **Sustentabilidade:** garantir a viabilidade econômica a longo prazo considerando impactos sociais e ambientais.

***Society for Corporate Governance* (SCG)**

A SCG, com sede nos Estados Unidos, foi fundada em 1946, no estado de Nova York. A organização é uma entidade sem fins lucrativos classificada como seção 501(c)

(6) e serve a seus membros fornecendo conhecimento, habilidades e ferramentas para promover uma governança eficaz em benefício dos conselhos de administração, gestão e acionistas (SCG, s.d.).

Organization for Economic Co-operation and Development (OECD)

A OECD promove políticas que melhoram o bem-estar econômico e social das pessoas ao redor do mundo. Fundada em 1961, em Paris, França, é uma referência global em governança corporativa e publica os "Princípios de Governança Corporativa da OECD" (OECD, 2024), amplamente adotados, que incluem:

- **Assegurar a base para uma estrutura eficaz de governança corporativa:** este princípio enfatiza a necessidade de uma estrutura de governança que promova mercados transparentes e justos, assegurando a eficiente alocação de recursos. Deve ser consistente com o primado legal e apoiar uma supervisão e *enforcement* (execução) efetivos.
- **Direitos e tratamento equitativo dos acionistas e funções-chave de propriedade:** a estrutura de governança corporativa deve proteger e facilitar o exercício dos direitos dos acionistas e assegurar o tratamento equitativo de todos os acionistas, incluindo os minoritários e os estrangeiros. Todos os acionistas devem ter a possibilidade de obter uma reparação efetiva em caso de violação dos seus direitos, a um custo razoável e sem atrasos excessivos.
- **Investidores institucionais, mercados de ações e outros intermediários:** este princípio destaca que a estrutura de governança corporativa deve proporcionar incentivos sólidos ao longo de toda a cadeia de investimento e permitir que os mercados de bolsa funcionem de forma a contribuir para a boa governança corporativa.
- **Divulgação e transparência:** a estrutura de governança corporativa deve assegurar a divulgação periódica e rigorosa de todas as questões importantes relativas à companhia, incluindo a situação financeira, o desempenho e a sustentabilidade.
- **As responsabilidades do conselho de administração:** este princípio estabelece que a estrutura de governança corporativa deve assegurar a orientação estratégica da companhia, o controle da gestão pelo conselho de administração e a responsabilidade deste perante a sociedade e os acionistas.

- **Sustentabilidade e resiliência:** introduzido na revisão de 2023, este princípio enfatiza que a estrutura de governança corporativa deve incentivar as companhias e os seus investidores a tomar decisões e a gerir os seus riscos de forma a contribuir para a sustentabilidade e a resiliência da empresa.

***International Finance Corporation* (IFC)**

A IFC foi fundada em 1956 e é membro do Grupo Banco Mundial, com sede em Washington, D.C., nos EUA. É a maior instituição global de desenvolvimento voltada exclusivamente para o setor privado em países em desenvolvimento, oferecendo um "Manual de Governança Corporativa" que aborda práticas de governança para mercados emergentes (IFC, 2014).

***European Corporate Governance Institute* (ECGI)**

Fundado em 2002, com sede em Bruxelas, Bélgica, a ECGI é uma instituição acadêmica que promove pesquisa e disseminação de conhecimento em governança corporativa na Europa. Publica relatórios e diretrizes que influenciam as práticas de governança em diversos países europeus.

Diferentemente de organizações como o IBGC, o ECGI não publica uma lista oficial de princípios de governança corporativa. O ECGI é uma instituição dedicada a fomentar a pesquisa acadêmica e o debate sobre a Governança Corporativa globalmente, servindo como uma plataforma para acadêmicos, formuladores de políticas e líderes empresariais. Seu foco está em apoiar a disseminação de boas práticas e ideias inovadoras através de pesquisas e discussões, em vez de definir um conjunto fixo de princípios (ECGI, s.d.).

No entanto, o ECGI desempenha um papel crucial na difusão de códigos de governança e diretrizes que influenciam as práticas de governança corporativa em vários países europeus. Esses códigos, desenvolvidos por outras organizações e apoiados pelo ECGI, costumam incluir princípios fundamentais como:

- **Transparência:** divulgar informações claras e precisas para todos os *stakeholders*.
- **Responsabilidade:** estabelecer uma clara prestação de contas entre gestores e acionistas.
- **Equidade:** assegurar tratamento justo e igualitário de todos os acionistas e *stakeholders*.
- **Sustentabilidade:** integrar práticas sustentáveis nas operações da empresa, com foco em ESG (*Environmental, Social, and Governance*).

- **Liderança ética:** promover liderança responsável e ética dentro da organização.

Esses princípios são comuns em códigos de governança corporativa europeus, como o *UK Corporate Governance Code* e o *German Corporate Governance Code*, ambos amplamente estudados e discutidos nas publicações e conferências apoiadas pelo ECGI.

***King IV Report* (África do Sul)**

O *King IV Report on Corporate Governance* foi desenvolvido pelo King Committee, estabelecido pelo *Institute of Directors in Southern Africa* (IoDSA). A primeira versão do relatório, King I, foi lançada em 1994. A versão mais recente, King IV, foi publicada em 1º de novembro de 2016. O IoDSA está sediado em Johanesburgo, África do Sul, e é uma referência importante, reconhecida globalmente[6] (INSTITUTE OF DIRECTORS IN SOUTHERN AFRICA, s.d.; PWC, s.d.).

Apesar das diferentes abordagens e ênfases regionais, há uma clara convergência entre os princípios promovidos pelas diversas organizações de governança corporativa ao redor do mundo. A transparência, a equidade, a responsabilidade e a sustentabilidade são temas recorrentes, indicando um consenso global sobre a importância desses valores na governança corporativa.

Ao adotar essas melhores práticas, os conselhos de administração podem garantir uma governança responsável, ética e alinhada com os objetivos estratégicos da organização.

5.2.4. Agentes e estrutura da governança corporativa

A Figura 5.1 ilustra os agentes e a estrutura de governança corporativa apresentada na sexta edição do código do IBGC (IBGC, 2023).

[6] <https://www.pwc.co.za/en/publications/king4.html>.

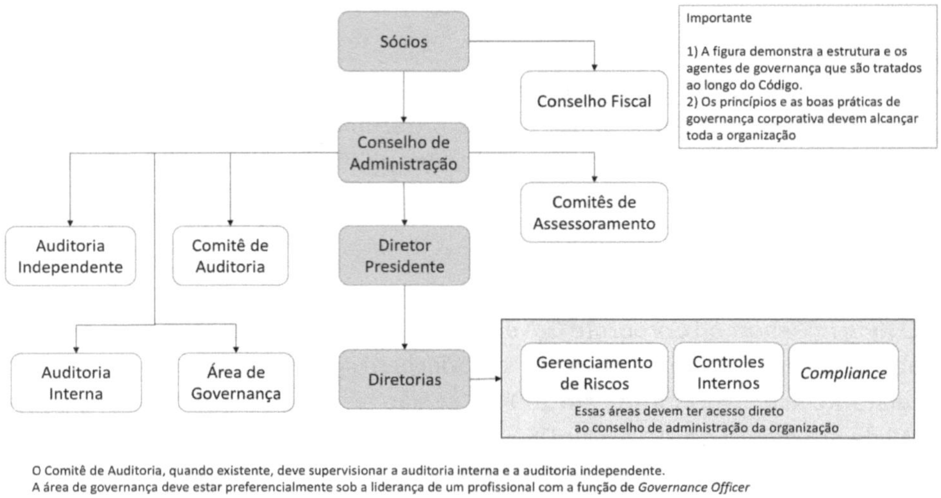

Figura 5.1. Agentes e estrutura de governança corporativa conforme sexta edição do Código do IBGC. Fonte: adaptado de IBGC (2023).

A seguir, são apresentadas as definições para os principais agentes de governança (IBGC, 2023):

- **Sócios.** Detentores do capital da organização, os sócios têm o compromisso de zelar pelo interesse da empresa e deliberar sobre questões essenciais para seu bom funcionamento e desempenho. Suas atribuições incluem indicar, eleger e destituir conselheiros de administração e fiscais, aprovar demonstrações financeiras e deliberar sobre alterações no estatuto ou contrato social.
    - **Conselho Fiscal.** Órgão independente com a prerrogativa de fiscalizar os atos dos administradores, verificar o cumprimento de seus deveres legais e estatutários, e analisar demonstrações financeiras. O conselho fiscal contribui para a transparência e integridade das informações financeiras e operacionais da organização.
- **Conselho de Administração.** Órgão colegiado responsável pela orientação estratégica da organização, pela supervisão da gestão e pelo monitoramento da execução das políticas e diretrizes estabelecidas. O conselho deve atuar com independência e diligência, assegurando que a administração siga os princípios de governança corporativa e o propósito da organização.
    - **Comitês de Assessoramento.** Grupos especializados que auxiliam o conselho de administração em temas específicos,

como auditoria, riscos, remuneração e governança. Esses comitês aprofundam a análise de assuntos complexos, fornecendo subsídios para decisões mais informadas do conselho.

- **Auditoria Independente.** Profissionais ou empresas externas contratadas para avaliar de forma imparcial as demonstrações financeiras e os controles internos da organização, assegurando a veracidade e conformidade das informações divulgadas.
- **Comitê de Auditoria.** Subgrupo do conselho de administração dedicado a supervisionar os processos de auditoria interna e externa, gestão de riscos e controles internos, garantindo a integridade das informações financeiras e a conformidade com normas e regulamentos.
- **Auditoria Interna.** Função independente dentro da organização que avalia e melhora a eficácia dos processos de governança, gerenciamento de riscos e controles internos, contribuindo para a melhoria contínua das operações.
- **Área de Governança.** Departamento ou profissional responsável por coordenar e implementar as práticas de governança corporativa na organização, assegurando a conformidade com as políticas de governança, promovendo a cultura ética e facilitando a comunicação entre os diversos agentes de governança.

- **Diretor-Presidente.** Principal executivo responsável pela gestão diária da organização, implementando as estratégias e políticas definidas pelo conselho de administração, liderando a equipe executiva e assegurando o cumprimento dos objetivos organizacionais.
- **Diretorias.** Áreas funcionais lideradas por diretores que gerenciam operações específicas da organização, como finanças, operações, tecnologia, marketing e recursos humanos, dentre outros, garantindo a execução eficaz das estratégias e políticas estabelecidas.
  - **Gerenciamento de Riscos.** Função dedicada a identificar, avaliar e mitigar riscos que possam impactar os objetivos da organização, assegurando a resiliência e sustentabilidade dos negócios.

- **Controles Internos.** Sistemas e procedimentos implementados para salvaguardar os ativos da organização, garantir a precisão das informações financeiras e operacionais, e assegurar a conformidade com leis e regulamentos.
- ***Compliance*.** Área responsável por assegurar que a organização e seus colaboradores cumpram todos os regulamentos, leis e políticas internas aplicáveis, promovendo uma cultura de integridade e ética nos negócios.

A estrutura de governança corporativa apresentada pelo IBGC (2023) é abrangente e integrada, cobrindo desde os sócios até os mecanismos de controle interno. Cada agente desempenha um papel crucial no fortalecimento da governança, garantindo uma gestão transparente, ética e orientada para a sustentabilidade.

A convergência desses elementos dentro da estrutura proposta cria uma base sólida para o sucesso organizacional, promovendo a confiança dos *stakeholders* e assegurando que as empresas estejam bem-posicionadas para enfrentar os desafios de um ambiente corporativo em constante evolução. Ao adotar essas práticas, as organizações podem garantir uma governança robusta e eficaz, alinhada com as melhores práticas globais, fortalecendo assim sua competitividade e resiliência no mercado.

5.3. História da governança corporativa: das civilizações antigas à era digital

5.3.1. Origens antigas da governança

A governança corporativa tem suas raízes em antigas civilizações, onde práticas de gestão e controle eram implementadas para garantir justiça e responsabilidade.

- Na Mesopotâmia, os babilônios utilizavam códigos legais como o Código de Hamurabi para estabelecer regras de comércio e administração pública.
- No Egito Antigo, faraós e administradores empregavam sistemas rigorosos de controle para gerenciar recursos do Estado e garantir a prestação de contas.
- Filósofos gregos como Platão e Aristóteles, em sua obra "Política", discutiam a importância de uma administração ética e justa, princípios que ecoam na governança moderna.

5.3.2. Evolução na era moderna

Com o surgimento do comércio global no século XVII, empresas como a Companhia Holandesa das Índias Orientais introduziram práticas de governança para proteger investidores e garantir uma gestão eficiente. A Revolução Industrial no século XIX aumentou a complexidade das corporações e a separação entre propriedade e gestão, exigindo mecanismos de governança para alinhar os interesses dos acionistas e gestores. Esse período marcou o desenvolvimento de práticas mais formais e estruturadas de governança corporativa.

5.3.3. Consolidação na era contemporânea

Nas últimas décadas do século XX, a governança corporativa se consolidou, especialmente após escândalos e crises financeiras que expuseram falhas nos sistemas de controle. O Relatório Cadbury, publicado no Reino Unido em 1992, foi um marco importante, estabelecendo diretrizes para transparência, prestação de contas e responsabilidade. No Brasil, a fundação do Instituto Brasileiro de Governança Corporativa (IBGC) em 1995 promoveu a disseminação de práticas de Governança adaptadas à realidade brasileira.

5.4. Governança corporativa no Brasil

A governança corporativa no Brasil passou por um desenvolvimento significativo nas últimas décadas.

A seguir, alguns marcos importantes na sua evolução:

- **Década de 1990:** o conceito de governança corporativa começou a ganhar relevância com a abertura econômica e a maior integração do país aos mercados globais. Nesse mesmo período, surge o IBGC em 1995 como uma entidade dedicada à promoção de boas práticas de governança.
- **2000:** a criação do Novo Mercado pela B3 (Brasil, Bolsa, Balcão), antiga BM&FBovespa, representou um avanço significativo. O Novo Mercado é um segmento de listagem que exige altos padrões de governança corporativa das empresas participantes, como a obrigatoriedade de ações com direito a voto e maior transparência.
- **2002:** a publicação do primeiro "Código das Melhores Práticas de Governança Corporativa" trouxe princípios fundamentais e orientações para as empresas brasileiras.

- **Década de 2010:** a governança corporativa se consolidou como um elemento essencial para a atratividade das empresas brasileiras no mercado de capitais. Investidores passaram a exigir cada vez mais práticas robustas de governança.
- **Década de 2020:** com a pandemia de COVID-19, o IBGC adaptou suas diretrizes para lidar com os desafios impostos pela crise, promovendo uma governança mais ágil e flexível.

Adoção de práticas ESG e diversidade: a adoção de práticas ESG e a promoção da diversidade nos conselhos de administração emergem como prioridades cruciais na governança corporativa contemporânea. Estudos indicam que a diversidade, em todas as suas formas, está correlacionada a um melhor desempenho financeiro e uma maior inovação dentro das empresas. De acordo com pesquisas da McKinsey (DIXON-FYLE et *al.*, 2023), empresas com conselhos mais diversos têm 27% mais chances de superar financeiramente suas concorrentes.

Além disso, a inclusão de diferentes perspectivas, seja de gênero, raça, origem social e cultural ou experiência profissional, não só enriquece o processo decisório, como fortalece a capacidade da empresa de se conectar de maneira mais profunda e humana com os diversos públicos a que atende. A diversidade nos conselhos não é apenas uma questão de representatividade, mas uma estratégia essencial para fomentar a inovação e garantir a sustentabilidade a longo prazo das organizações.

Também o crescimento do ***compliance*** e da **gestão de riscos** nessa década representa um marco importante. Um aumento na formalização de políticas de *compliance* e gestão de riscos entre as empresas brasileiras tem acontecido nessa década, e a criação de comitês de auditoria e comitês de capital humano também se tornou mais comum, reforçando a estrutura de governança e a supervisão nas empresas.

Essa década também tem sido marcada por pressões e exigências internacionais, especialmente relacionadas aos padrões ESG. A colaboração com organizações como a OCDE e o G20 trouxe à tona novas diretrizes internacionais que enfatizam a gestão de riscos ESG, a responsabilidade dos investidores institucionais e a integração de novas tecnologias digitais.

A governança corporativa no Brasil tem evoluído consideravelmente nas últimas décadas, mas ainda enfrenta desafios específicos que podem ser considerados vulneráveis quando comparados às práticas de governança em outras partes do mundo.

A seguir estão algumas das diferenças filosóficas e estruturais, bem como as áreas de vulnerabilidade na governança corporativa brasileira:

- **Cultura corporativa:** a cultura corporativa no Brasil, em alguns casos, ainda é fortemente influenciada por estruturas hierárquicas rígidas e uma concentração de poder nas mãos de poucos indivíduos. Em comparação, muitas empresas nos Estados Unidos e na Europa adotam uma cultura mais horizontal e colaborativa, onde a responsabilidade é mais amplamente distribuída e a tomada de decisão é mais participativa. A concentração de poder pode levar a práticas menos transparentes e aumentar os riscos de decisões não alinhadas com os interesses de todos os *stakeholders*.
- **Independência do Conselho de Administração:** a independência dos conselhos de administração no Brasil ainda é uma área em desenvolvimento. Muitas vezes, conselheiros independentes são menos prevalentes ou efetivos do que em mercados mais maduros. Em mercados desenvolvidos, a presença de conselheiros independentes é vista como essencial para assegurar imparcialidade e *accountability*. A falta de independência pode comprometer a eficácia do conselho em supervisionar a gestão e proteger os interesses dos acionistas minoritários.
- **Transparência:** embora a transparência tenha melhorado no Brasil, ainda há lacunas significativas em comparação com os padrões internacionais de divulgação de informações. Mercados como os Estados Unidos e o Reino Unido têm regulamentações rigorosas que exigem uma divulgação detalhada e regular de informações financeiras e não financeiras. A insuficiência de transparência pode minar a confiança dos investidores e dificultar a tomada de decisões informadas pelos *stakeholders*.
- ***Enforcement* e cumprimento de normas:** a aplicação das normas de governança corporativa no Brasil pode ser inconsistente. A capacidade das autoridades reguladoras de fiscalizar e impor conformidade é frequentemente limitada. Em muitos países desenvolvidos, as autoridades reguladoras têm recursos e poderes robustos para garantir o cumprimento das normas. A falta de penalidades pode levar a práticas inadequadas de governança, com pouca consequência para os infratores, o que pode prejudicar a integridade do mercado.
- **Diversidade no Conselho de Administração:** a diversidade nos conselhos de administração no Brasil, seja de gênero, raça ou experiência profissional, ainda é limitada. Em outros mercados, há uma crescente ênfase na diversidade como uma maneira de trazer diferentes perspectivas e melhorar a tomada de decisões. A falta

de diversidade pode resultar em uma visão limitada e em decisões que não refletem a diversidade de pensamentos e experiências necessárias para enfrentar desafios complexos.

No geral, ainda encontramos outras vulnerabilidades específicas da governança corporativa no Brasil, como:

- **Conflitos de interesse:** os conflitos de interesse são uma preocupação contínua no Brasil. Muitas empresas ainda têm estruturas de propriedade e controle concentradas, onde os principais acionistas também são parte da gestão, o que pode levar a decisões que favorecem os interesses dos controladores em detrimento dos acionistas minoritários.
- **Qualificação dos conselheiros:** a qualificação dos conselheiros de administração pode ser inconsistente. Há uma necessidade crescente de formação contínua e desenvolvimento de habilidades para garantir que os conselheiros estejam bem equipados para lidar com questões complexas de governança.
- **Governança de empresas familiares:** muitas empresas brasileiras são de propriedade familiar, o que traz desafios únicos para a governança. A sucessão, a profissionalização da gestão e a separação entre propriedade e gestão são áreas que frequentemente apresentam vulnerabilidades. De acordo com estudo da PwC (*Pesquisa Global de Empresas Familiares 2023*) (PWC, 2023), a economia brasileira é fortemente baseada em empresas familiares, que representam cerca de 65% do PIB nacional e empregam 75% da força de trabalho. Esses números ressaltam a importância de uma governança estruturada e adequada para essas empresas, a fim de assegurar sua longevidade e seu sucesso no mercado.
- **Sustentabilidade e ESG (*Environmental, Social, Governance*):** embora haja um crescente reconhecimento da importância das questões ESG, a integração dessas práticas nas estratégias corporativas ainda está em estágio inicial no Brasil. As empresas precisam de um foco mais profundo na sustentabilidade para se alinharem às expectativas globais.

A governança corporativa no Brasil tem feito progressos significativos, especialmente com a orientação do IBGC e outras instituições e a crescente adoção de melhores práticas. No entanto, há áreas que necessitam de aprimoramento para alcançar a eficácia e eficiência vistas em mercados mais maduros.

A independência do conselho, a diversidade, a transparência e a aplicação rigorosa das normas são aspectos cruciais que precisam de atenção. O fortalecimento dessas áreas pode aumentar a confiança dos investidores, melhorar a resiliência das empresas e contribuir para um ambiente de negócios mais sustentável e ético.

5.5. Governança e IA e o papel do conselho de administração

No contexto da governança corporativa, a tecnologia, especialmente a IA, desempenha um papel cada vez mais central na definição das estratégias organizacionais e na mitigação de riscos. A adoção da IA apresenta oportunidades significativas para a criação de valor, mas também traz desafios complexos que requerem uma supervisão eficaz por parte do conselho de administração (*Board*).

A norma ISO/IEC 38507:2022 oferece diretrizes valiosas para a governança de TI e IA, mas o papel do conselho vai além da mera conformidade com normas, abrangendo orientação estratégica, supervisão contínua e avaliação de resultados.

Funções e responsabilidades do conselho na governança da IA:

- **Orientação na formação de estruturas:** isso inclui a criação de comitês específicos, a definição de papéis e responsabilidades claras e a garantia de que há uma supervisão adequada de todas as iniciativas relacionadas à IA. A implementação de uma estrutura robusta é fundamental para garantir que a IA seja utilizada de maneira alinhada aos objetivos estratégicos da organização.
- **Aprovação de políticas de IA:** essas políticas devem assegurar que a IA seja utilizada de forma ética e responsável, alinhada com os valores da organização. A norma ISO/IEC 38507:2022 pode servir como um guia para o desenvolvimento dessas políticas, mas a liderança do *Board* é crucial para garantir sua eficácia.
- **Supervisão da implementação:** monitorar a implementação das políticas de IA garantirá a conformidade com as diretrizes estabelecidas e a eficácia das soluções implantadas. O conselho deve promover revisões periódicas e auditorias para identificar e mitigar possíveis riscos associados ao uso da IA, incluindo riscos operacionais, éticos e reputacionais.
- **Avaliação dos resultados:** estabelecer métricas claras para monitorar o desempenho da IA e avaliar seu impacto é fundamental para a governança eficaz da tecnologia. Isso inclui a análise de dados

de desempenho, *feedback* de *stakeholders* e a avaliação de como a IA está contribuindo para os objetivos organizacionais.

- **Gestão de riscos e conformidade:** o conselho deve garantir que a organização tenha políticas robustas de segurança cibernética e privacidade de dados. Isso inclui revisão regular de políticas e procedimentos, realização de exercícios de modelagem de ameaças e implementação de mecanismos de autenticação e autorização para proteger dados e infraestrutura de IA. Além disso, o conselho deve estar ciente das implicações legais e regulatórias do uso de IA e garantir que a organização esteja em conformidade com todas as leis aplicáveis.
- **Capacitação e educação:** o conselho deve se manter atualizado sobre as evoluções tecnológicas e suas implicações. Isso inclui a promoção de uma cultura de aprendizagem contínua e a realização de treinamentos específicos sobre IA e suas aplicações.

O papel do conselho de administração na governança da IA é multifacetado e crítico. Ao orientar a formação de estruturas, aprovar políticas, supervisionar a implementação, avaliar os resultados, gerir riscos e investir em capacitação, o conselho assegura que a IA seja utilizada de maneira responsável, ética e estratégica. A norma ISO/IEC 38507:2022 fornece um quadro valioso para apoiar essas iniciativas, mas a liderança e o compromisso do conselho são fundamentais.

5.6. Práticas de governança corporativa

5.6.1. Definição clara de papéis e responsabilidades

O conselho de administração deve focar em decisões estratégicas e na supervisão da gestão, enquanto a Diretoria Executiva é responsável pela administração diária e pela implementação das estratégias definidas pelo Conselho.

Essa separação evita conflitos de interesse e promove uma tomada de decisões equilibrada e informada. A clara definição de funções contribui para a eficiência organizacional, pois cada área tem suas responsabilidades bem delineadas, facilitando a comunicação e a colaboração entre os diferentes níveis de gestão.

Para fortalecer ainda mais a governança, é recomendável que as empresas estabeleçam comitês específicos dentro do Conselho de Administração, como comitês de auditoria, de riscos e de governança. Esses comitês devem ter uma composição diversificada e incluir membros independentes, garantindo uma supervisão imparcial e rigorosa.

5.6.2. Promoção de uma cultura de ética e transparência

Empresas devem adotar códigos de conduta que estabeleçam padrões claros de comportamento para todos os colaboradores. Isso inclui a divulgação precisa e tempestiva de informações financeiras e não financeiras, além de auditorias internas e externas regulares para garantir a veracidade dessas informações. Essas práticas asseguram que todas as partes interessadas estejam bem-informadas sobre a situação da empresa.

5.6.3. Implementação de políticas de gestão de riscos

Políticas de gestão de riscos devem ser implementadas para identificar, avaliar e mitigar riscos potenciais que possam impactar a organização. Isso envolve a criação de comitês específicos, como o Comitê de Riscos, que monitora continuamente os fatores de risco e desenvolve planos de contingência para lidar com possíveis crises.

A gestão de riscos eficaz permite que a empresa esteja preparada para enfrentar crises e minimize os impactos negativos em suas operações, assegurando a continuidade dos negócios e a proteção dos interesses dos *stakeholders*.

5.6.4. Flexibilidade e adaptação às particularidades de cada empresa e seus diferentes setores

Empresas de diferentes tamanhos e complexidades enfrentam desafios distintos e, portanto, precisam de abordagens de governança flexíveis e ajustáveis às suas realidades. Isso pode incluir a adoção de tecnologias emergentes para melhorar a eficiência operacional e a implementação de práticas de sustentabilidade para promover o desenvolvimento responsável.

As práticas de governança também devem se adaptar às especificidades de cada setor. Por exemplo, no setor financeiro, gestão de riscos e conformidade regulatória são cruciais. As empresas devem seguir rigorosos padrões de capitalização e manter controles internos robustos para prevenir perdas e assegurar a estabilidade financeira. No setor da tecnologia, a inovação e a proteção da propriedade intelectual são prioritárias. As empresas devem investir em pesquisa e desenvolvimento, proteger seus ativos intelectuais e adotar práticas de segurança cibernética. No setor da saúde, a conformidade com regulamentos sanitários e a gestão de qualidade são essenciais. As empresas devem assegurar que seus produtos e serviços atendam aos mais altos padrões de segurança e eficácia.

5.6.5. Boas práticas adicionais

Existem várias boas práticas adicionais que podem fortalecer ainda mais a governança corporativa. Uma delas é a promoção da diversidade no conselho de administração. Diversidade não apenas em termos de gênero, raça e idade, mas também em experiências e perspectivas. A diversidade no conselho pode levar a decisões mais equilibradas e alinhadas com as necessidades de um mercado global e dinâmico.

Outra prática crucial é o engajamento dos *stakeholders* no processo de tomada de decisão. Os *stakeholders*, que incluem acionistas, funcionários, clientes, fornecedores e a comunidade em geral, têm interesses variados e legítimos que devem ser considerados pela empresa. Engajar esses grupos através de consultas regulares, assembleias e canais de comunicação abertos pode garantir que as decisões empresariais sejam bem-informadas e legitimadas. Esse engajamento também pode fortalecer a reputação da empresa e construir relações de longo prazo baseadas na confiança e na transparência.

A avaliação contínua da eficácia das práticas de governança é igualmente importante. Isso pode incluir revisões periódicas do desempenho do conselho e da diretoria, bem como a atualização de políticas e procedimentos para refletir novas realidades e desafios.

As práticas correntes recomendadas pelo IBGC, quando combinadas com as melhores práticas internacionais, proporcionam uma estrutura robusta para garantir a eficácia, transparência e sustentabilidade das empresas. Adaptar essas práticas às necessidades específicas de cada organização e setor é fundamental para promover o crescimento sustentável. A implementação dessas práticas contribui para a criação de valor a longo prazo para todos os *stakeholders*.

Ao promover a definição clara de papéis e responsabilidades, a cultura de ética e transparência, a gestão de riscos, a flexibilidade na aplicação dos princípios de governança e a adaptação às particularidades do setor, as empresas podem alcançar um nível elevado de governança corporativa. As boas práticas adicionais, como a diversidade no conselho de administração, o engajamento dos *stakeholders* e a avaliação contínua, complementam e reforçam essas práticas, assegurando que a governança corporativa não apenas atenda aos padrões regulatórios, mas também crie um ambiente propício para a inovação, sustentabilidade e crescimento de longo prazo.

Adotar essas práticas e princípios de forma diligente e adaptativa posiciona as empresas para enfrentar os desafios e aproveitar as oportunidades do mercado moderno, garantindo sua relevância e sucesso futuro.

5.7. Benefícios da governança corporativa

A seguir, apresento uma visão detalhada sobre os benefícios da governança corporativa, incluindo exemplos de setores específicos e empresas que alcançaram ganhos significativos com a implementação de boas práticas de governança.

5.7.1. Melhoria na qualidade das decisões estratégicas e operacionais

Uma governança corporativa eficaz oferece uma visão mais clara dos riscos e das oportunidades que a empresa enfrenta. Comitês permitem escolhas mais embasadas, minimizando riscos e maximizando oportunidades de crescimento sustentável.

Um exemplo claro disso é a Petrobras. Após enfrentar uma série de escândalos de corrupção em 2014 que abalaram sua credibilidade, a Petrobras empreendeu uma profunda reformulação em suas práticas de governança corporativa. Entre as medidas adotadas, destacam-se a criação de um Comitê de Conformidade e o fortalecimento do Conselho de Administração com membros independentes, além de um rigoroso controle sobre contratos e operações. Como resultado, a Petrobras apresentou uma redução significativa em suas dívidas, aumentou sua eficiência operacional e retornou a um caminho de crescimento sustentável, conforme relatado nos balanços financeiros mais recentes.

5.7.2. Aumento da confiança dos investidores

Empresas que divulgam suas informações financeiras e não financeiras de forma precisa e tempestiva, e que realizam auditorias internas e externas regulares, demonstram um compromisso sólido com a transparência.

Em contrapartida, casos de falta de transparência e práticas antiéticas, como o ocorrido com a Lojas Americanas, demonstram os graves riscos associados à governança ineficaz. A falta de clareza nas práticas contábeis e a ausência de supervisão rigorosa podem levar a uma perda substancial de valor de mercado e a uma quebra na confiança dos investidores, impactando negativamente toda a trajetória da empresa.

5.7.3. Promoção da sustentabilidade

Empresas que adotam práticas de sustentabilidade são mais bem aceitas no mercado e entre os consumidores. A Natura, por exemplo, é reconhecida mundialmente por suas práticas sustentáveis e pela transparência em suas operações, o que tem contribuído para a sua reputação sólida e seu crescimento contínuo.

5.7.4. Atração e retenção de talentos

A Microsoft, líder global no setor de tecnologia, exemplifica como a governança eficaz pode impactar positivamente na atração e retenção de talentos. A empresa adota uma governança centrada na responsabilidade social, na ética e na transparência, com forte ênfase em políticas de igualdade, diversidade e inclusão. Essas práticas criam um ambiente que valoriza a inovação e o desenvolvimento pessoal, fatores decisivos para atrair e reter talentos em um mercado altamente competitivo.

Em 2023, a Microsoft foi classificada entre as 10 melhores empresas para trabalhar nos EUA pelo *Great Place to Work* (GPTW). A combinação de uma cultura organizacional sólida com políticas de governança bem estruturadas faz da Microsoft um exemplo claro de como a governança corporativa pode ser um diferencial competitivo, assegurando o sucesso a longo prazo da empresa.

5.7.5. Melhoria da reputação

A adoção de boas práticas de governança corporativa melhora significativamente a reputação e imagem da empresa perante os *stakeholders*. Empresas reconhecidas por sua governança eficaz são vistas como mais confiáveis e éticas, o que pode resultar em uma vantagem competitiva. Um exemplo claro é o do Itaú Unibanco, o maior banco privado do Brasil, que adota práticas de governança corporativa voltadas para a transparência, a responsabilidade e a ética. Essas práticas têm fortalecido sua reputação tanto no Brasil quanto no exterior.

Os benefícios da governança corporativa são amplos e impactam positivamente diversos aspectos das operações e da estratégia empresarial. Empresas que adotam uma abordagem robusta e adaptativa de governança estão mais bem posicionadas para enfrentar os desafios do mercado.

5.8. Desafios da governança corporativa

Um dos principais desafios na implementação de boas práticas de governança é a resistência interna. Mudanças nos processos organizacionais podem ser vistas com desconfiança por colaboradores e gestores que estão acostumados a métodos tradicionais. Para superar essa resistência, é crucial que a alta liderança demonstre um compromisso claro e consistente com as práticas de governança, comunicando os benefícios a longo prazo e envolvendo todos os níveis da organização no processo.

A falta de recursos também representa um obstáculo significativo. Pequenas e médias empresas, em particular, podem encontrar dificuldades em alocar recursos suficientes para essas áreas. No entanto, a adoção de plataformas de governança baseadas em tecnologia e parcerias estratégicas pode ajudar a mitigar esses desafios.

A inadequação às condições específicas de cada empresa é outro desafio importante. Práticas que funcionam bem em grandes corporações podem não ser adequadas para empresas menores ou que operam em setores altamente dinâmicos. A flexibilidade e a capacidade de adaptar as melhores práticas de governança às necessidades particulares de cada organização são cruciais para o sucesso.

5.9. Tendências futuras em governança corporativa

A integração de novas tecnologias na governança corporativa está emergindo como uma tendência vital. Tecnologias como IA e *blockchain* estão revolucionando a forma como as empresas operam. A IA, por exemplo, permite a análise de grandes volumes de dados, identificando padrões de risco e apoiando a tomada de decisões estratégicas. O *blockchain*, por sua vez, oferece um nível sem precedentes de transparência e segurança em transações e registros, facilitando auditorias e a conformidade regulatória.

Paralelamente, a sustentabilidade e a responsabilidade social estão ganhando cada vez mais destaque. Investidores e consumidores exigem que as empresas adotem critérios ESG (ambiental, social e de governança) em suas estratégias.

Por exemplo, o programa "Brew a Better World 2030", da Heineken, promove transparência, responsabilidade e sustentabilidade. Suas metas incluem neutralidade de carbono até 2040, circularidade nas embalagens, gestão hídrica sustentável e equilíbrio de gênero na alta administração.

Da mesma forma, a Natura destaca-se com o programa "Compromisso com a Vida 2030", que integra sustentabilidade em todas as suas operações. Seus pilares incluem metas de desmatamento zero na Amazônia, embalagens sustentáveis e neutralidade de carbono, além de promover o empoderamento feminino e a diversidade. Essas práticas refletem os princípios de transparência, responsabilidade e equidade.

A diversidade e a inclusão também estão se tornando pilares fundamentais da governança corporativa moderna. A composição dos conselhos de administração e das equipes de liderança está evoluindo para refletir uma maior diversidade de gênero, raça e experiência. Estudos mostram que equipes diversificadas tomam decisões mais eficazes e inovadoras, contribuindo para o sucesso sustentável da organização. Empresas como Heineken e Natura reconhecem que a diversidade é essencial para refletir a sociedade em que operam e atender melhor às necessidades de seus *stakeholders*.

A governança corporativa eficaz não é apenas uma exigência regulatória, mas uma ferramenta estratégica essencial para o sucesso das organizações no século XXI.

5.10. Introduzindo a governança da inteligência artificial

O incremento da governança da IA na governança corporativa tradicional requer uma adaptação dos princípios clássicos de transparência, equidade, prestação de contas e responsabilidade para atender aos desafios únicos que a IA apresenta. Esta seção explora como essas adaptações são necessárias e como podem ser implementadas efetivamente nas organizações que incorporam a IA em seus processos operacionais.

A seguir vamos ilustrar exemplos reais de governança de IA aplicada em processos críticos de três grandes organizações globais.

- **Transparência e monitoramento: JPMorgan Chase.** No JPMorgan Chase, a transição para a governança da inteligência artificial é refletida através de práticas rigorosas, como descritas no artigo *AI and Model Risk Governance* (JP MORGAN, 2023). O banco implementa validações detalhadas e monitoramento contínuo para seus modelos de IA, assegurando equidade e transparência. Essas práticas são extensões dos princípios tradicionais de governança corporativa, adaptados para gerir eficazmente os riscos emergentes da tecnologia. Essa abordagem cumpre com as exigências regulatórias e garante que os modelos de IA operem de maneira transparente e justa, refletindo uma adaptação dos princípios de governança tradicionais para abordar os riscos emergentes da tecnologia e estabelecendo um padrão de responsabilidade e integridade na era digital como modelo para outras organizações em transição para a governança de IA.

- **Equidade em recrutamento automatizado: WorkDay.** A Workday enfrentou desafios legais devido ao uso de ferramentas de IA que supostamente discriminavam candidatos negros e portadores de deficiência. Esse incidente destacou a necessidade de práticas robustas de governança para prevenir vieses nas ferramentas de IA. Em resposta, a Workday teve que revisar seus algoritmos e reforçar suas políticas para garantir a equidade e conformidade, um reflexo de como os princípios de governança devem ser adaptados para garantir que a tecnologia de IA não perpetue preconceitos existentes nos dados ou na sociedade. O caso foi detalhado em um artigo da *Bloomberg Law* (GILBERT, 2023), que ressalta a necessidade de práticas de governança robustas que previnam vieses em ferramentas de IA e assegurem a conformidade com leis antidiscriminação.
- **Responsabilidade em sistemas de saúde: Mayo Clinic.** A Mayo Clinic utiliza IA para apoiar decisões clínicas, onde modelos de IA são usados para prever necessidades de pacientes após cirurgias (JACOBBI, 2024). A implementação de um protocolo de dupla checagem onde recomendações de IA são revisadas por médicos especialistas antes de serem aplicadas ilustra a adaptação do princípio de responsabilidade. Esta prática assegura que decisões baseadas em IA sejam tanto precisas quanto seguras, refletindo uma integração cuidadosa de IA com responsabilidade ética e profissional.

Esses exemplos destacam a importância de adaptar e aplicar princípios de governança tradicionais no contexto da IA. A necessidade de desenvolver *frameworks* de governança que sejam flexíveis o suficiente para se adaptar à natureza dinâmica da IA é crítica. As lições aprendidas desses casos podem inspirar organizações em diversas indústrias a desenvolver práticas de governança robustas que garantam que a IA seja utilizada de forma ética e responsável. Os capítulos subsequentes irão explorar como esses princípios são aplicados especificamente à governança da IA, fornecendo um guia prático para implementação eficaz.

Cada um desses exemplos demonstra a importância de adaptar e aplicar princípios de governança tradicionais no contexto da IA. Eles revelam a necessidade crítica de desenvolver *frameworks* que não apenas respeitem os padrões éticos e regulatórios, mas que também sejam flexíveis o suficiente para se adaptar à natureza dinâmica e evolutiva da tecnologia de IA. As lições aprendidas com esses casos podem inspirar organizações em diversas indústrias a desenvolver práticas que garantam o uso ético e responsável da IA.

6. O que é a governança de IA

Aguinaldo Aragon Fernandes

6.1. Governança não é gestão

Com o avanço das aplicações de IA e seu impacto nas organizações, nas pessoas e na sociedade, surge a necessidade de criar mecanismos para sua governança dentro e fora das organizações. Há um consenso quase unânime de que a IA tem que ser regulada, e para tal já existem legislações específicas que exigem a Governança de IA (GIA) para sistemas e aplicações de alto risco. Isso tem uma implicação significativa em qualquer tipo de organização (SICHMAN, 2021; DE OLIVEIRA FORNASIER, CAMARGO; CASSOL, 2021; DE OLIVEIRA; VEIGA; COZMAN, 2022).

Ainda com relação à regulação, os autores De Oliveira, Veiga e Cozman (2022) mencionam alguns modelos possíveis para a IA: regulação formal ou jurídica (poder legislativo e aprovação de uma lei), autorregulação (refere-se ao comum acordo das empresas de certo setor) e corregulação (participação do setor público para regular determinada matéria em parceria com o setor privado), sendo que, em cada hipótese, há aspectos positivos e negativos, os quais deverão ser avaliados pelo setor público e privado para se estabelecer o melhor design regulatório da IA.

Entretanto, ainda se confunde governança com gestão.

De acordo com a ISO 38500 (ABNT, 2018), e posteriormente com a nova versão do COBIT® 5 (ISACA, 2012), separou-se o que se entende por governança e por gestão.

A Figura 6.1 mostra esta visão mais atualizada.

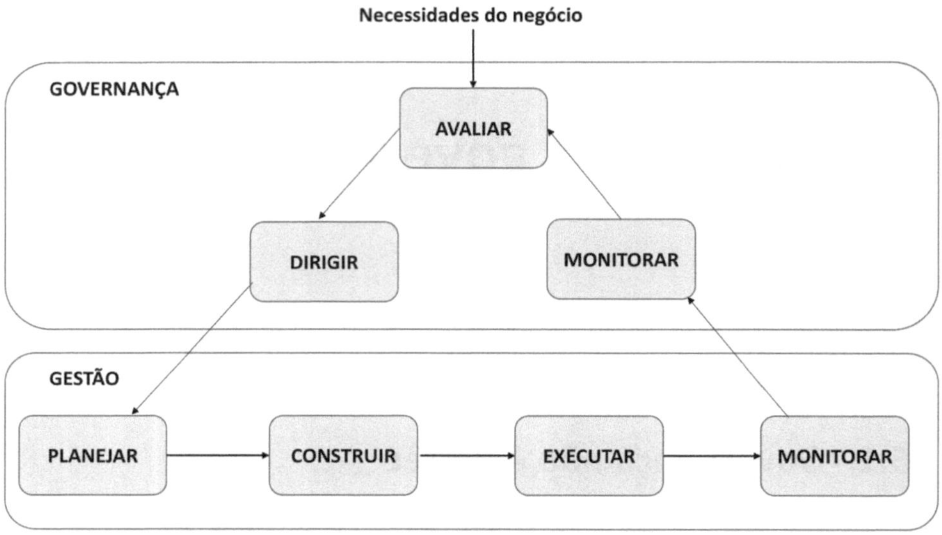

Figura 6.1. Visão da governança e gestão da TI. Fonte: adaptado de ABNT (2018).

A governança de IA vai mais além do que somente considerações técnicas como estamos acostumados com a governança de TI. Há um forte componente de riscos e *compliance* na governança de IA que é representado pelas questões éticas e de responsabilidade dos sistemas de IA e que envolvem diretamente a alta administração e o sistema de riscos empresariais.

A governança não é uma área da organização. Ela deve ser vista como um conjunto de responsabilidades e práticas que envolvem várias áreas, com funções claramente definidas, dentro de um esquema sistêmico.

A governança orienta o curso da organização, seus relacionamentos internos e externos, e as regras, práticas e processos necessários para atingir seu propósito. As estruturas de gestão traduzem a direção da governança na estratégia e nos objetivos associados necessários para alcançar os níveis desejados de desempenho sustentável e viabilidade a longo prazo (ABNT, 2023).

A responsabilidade pela governança da IA é da alta administração da organização e procura:

- avaliar o uso atual e futuro de TI;
- dirigir e orientar a preparação e a implementação de planos e políticas, para assegurar que o uso de TI atenda aos objetivos dos negócios;

- monitorar o cumprimento das políticas e o desempenho em relação aos planos;
- relatar os resultados de forma transparente.

A gestão, por sua vez:

- planeja soluções e serviços;
- constrói e implementa soluções e serviços;
- executa os serviços de TI e IA;
- monitora os projetos, sistemas e serviços de TI e IA;
- garante a continuidade dos sistemas de IA de forma alinhada com a direção estabelecida pelo grupo de governança, visando o atingimento dos objetivos corporativos.

Ainda não há um consenso na literatura sobre o conceito da governança de IA.

De acordo com a ISO 38507:2023, a governança de IA compreende Direção, Supervisão, Avalição e Relatórios.

A **Direção** compreende as políticas de IA, a estratégia e a alocação de recursos, manifestos, propósitos e valores. A **Supervisão** compreende a verificação do valor da IA para a organização, se as políticas são implementadas e seguidas, e assegura a implementação da IA, as medições e a execução das responsabilidades e decisões.

A **Avaliação** contempla avaliar ameaças e oportunidades, o contexto externo, os resultados alcançados com a IA, a análise da eficácia do sistema de governança da IA e a análise de decisões relativas à IA.

Por fim, os **Relatórios** demonstram para as partes interessadas que a utilização da IA está sob controle pelos responsabilizados.

Revisando a literatura sobre governança de TI, Webb, Pollard e Ridley (2006) identificaram três abordagens para a governança (estrutura, controle e processo). A Figura 6.2 apresenta essas abordagens.

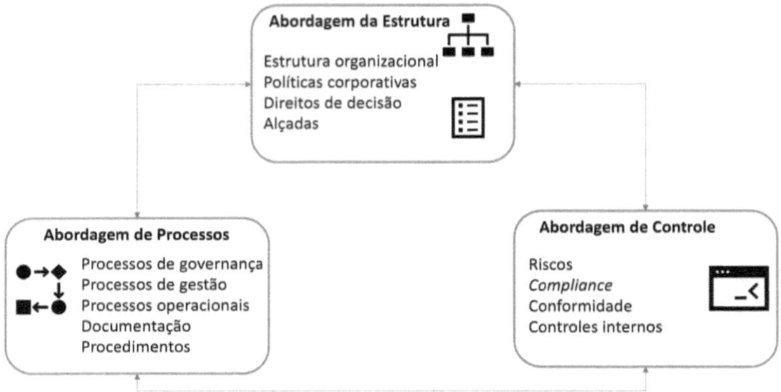

Figura 6.2. Abordagens de governança. Fonte: adaptado de Webb, Pollard e Ridley (2006).

A partir deste trabalho pode-se observar que as definições encontradas na literatura incorporam essas abordagens.

Schneider *et al.* (2023) define como governança de IA a estrutura de decisões, regras, práticas, controles e processos usados para assegurar que a tecnologia e as aplicações de IA sustentem e estendam as estratégias e os objetivos organizacionais com riscos gerenciados.

Para Papagiannidis *et al.* (2023), a governança de IA tem um conjunto de elementos estruturais, procedurais e de relacionamento, conforme apresentado na Figura 6.3.

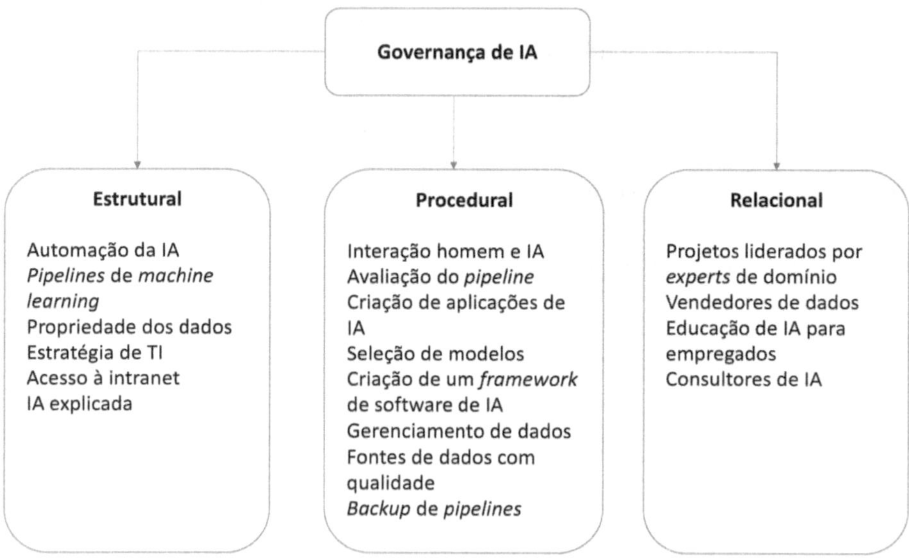

Figura 6.3. Elementos da governança de IA. Fonte: adaptado de Papagiannidis *et al.* (2023).

Para Birkstedt *et al.* (2023) a Governança de IA contém temas relativos a tecnologia, partes interessadas, regulação e processos, como ilustrado na Figura 6.4.

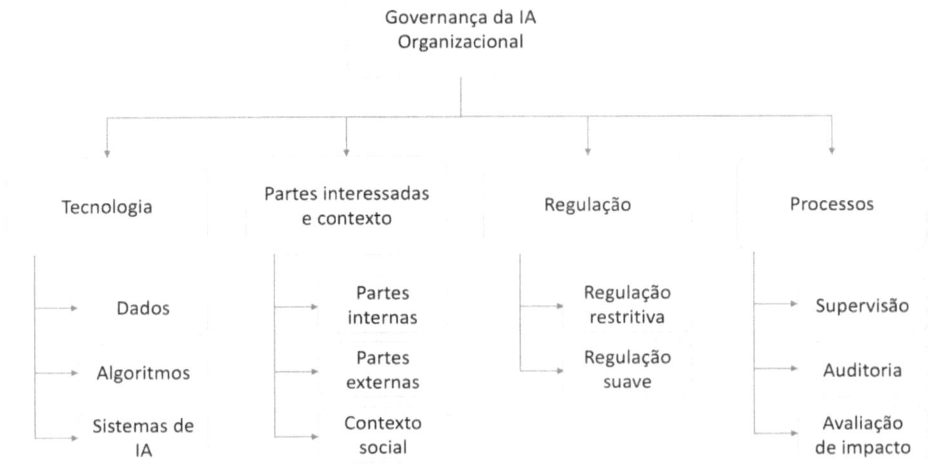

Figura 6.4. Elementos da governança de IA organizacional. Fonte: adaptado de Birkstedt *et al.* (2023).

Esses autores adotam para o seu trabalho a definição de governança de IA dada por Mäntymäki *et al.* (2022): a governança de IA é um sistema de regras, práticas, processos e ferramentas tecnológicas que são empregadas para assegurar que uma organização use a tecnologia de IA alinhada com as estratégias, os objetivos e os valores da organização, atendendo aos requisitos legais e aos princípios éticos seguidos pela organização.

Mäntymäki *et al.* (2023) propõem um modelo de ampulheta (*hourglass*) para a governança de IA organizacional. O modelo foi projetado para auxiliar as organizações na implantação de sistemas de IA traduzindo os princípios éticos para a prática e alinhando suas operações com o *European AI Act*. O modelo preconiza três camadas: uma camada do sistema de IA, uma organizacional e outra ambiental. A Figura 6.5 ilustra o modelo ampulheta proposto por Mäntymäki *et al.* (2023).

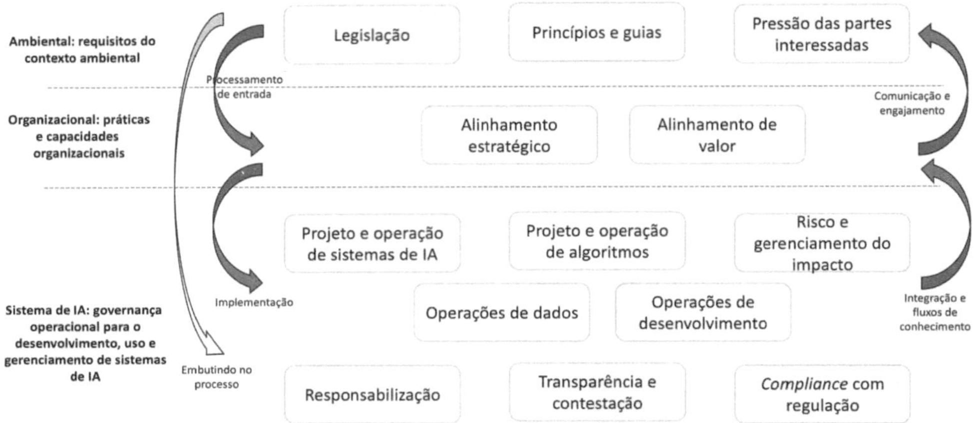

Figura 6.5. Modelo ampulheta de governança da IA organizacional. Fonte: adaptado de Mäntymäki *et al*. (2023).

Considerando as definições e os modelos propostos, a governança da IA possui as seguintes atribuições:

- Dar o direcionamento atual e futuro, assegurar recursos, decidir sobre políticas, estratégias, alinhamento, apetite ao risco, capacitação de pessoas e princípios éticos do uso de IA.
- Assegurar, através da Supervisão, que os projetos de IA estejam alinhados com o negócio, que as políticas estejam sendo seguidas, que o valor estimado esteja sendo gerado, que os princípios éticos estejam incorporados no ciclo de vida dos sistemas de IA e que os riscos estejam sendo gerenciados.
- Assegurar que há conformidade dos sistemas de IA com a legislação vigente e que as responsabilidades estão sendo executadas conforme o estipulado.
- Avaliar os resultados do sistema de governança de IA, o valor efetivamente gerado pelo portfólio de projetos de IA e a eficácia do modelo de governança adotado.
- Comunicar os resultados tanto para o público interno como para o externo. Para o público externo, demonstrar que a IA está controlada pela organização e é confiável e responsável.

6.2. Por que você precisa da governança da IA

Você, como um gestor de TI e IA na organização, necessita de um suporte em princípios, práticas, processos e em políticas de forma que a IA possa entregar o que o negócio precisa dela e obviamente mecanismos que assegurem que as pessoas e áreas da organização estejam seguindo esses direcionamentos.

Alguns tópicos que podem motivar a implementação de uma governança de IA na organização:

- Os investimentos em IA estão alinhados com a estratégia da organização?
- Os investimentos são avaliados quanto ao seu retorno?
- As áreas usuárias têm costume de adquirir ativos e serviços de IA sem o conhecimento da área de TI ou do responsável pela IA?
- Os contratos de serviços relativos à IA são gerenciados?
- A capacidade da infraestrutura tecnológica atende às demandas de IA?
- Os incidentes em aplicações de IA são corriqueiros e não se descobrem as causas-raízes?
- Há muitas vulnerabilidades no que tange à segurança dos dados, comprometendo a continuidade dos serviços de IA?
- Frequentemente aplicações ou correções são promovidas para a produção sem a devida avaliação de seu impacto no ambiente e na configuração?
- Os riscos de IA são desconhecidos e não são gerenciados?
- As partes interessadas e os próprios executivos de TI desconhecem o desempenho das aplicações de IA para o negócio?
- Papéis e responsabilidades referentes ao negócio e à IA estão claros?
- O pessoal do negócio faz o aceite de soluções através de um processo formal?
- Aplicações de IA são monitoradas?
- Requisitos de políticas internas e de legislação e que podem expor a organização a riscos são devidamente tratados?
- É possível obter uma visão do portfólio de investimentos em IA?
- Aquisições são feitas de forma incompatível com a arquitetura tecnológica e de aplicações?

- Os ativos são gerenciados de forma adequada?
- Há garantia de que aplicações de IA são confiáveis e responsáveis?
- Os resultados das aplicações de IA são explicados?
- Há documentação suficiente acerca dos algoritmos e modelos usados pelas aplicações de IA?
- Se uma organização se identificar com alguns desses itens, ela necessita de uma governança de IA.

6.3. Reflexões sobre a governança de IA

Alguns autores vêm defendendo que a governança de IA possui um forte relacionamento ou que deve estar contida na governança de TI. A seguir, algumas considerações encontradas na literatura a respeito (MORLEY *et al.*, 2020; SOHMEN; RAZZAQUE, 2009; WITT; WOLANSKE; MERTHOU, 2021; EITEL-PORTER, 2021; MÄNTYMÄKI *et al.*, 2022; GEORGIEVA *et al.*, 2022; SCHNEIDER *et al.*, 2023):

- Os sistemas de IA são compostos por fórmulas matemáticas baseadas em lógica difusa, também conhecidas como sistemas especialistas.
- Os algoritmos de IA aprendem com base nos dados (gerenciados pela TI) com os quais são treinados. Se os dados coletados no passado tiverem vieses subjacentes, então esses vieses estarão presentes em quaisquer previsões futuras.
- Os sistemas de IA precisam ser projetados para produzir resultados precisos e transparentes, evitando desigualdades e vieses.
- Como os sistemas de IA são centrados em dados e esses dados são de pessoas reais, deve-se proteger a privacidade dos usuários e garantir que os dados coletados estejam em conformidade com as regulamentações. Regulamentações que garantam uma sensação de segurança e confiança entre a organização e seus consumidores são fundamentais. Essa garantia também ajudará a fornecer informações transparentes e precisas.
- A governança de IA atual ainda enfrenta o desafio de traduzir princípios éticos abstratos, como a equidade, em processos práticos de governança.
- Há uma falta de compreensão da posição da governança de IA dentro da estrutura de governança organizacional ou corporativa nas empresas.

- A literatura emergente sobre governança de IA organizacional tem dedicado pouca atenção a outras áreas de governança existentes, como a governança de TI e a governança de dados.
- Alguns autores entendem que a governança de IA utiliza a base no conhecimento existente da governança de TI e da governança de dados, aparentemente vendo-a como uma evolução delas.
- A estrutura existente do COBIT® 2019 (ISACA, 2019) inclui claramente muitos dos mesmos princípios e ideias semelhantes discutidos neste capítulo, mas sua estrutura atual deverá adequar esses princípios ao tópico específico de IA e fornecer aos usuários um exemplo de como o COBIT® pode ser adotado e adaptado (ou seja, personalizado).
- Trabalhos futuros poderão expandir essas propostas, por exemplo, investigando funções de governança e valor de dados alavancando a governança de IA, fornecendo uma variedade de opções dentro das três dimensões "O que é governado?", "Como é governado?" e "Quem é governado?".

7. Práticas da governança de IA

Aguinaldo Aragon Fernandes

A ISO 38507 (ABNT, 2023), complemento da ISO 38500 (ISO, 2018), trata das implicações do uso da IA pelas organizações e normatiza um conjunto de práticas de governança de IA que é de responsabilidade do *Board* da organização.

A Figura 7.1 apresenta uma visão da ABNT sobre as implicações do uso da IA na organizações.

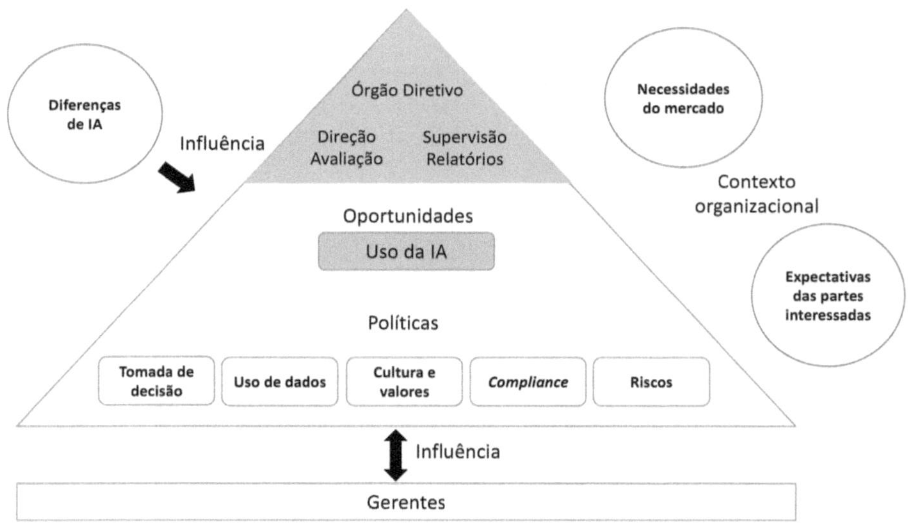

Figura 7.1. Implicações do uso da IA. Fonte: adaptado de ABNT (2023)

As práticas preconizadas pela norma são Direção, Supervisão, Avaliação e Relatórios.

Esta norma traduz a diferença entre a governança e a gestão, conforme explanação do capítulo anterior.

Entramos em um detalhe maior com nossa contribuição visto a nossa experiência e nossos trabalhos anteriores em governança de tecnologia.

7.1. As práticas de Direção

A Direção é exercida pelo *Board* com o estabelecimento de princípios, políticas, estratégia de IA e alocação de recursos (investimentos), através da criação das condições para o estabelecimento das capacidades organizacionais para IA e a definição de requisitos para o desenvolvimento da IA na organização.

Os principais elementos da Direção são: Princípios, Estratégia, Políticas, Alocação de Recursos e Requisitos.

Em **Princípios**, podemos classificar elementos como código de conduta, manifesto e propósitos.

Figura 7.2. Elementos da prática de Direção. Fonte: o autor.

O **código de ética** é um documento que reúne os princípios e valores adotados pela organização. Tem como objetivo central promover uma postura homogênea entre todos os colaboradores e guiar a postura e atitudes éticas de uma organização.

Neste código, que pode ser um complemento de um código já existente, a organização tem que expressar suas diretrizes para a conduta ética no desenvolvimento e uso de sistemas de IA, podendo tratar sobre requisitos de transparência, explicabilidade, privacidade e proteção de dados, confiabilidade, robustez do sistema, responsabilização, prestação de contas, autonomia do ser humano, inclusão e postura não discriminatória etc.

Em organizações que possuem uma governança corporativa mais madura há também um código de conduta extensivo a fornecedores e parceiros.

Um **manifesto de valores** é uma declaração formal, geralmente escrita, que transmite intenções, opiniões, decisões ou ideias políticas, particulares a uma pessoa ou a um grupo de pessoas. É uma declaração divulgada publicamente com variados propósitos[7].

O manifesto tem como objetivo dar publicidade para as partes interessadas externas sobre a postura e os objetivos da organização com a IA.

Um exemplo: "aqui na organização desenvolvemos aplicações de IA de forma clara e transparente para gerar valor aos nossos clientes em todo o mercado em que atuamos".

O manifesto pode ter vários objetivos.

O **propósito** é o que se quer alcançar; aquilo que se busca atingir; o objetivo.

O propósito, numa visão centrada no cliente, focará atributos do esforço de IA na empresa para fornecer aos clientes uma experiência que valha a pena e que esteja lhe trazendo benefício. Numa visão mais centrada no ser humano, enfatizar os atributos e benefícios para a sociedade em geral. Por exemplo, destacando a sustentabilidade da operação, que começa desde a escolha dos serviços de nuvem.

A **estratégia de IA** define, a partir dos objetivos da organização, como se chegar de um estado atual a um estado futuro desejado, pensando nas etapas e capacidades organizacionais e tecnologias que devem ser incorporadas na jornada da IA e que estão estritamente ligadas à estratégia da organização. Não existe estratégia de IA se não há uma estratégia da organização.

A estratégia de IA apresenta o valor que cada solução de IA escolhida vai gerar para o negócio e seu posicionamento competitivo ou organizacional.

Portanto, a gestão do valor e dos benefícios de soluções de IA é uma atribuição estratégica do *Board*. Dependendo da solução escolhida, é preciso elaborar um *business case* consistente.

Na formulação da **Estratégia** há a identificação da prontidão da organização para a IA, a identificação dos principais casos de uso com IA, onde a IA vai agregar mais valor, as capacidades que devem ser desenvolvidas e os projetos e iniciativas a serem executados. A estratégia de IA pode estar intrinsicamente relacionada com a estratégia de inovação quando a organização quer começar com uma abordagem de "open innovation" com "sandbox".

"Sandbox" é um ambiente controlado que permite a realização do trabalho de forma privativa, sem riscos, interferências e modificações do mundo real. Isso significa

---

[7] Dicionário Online de Português: <https://www.dicio.com.br/manifesto/>.

que os desenvolvedores podem testar códigos e funcionalidades sem afetar o ambiente de produção de uma ferramenta digital. Essa abordagem pode ser utilizada para testar produtos de IA em ambiente controlado, apoiando a realização de uma prova de conceito ou executando um *Minimum Viable Product* – MVP.

As **Políticas** são um conjunto de regras, diretrizes e procedimentos que uma organização utiliza para orientar ações de seus colaboradores e a tomada de decisão.

As políticas preconizadas pela ISO/IEC 38507 (ABNT, 2023) são:

- **Supervisão da governança:** estabelecer responsabilidades, individual e coletiva, pela IA dentro da organização. Adicionalmente, tratar a necessidade da supervisão humana, preparar os colaboradores para usarem a IA e assegurar que as políticas estão sendo seguidas.
- **Tomada de decisões:** tratar das decisões relativas à IA e definir a responsabilização por elas. Verificar se as decisões estão alinhadas ao negócio e analisar o nível de responsabilidade, a capacidade de tomar decisões e o processo de tomada de decisão em si, além de supervisioná-lo.
- **Governança do uso dos dados:** assegurar que a governança e a gestão de dados são apropriadas para o uso que se quer fazer dos dados, considerando privacidade, qualidade e volume necessário. Também abrange direcionamento acerca de práticas de coleta, tratamento, avaliação de viés e análise crítica dos dados.
- **Cultura e valores:** assegurar que os sistemas de IA estejam em conformidade com a cultura e os valores da organização. Estabelecer possível prática de Conselhos no mais alto nível para avaliar se o sistema de IA está aderente.
- ***Compliance*:** estabelecer um processo de conformidade contínuo, alinhar os sistemas de IA a políticas da organização, regulações, legislação e necessidades das partes interessadas. Complementar o sistema de *compliance* já existente na organização.
- **Riscos:** rever o posicionamento do apetite ao risco da organização face o uso da IA e estabelecer um processo de gestão de riscos abrangendo identificação, priorização e tratamento dos riscos, planos de resposta e estabelecimento de controles internos relativos à IA. Estabelecer a integração dos riscos de IA com os riscos corporativos e direcionar a implantação de um processo de gestão de riscos e de conformidade como práticas correntes de gestão da IA.

A **Alocação de recursos** foca no estabelecimento de verbas e orçamento para as iniciativas de IA, seja em nível de inovação e para o desenvolvimento de soluções e capacidades da organização ou para iniciativas/projetos de IA. O estabelecimento do orçamento necessário pode ser derivado da estratégia de IA. Abrange recursos humanos, serviços, infraestrutura tecnológica, ferramentas para desenvolvimento, testes, *pipelines*, armazenamento (*big data, data lake*), ciclo de vida do desenvolvimento, ambiente de testes e aceitação e segregação de ambientes, conforme arquitetura definida.

Em algumas organizações há o processo de estabelecer verbas para investimento, geralmente sob a aprovação do Conselho de Administração. Não significa um orçamento em si. Entretanto, o orçamento pode ser feito dentro dos limites da verba estipulada[8].

Outro aspecto é que a Direção deve solicitar de quem vai gerir a IA uma estimativa de recursos e capacidades necessárias para tal. Importante saber o TCO (*Total Cost of Ownership* – Custo Total de Propriedade) e experiências de outras organizações sobre essas questões.

O item **Requisitos** se refere a requisitos não funcionais que impactam o desenvolvimento dos sistemas de IA e que são baseados em princípios da IA confiável e responsável[9]. Esses princípios são derivados do código de conduta, do manifesto e do propósito. São práticas a serem implementadas ao longo do ciclo de vida do sistema de IA e que concretizam a IA ética e responsável.

A Direção determina como quer receber os relatórios ou comunicações sobre o desempenho da governança da IA e os resultados da gestão da IA.

Os requisitos são, conforme Comissão Europeia (2019):

- **Ação e supervisão humana:** assegurar que os direitos fundamentais sejam avaliados antes de iniciar o desenvolvimento do sistema de IA. A autonomia do usuário deve estar no centro das preocupações.
- **Solidez técnica e segurança:** compreende a resiliência perante ataques e segurança. Sistemas de IA devem ser protegidos contra vulnerabilidades e ter infraestrutura de alta disponibilidade com planos de continuidade.
- **Privacidade de dados:** os sistemas de IA devem garantir a privacidade e a proteção de dados ao longo de todo o ciclo de vida de um sistema. A qualidade dos conjuntos de dados utilizados é fundamental para o desempenho dos sistemas de IA.

---

[8] A verba estipulada pode ter relação com o apetite e a tolerância ao risco da organização.

[9] **Requisitos** foi incluído pelo autor e não está explícito na norma.

- **Transparência:** os conjuntos de dados e os processos que produzem a decisão do sistema de IA, incluindo os processos de coleta e rotulagem dos dados, além dos algoritmos utilizados, devem ser documentados para permitir a rastreabilidade.
- **Diversidade, não discriminação e equidade:** os conjuntos de dados utilizados pelos sistemas de IA (tanto para treino como para funcionamento normal) podem ser afetados pela inclusão de desvios históricos inadvertidos, bem como por lacunas e por modelos de governança não apropriados. A manutenção de tais desvios pode dar origem a discriminação e preconceitos (in)diretos não intencionais contra determinados grupos ou pessoas.
- **Bem-estar social e ambiental:** o desenvolvimento, a implantação e a utilização do sistema de IA, bem como toda a sua cadeia de fornecimento, devem ser avaliados a esse respeito, nomeadamente através de um exame crítico da utilização de recursos e do consumo de energia durante o treino, optando-se por escolhas menos prejudiciais.
- **Responsabilização:** os sistemas de IA devem ser capazes de receber auditoria em termos de dados, processos, modelos e algoritmos. Deve ser feita comunicação dos impactos negativos do sistema de IA.
- **Via de recurso:** quando ocorrer um impacto adverso injusto, deverão ser previstos mecanismos acessíveis para assegurar vias de recurso adequadas.

7.2. As práticas de Supervisão

A Supervisão é exercida para se certificar de que a Direção estabelecida está sendo seguida. Dessa forma, tem que supervisionar se o valor da IA se mantém, se as políticas estão sendo seguidas, se a IA estar sendo implementada e monitorada, se a estratégia está sendo seguida e se os recursos estão suficientes.

Os principais elementos da Supervisão são: Valor, Apetite ao Risco, Políticas, Uso da IA, Recursos e Progresso da Estratégia[10], ilustrados na Figura 7.3.

---

[10] Nota: o autor fez adaptações em relação à norma ISO/IEC 38507, sugerindo mais elementos.

Figura 7.3. Elementos da prática de Supervisão. Fonte: o autor.

O elemento **Políticas** procura verificar **conformidade**, **cumprimento** e **melhorias**.

Políticas a serem verificadas se estão sendo seguidas: aplicação do código de conduta, atualidade do manifesto, princípios e requisitos de IA confiável e responsável, políticas de responsabilização, responsabilidades, alçadas, tomada de decisão, governança de dados e políticas relativas à implementação da IA, cultura e valores, riscos, controles internos etc.

A Supervisão também verifica a conformidade dos sistemas de IA e do sistema de governança com a legislação. No Brasil o que mais impacta atualmente são as leis de Proteção Geral de Dados (LGPD) e a do Consumidor. Entretanto, há um projeto de lei tramitando no Congresso, o PL 2338/23, que vai trazer uma série de obrigações para quem desenvolve e implementa sistemas de IA.

O elemento **Valor** procura verificar se o valor da IA para o negócio, estabelecido pela estratégia de IA, se mantém ou se foi alterado em função de novas oportunidades, do surgimento de novas tecnologias ou da conformidade com a legislação.

Valor é aquilo que trará benefícios esperados para o negócio com a aplicação da IA, como: manter um patamar competitivo; reduzir custos; melhorar a qualidade e a produtividade; lançar novos produtos; trazer mais aderência a práticas ambientalmente sustentáveis etc.

Valor vem de hipóteses da Direção com o nível de informação e experiência com o uso da IA internamente e externamente. Isso pode mudar ao longo do tempo e alterar verbas e recursos, o apetite ao risco e assim sucessivamente.

O elemento **Apetite ao Risco** significa verificar se o apetite se mantém ou se deve ser mudado para guiar a gestão de riscos de IA para o negócio. Se houve mudança do perfil dos riscos ou se surgiram riscos que causaram perda, o apetite e a tolerância devem ser revistos.

As organizações perseguem vários objetivos para agregar valor e devem compreender os riscos envolvidos em alcançar os seus objetivos. Elas apresentam apetite e tolerância aos riscos em função dos seus objetivos de negócio.

Apetite é a exposição total que uma empresa assume de forma consciente (com base no seu entendimento de onde está o *trade-off* risco-retorno-ótimo). Ou seja, até onde a empresa pode se expor ao risco que continua com o retorno esperado mesmo que haja perdas.

Tolerância, por sua vez, é o nível máximo de exposição que uma empresa está preparada para assumir relativamente ao seu apetite (violação significa implementar plano corretivo).

Em organizações com governança corporativa madura é apresentado um Relatório de Apetite e Tolerância (Declaração de Apetite por Riscos) para comunicar aos investidores e demais partes interessadas o grau de apetite e tolerância da organização[11].

O elemento **Uso da IA** procura verificar se as práticas de gestão e operacionais de IA estão em implementação e sendo executadas, inclusive as práticas da IA ética e responsável. Essas práticas são ações de governança.

As práticas de gestão e operacionais podem englobar, mas não estão limitadas a, requisitos da IA ética, ciclo de vida de desenvolvimento, processo de desenvolvimento de aplicações de IA, práticas de governança de dados, governança de TI, testes de modelos, escolhas de modelos, explicabilidade, treinamento de modelos, gestão dos projetos, gestão dos recursos, da inovação, sustentação dos sistemas de IA, gestão dos riscos de sistemas de IA etc.

O elemento **Recursos** procura verificar se as verbas estabelecidas para a implementação e sustentação de IA na organização são suficientes ou se necessitam de acréscimos ou decréscimos, como elas estão sendo aplicadas e se os recursos requeridos estão sendo aplicados e usados.

Recursos são principalmente CAPEX[12] e OPEX[13] para a implementação da IA na organização. A Supervisão abrange disponibilidade, o que foi gasto e necessidades

---

[11] Esse tipo de relatório pode ser facilmente encontrado nas áreas de relações com investidores de companhias listadas em bolsa de valores como a B3.

[12] A sigla CAPEX (*Capital Expenditure*) significa despesas de capital. Ela se refere a grandes investimentos feitos por empresas, como equipamentos, galpões industriais etc.

[13] OPEX (*Operational Expenditure*) significa despesas operacionais, como energia elétrica, matérias-primas, salários, despesas de manutenção e outras despesas correntes. Esses gastos são necessários para manter o negócio em operação e são considerados despesas de curto prazo.

adicionais. Um aspecto importante deste tópico é verificar se as capacidades organizacionais para a IA estão sendo implementadas. Recursos humanos e talentos também são considerados.

Progresso da Estratégia: a Supervisão avalia o progresso e os resultados dos projetos do portfólio para a implementação e sustentação da IA na organização.

Supervisão da estratégia da IA é procurar ter uma visão do progresso dos projetos e das iniciativas relativas à IA e redirecionar, se for o caso.

7.3. As práticas de Avaliação

A prática da Avaliação é exercida pelo *Board* da organização com o intuito de avaliar o sistema de governança, ameaças e oportunidades, melhorias e resultados alcançados e julgar as decisões tomadas.

Os principais elementos da Avaliação são: **Resultados**, **Sistema de Governança**, **Ameaças e Oportunidades** e **Decisões** tomadas ao curso do ciclo de inovação: implementação, uso, sustentação e descarte de sistemas de IA.

A Figura 7.4 mostra uma visão dos elementos da prática de Avaliação.

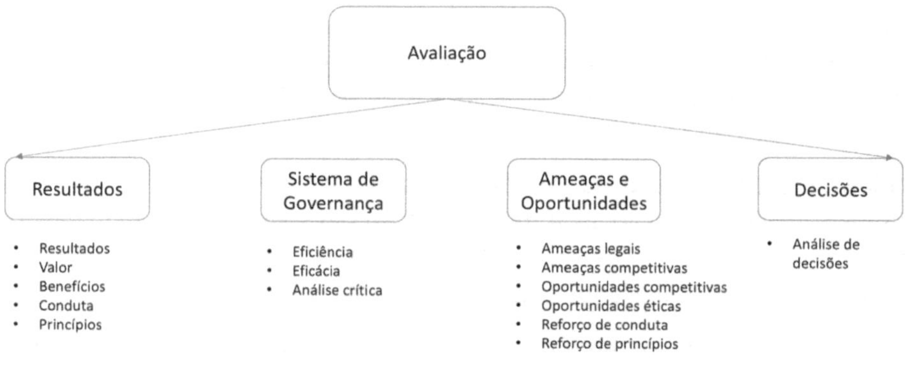

Figura 7.4. Elementos da prática de Avaliação. Fonte: o autor.

Resultados: compreende avaliar se as aplicações de IA alcançaram os objetivos do negócio e se o valor e os benefícios esperados foram alcançados.

A Avaliação dos resultados se concentra em: benefícios realizados x estimados, conduta e princípios realizados e em voga x publicados pela alta administração, valor gerado pelo portfólio de projetos e demais resultados como riscos, uso de recursos, melhoria contínua, reclamações de clientes, indicadores de satisfação etc. Pode avaliar também o estágio de maturidade da IA na organização.

Sistema de Governança: abrange a avaliação da eficiência e eficácia das práticas de Direção, Supervisão, Avaliação e Relatórios. Por exemplo: gestão dos riscos de um sistema de IA, velocidade de implementação da IA, velocidade da tomada de decisão, se as responsabilidades foram assumidas, se os incidentes foram rapidamente resolvidos etc., a partir da análise crítica da alta administração.

Ameaças e Oportunidades: abrange a avaliação de novas ameaças e novas oportunidades para reorientar o esforço de implementação da IA, rever recursos e prioridades. Aqui são examinadas ameaças que podem vir de novas legislações e regulamentos de agências governamentais ou de entidade supervisora. Exemplo: Banco Central do Brasil regula a atividade bancária no país. Outro tipo de ameaça é a competitiva, em virtude do surgimento de novos processos, novas tecnologias, novos produtos com inteligência embarcada, cenários de inovações etc. E, por fim, as oportunidades éticas e de princípios que possam melhorar a imagem da organização perante clientes, governo e sociedade.

Decisões: abrange exame de decisões tomadas durante a implementação, o desenvolvimento e o uso da IA pela organização. Inclui lições aprendidas e revisão de alçadas e responsabilidade.

7.4. As práticas de Relatórios

A prática de Relatórios é exercida pela Direção da organização com o intuito de comunicar internamente as práticas usadas e atualizadas da governança, apresentar resultados e comunicar para o mercado, clientes e com quem a organização se relaciona de que as aplicações usadas são confiáveis e seguem um protocolo que garante esse princípio.

A Figura 7.5 mostra uma visão dos elementos da prática de Relatórios.

Figura 7.5. Elementos da prática de Relatórios. Fonte: o autor.

Relatórios Internos: relatórios internos dependem muito das diretrizes da governança corporativa. O intuito é comunicar o que existe e o que está acontecendo em termos de IA na organização. Traz informações sobre as práticas de Direção, resultados de Supervisão e da Avaliação, reforço de comunicação e compromissos.

Relatórios Externos: são relatórios para as demais partes interessadas externas à organização. Organizações listadas na bolsa de valores e/ou altamente reguladas são solicitadas a elaborar relatórios aprofundados sobre desempenho, situação ambiental, patrimonial etc. Ainda não estão solicitando relatórios sobre o uso da IA. Entretanto, nossa proposição é de que a organização demonstre que a IA que ela faz é confiável e responsável. Portanto, tem que haver a comunicação do código de conduta, o manifesto, os princípios de IA confiável e responsável que são seguidos pela organização, como funciona o sistema de governança e quais são os resultados para a organização e seu ecossistema de partes interessadas externas, considerando sociedade, governo, fornecedores, parceiros e clientes.

7.5. A dinâmica da governança de IA

A Figura 7.6 apresenta um modelo para melhor entendimento da dinâmica da governança da IA no contexto da governança corporativa.

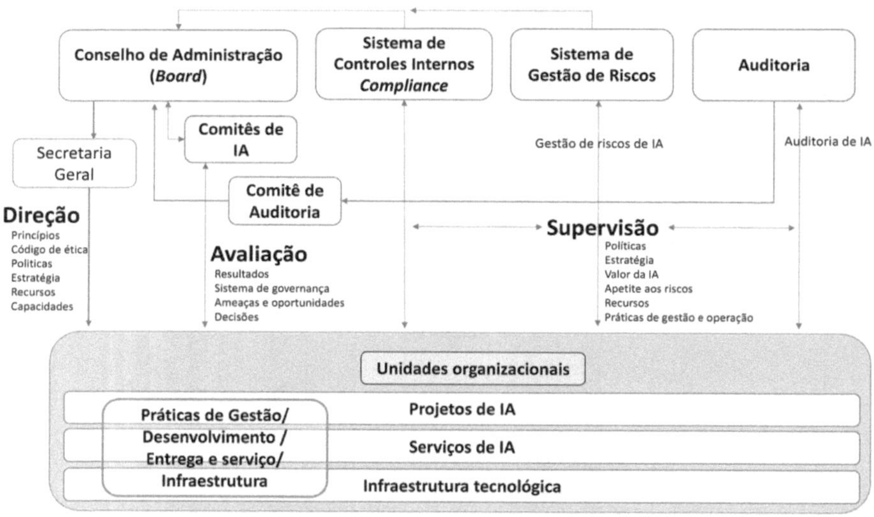

Figura 7.6. Modelo dinâmico de governança de IA. Fonte: o autor.

O corpo de governança geralmente é formado pelo Conselho de Administração ou Conselho Gestor, os membros da Diretoria, áreas de risco empresarial e *compliance* e auditoria interna e externa.

Também podem ser considerados o Comitê de Auditoria e demais comitês necessários para atender às demandas de assessoramento ao Conselho de Administração, como o Comitê de Ética.

Alguns mecanismos são usados para exercer a governança, quais sejam:

- Comunicados do Conselho de Administração para os colaboradores e membros da Diretoria sobre políticas, estratégia, código de conduta. Em grandes organizações há uma Secretaria Geral ou uma área de Governança Corporativa que lida com essas questões.
- A Supervisão é exercida através de iniciativas de verificação de *compliance*, gestão dos riscos corporativos e de resultados de auditorias. Resultados de *compliance* e gestão de riscos são relatados ao Conselho e à Diretoria e resultados de auditorias são tratados pelo Comitê de Auditoria, que o remete para o Conselho de Administração. Dessa forma, o Conselho sabe se a Direção está sendo cumprida.
- Para a Avaliação, sugere-se que haja um comitê dedicado à IA para apoiar o Conselho de Administração na apreciação dos resultados que a organização alcançou com a IA, da efetividade do sistema de governança, de oportunidades, ameaças etc.
- Por fim, relatório externo aprovado e publicado sob a égide do Conselho de Administração e relatórios internos sobre desempenho do sistema de governança da IA, que podem ser delegados para a área que gerencia a estratégia da organização.

7.6. Implicações para a gestão da TI e de dados

A governança de IA tem impacto na gestão da TI e dos dados, através dos requisitos oriundos da política de IA, do código de conduta e dos princípios de uso ético e responsável da IA. A Figura 7.8 apresenta uma visão do autor sobre a interseção entre governança de IA x dados x TI.

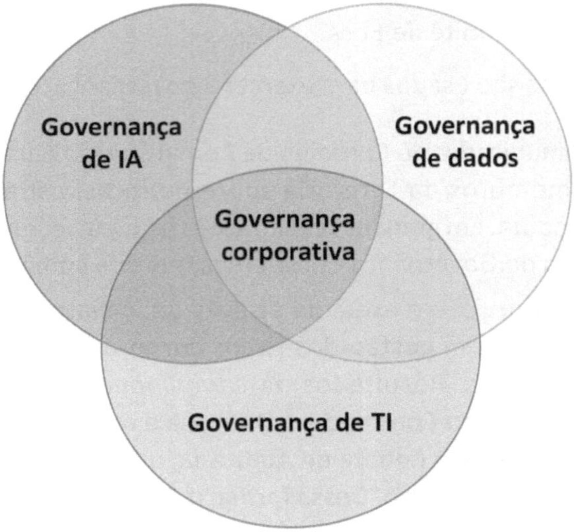

Figura 7.7. Interseção entre governança de IA x dados x TI. Fonte: o autor.

A Governança de IA gera requisitos para a governança de dados quando solicita qualidade de dados, dados sem viés e alimentação contínua de dados para o modelo. Para a governança de TI, solicita robustez técnica e serviços para a sustentação do sistema de IA quando em operação.

A seguir, as implicações de cada conjunto de práticas de governança de IA.

Implicações das práticas de Direção

- O código de conduta, o manifesto e o propósito afetam o processo de desenvolvimento do sistema de IA, pois geram requisitos não funcionais que devem estar presentes no sistema. Além do processo, afetam a arquitetura do modelo e requerem que os requisitos sejam gerenciados.
- A estratégia de IA afeta diretamente a estratégia de TI e de dados e o gerenciamento de portfólio de projetos e serviços de IA. A gestão de projetos tem que executar os projetos constantes da estratégia.
- *Sandbox* afeta o processo de inovação da organização.
- As políticas de supervisão, tomada de decisão, cultura e valores remetem a um *framework* de governança da IA. A partir desse instrumento são divulgadas responsabilidades, alçadas, quem decide o quê etc.
- Conformidade afeta processos de controles internos e de medição de conformidade com políticas e legislação. Afeta todo o ciclo de vida do sistema de IA.

- Riscos afetam os processos de gestão corporativa de riscos, como o processo de gestão de risco da TI e da IA.
- A alocação de recursos afeta processos de orçamento e custos e de recursos humanos. O controle de orçamento e a busca e manutenção de recursos humanos é feita por esses processos. Se optar por contratar serviços, o processo de gestão de fornecedores deve ser posto em funcionamento.
- Governança de dados implica em um conjunto de processos de gerenciamento de dados, qualidade, metadados, arquitetura etc. que é objeto de outro *framework*. O mais conhecido é o DMBOK da DAMA (2009).
- Requisitos de ação e supervisão humana aplicam-se nas fases iniciais do projeto de sistema de IA, afetando, portanto, o ciclo de vida, sendo que no processo de desenvolvimento e nos testes isso vai ter que ser explicado.
- Solidez técnica e segurança aqui aplicam-se com vários *frameworks* de segurança e privacidade de dados, arquitetura de software, serviços de TI, como gestão de mudanças, gestão de incidentes e chamados, operação, continuidade, capacidade e disponibilidade, relato de evento, gestão de problemas e assim por diante.
- Privacidade e governança de dados aqui aplicam-se em requisitos da legislação e afetam principalmente o tratamento de dados.
- Transparência requer a documentação e a rastreabilidade do sistema e dos dados. Afeta todo o ciclo de desenvolvimento e sustentação de sistemas de IA.
- Diversidade, não discriminação e equidade são requisitos que afetam diretamente o ciclo de vida do sistema de IA e principalmente os processos de treinamento dos algoritmos.
- Bem-estar social e ambiental aplica-se na cadeia de fornecimento e, portanto, afeta o processo de gestão de fornecedores, contratação etc.
- Responsabilização é um requisito associado ao modelo e ao *framework* de governança de IA.
- Vias de recurso é um requisito que pode ser associado ao gerenciamento de incidentes e requisições de serviços e gerenciamento de problemas.

Implicações das práticas de Supervisão

- Supervisão do valor afeta principalmente processos vinculados a gestão de benefícios e gestão do portfólio de projetos de IA e, eventualmente, a gestão de programas e de projetos. O processo de orçamento e contábil pode ser envolvido para fornecer informações sobre CAPEX e OPEX.
- Apetite ao risco afeta primordialmente os processos de gestão do risco corporativo e a gestão de riscos de IA.
- Supervisão das políticas afeta os processos relacionados com a medição, avaliação e aferição de conformidade, controles internos, requisitos externos e auditoria interna e externa.
- Supervisão do uso da IA afeta processos de medição, avaliação e aferição, o processo de ciclo de vida, o processo de desenvolvimento, treinamento de algoritmos, testes e *deploy*.
- Supervisão de recursos afeta principalmente os processos de orçamento e custos e de recursos humanos.
- Progresso da estratégia foca nos resultados do portfólio de projetos, no posicionamento dos programas e projetos e nos resultados de retorno do investimento ou na gestão de benefícios.

Implicações das práticas de Avaliação

- Resultados afetam processos de gestão de benefícios, de portfólio de projetos, orçamento e custo, medição, *compliance* e riscos, estratégia de TI e de dados. Em realidade, todos os resultados das várias facetas da governança são tratados aqui.
- Sistema de governança afeta o *framework* de governança da organização. A partir da análise crítica pelo *Board* são identificados pontos de melhoria.
- Ameaças e oportunidades afetam a estratégia da IA e os processos de *compliance* e auditoria.
- Decisões afetam o *framework* de governança de IA.

Implicações das práticas de Relatório

- Relatórios internos e externos afetam processos de relacionamento com as partes interessadas e os demais processos que devem suprir a governança de informação.

O próximo capítulo discutirá as práticas de gestão aplicáveis à IA.

8. Práticas de gestão e operação da IA

Aguinaldo Aragon Fernandes
Marco Antônio de Moraes
Vladimir Ferraz de Abreu

As práticas de gestão e operação da IA são baseadas em *frameworks* como os relativos à gestão de dados (DAMA) e à gestão de TI (como COBIT® e ITIL®).

A Figura 8.1 apresenta as práticas de gestão de IA e seus relacionamentos com as práticas da gestão da conformidade, da gestão de dados e da gestão da TI.

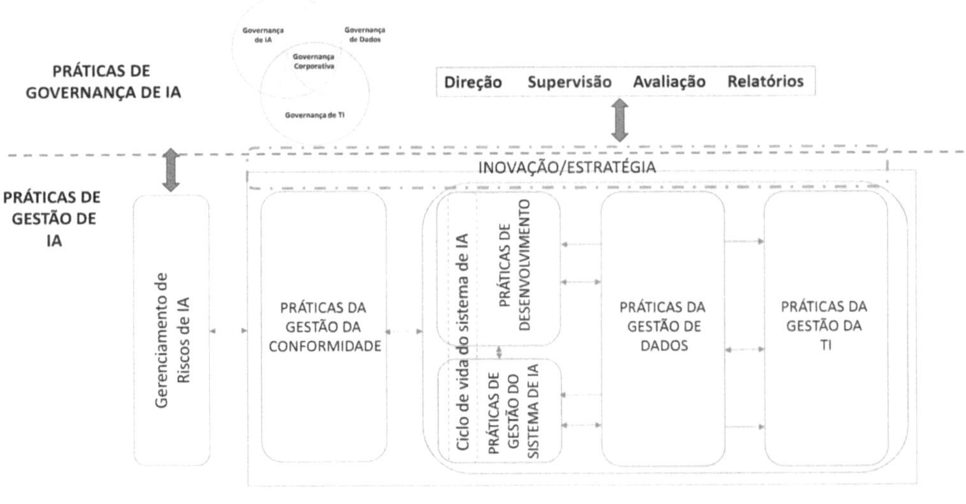

Figura 8.1. Práticas de gestão de IA. Fonte: os autores.

Da esquerda para a direita, o primeiro conjunto de práticas diz respeito à gestão dos riscos de IA[14].

A gestão de riscos de IA abrange os riscos regulatórios (legislação e dispositivos infralegais) e os riscos de projetos, sustentação, dados, segurança da informação e TI propriamente dita.

Tem por finalidade a identificação, a avaliação e o estabelecimento de respostas aos riscos, visando mitigar ou contingenciar no caso de ocorrência de riscos.

Não menos importante é a gestão da conformidade, principalmente quanto ao atendimento da legislação que já existe, como é o caso da LGPD e do Código do Consumidor, e a que está por vir, que é o Projeto de Lei nº 2338/2023, que tramita no Congresso. Tem reflexos em todas as demais práticas. Há grande risco de reputação e de perda monetária se a legislação não for seguida. Estamos no momento assistindo a muitas polêmicas sobre a ética das plataformas de redes sociais.

Há práticas junto ao ciclo de desenvolvimento do sistema de IA, como escolha de modelo, análise de dados, treinamento do modelo, que devem ser consideradas, testadas e validadas etc.

Há práticas de sustentação do sistema de IA que envolvem a gestão do produto, sua manutenção, evolução, aperfeiçoamento em resultados gerados pelo modelo, atendimento a incidentes, resolução de problemas etc. Apregoamos que um sistema de IA que interage com base de cliente e a sociedade tem que ter a sua evolução pensada como um produto.

As práticas de gestão de dados abrangem questões de qualidade de dados, gestão de dados mestres, gestão de metadados, operações de bancos de dados, que são necessárias para o ciclo de desenvolvimento e a sustentação.

As práticas de gestão de TI, por sua vez, focam em arquitetura, disponibilização de recursos de infraestrutura computacional, serviços de TI necessários, como gestão de mudanças, gestão de incidentes, segurança da informação, gestão de projetos, gestão de problemas, configuração, continuidade. Esses serviços de TI são críticos para a gestão de dados, para o ciclo de vida do sistema de IA e para a governança de IA como um todo.

Este capítulo tem como finalidade explicar as principais práticas para a gestão da IA, com exceção das práticas de gestão de riscos, que estão detalhadas no Capítulo 9 deste livro.

---

[14] Este tema é de extrema importância, motivo pelo qual dedicamos um capítulo inteiro ao assunto. Vide o Capítulo 9.

8.1. Práticas de gestão da conformidade

A gestão da conformidade ou de *compliance* tem por objetivo auxiliar a organização a estar aderente à legislação, às regulações setoriais, aos padrões da indústria e às políticas internas.

Geralmente organizações com a governança corporativa mais madura já fazem uso de sistemas de gestão de conformidade, às vezes até com o uso de aplicações.

É importante entender como funciona o sistema de gestão de conformidade de sua organização, pois este pode ser usado pela governança e gestão da IA. A gestão da conformidade, incluindo a auditoria, é o principal elemento operacional da Supervisão em um sistema de governança de IA.

As principais práticas de gestão da conformidade são:

- **Criar uma cultura de conformidade:** criar uma cultura que esteja impregnada nas equipes de desenvolvimento de sistemas de IA, fornecedores, usuários, equipes de TI, de dados etc. Essa cultura facilita a verificação da conformidade, todos seguem os controles internos e participam ativamente para determinar melhorias, elaborar relatos e aplicar os controles internos requeridos. Agindo assim, a ocorrência de riscos relativos à legislação, às regulações e aos padrões de mercado ficam minimizados.
- **Estabelecer os objetivos da conformidade:** são indicadores de conformidade relacionados à aderência à legislação, às regulações etc. Geralmente são gerados a partir dos controles internos estabelecidos entre o gestor e a gestão de conformidade. Por exemplo: uma avaliação de impacto de um sistema de IA é um controle interno. Um objetivo seria obter 100% de aderência de todos os sistemas a um item da legislação ou à legislação como um todo. Então, para cada elemento da lei e das regulações poderíamos, teoricamente, ter um controle interno e, portanto, vários indicadores.
- **Determinar riscos e controles de conformidade:** interagindo com a gestão de riscos, a gestão de conformidade tem que monitorar os riscos de aderência à legislação e estabelecer, junto aos gestores, os controles internos essenciais que mostram as evidências de que a operação e os serviços estão aderentes, não aderentes ou precisam de melhorias.
- **Programar as intervenções de conformidade:** esta prática consiste na programação das verificações de conformidade relativas à IA

para identificar quais controles serão avaliados e determinar quem irá fazer as intervenções. Aqui também pode ser programado o uso de auditorias internas e externas.

- **Estruturar recursos e competências:** com base no que deve ser avaliado e conforme a programação de intervenções, recursos e competências devem ser alocados, podendo ser de dentro da casa ou de recursos e serviços contratados.
- **Comunicar e relatar resultados de conformidade:** esta prática é responsável por gerar os relatos do nível de aderência da governança e gestão da IA na organização, mostrando indicadores, pontos de atenção e melhorias do sistema de gestão. Geralmente a cada intervenção se geram os relatos.
- **Melhorar continuamente a gestão da conformidade:** com base nos resultados das verificações de conformidade, aparecem oportunidades de melhorias em processos, práticas e no sistema de gestão da conformidade. Aqui essas melhorias são encaminhadas para aprovação e implementação.

8.2. Práticas do desenvolvimento do sistema de IA

As práticas para o desenvolvimento de sistemas com tecnologias de IA possuem, tal como o desenvolvimento de software e sistemas convencionais, uma sequência de fases e passos bem definidos.

Alguns autores advogam modelos mais genéricos, enquanto outros detalham mais fases. Não há ainda um padrão definido, até mesmo porque cada problema e cada tecnologia de IA a ser empregada possui nuances e características particulares.

O ciclo de desenvolvimento de IA é uma sequência de passos destinada a criar uma solução computacional para um conjunto de requisitos enunciados observando todos os aspectos de ética e responsabilidades legais conforme o ordenamento jurídico em vigor.

Basicamente, o desenvolvimento de software possui três grandes fases, como mostra a Figura 8.2 a seguir.

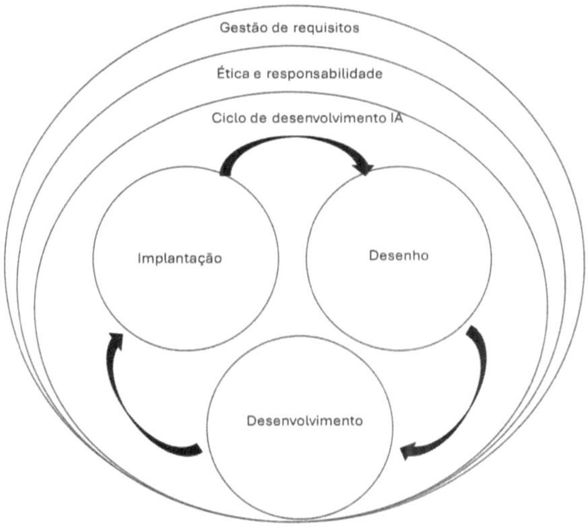

Figura 8.2. Visão geral do ciclo de desenvolvimento de sistemas de IA. Fonte: os autores.

Conforme mostra a figura, uma série de requisitos de ética e responsabilidade devem ser avaliados e definidos antes do início do desenvolvimento – o que chamamos de **avaliação de impacto**.

Uma vez selecionados os requisitos não funcionais e funcionais, que derivam da formulação do problema, eles devem ser gerenciados através de práticas específicas de gestão de requisitos.

A Figura 8.3 apresenta as etapas do ciclo de vida, incluindo uma fase inicial de Entendimento do Problema.

Saltz (2024) postula uma definição para o ciclo de vida da inteligência artificial:

> *Conceitualmente, pode-se pensar no ciclo de vida de um projeto de IA como a progressão sequencial de tarefas e decisões que impulsionam o desenvolvimento e a implantação de soluções de IA.*

8.2.1. Práticas de gestão de requisitos

Este conjunto de práticas gerencia todos os requisitos técnicos e não técnicos que são implementados pelo projeto do sistema de IA. Subsidia o gerenciamento de projetos de sistemas de IA.

- **Planejamento do processo:** esta prática consiste, dado o escopo do desenvolvimento, do cronograma ou da agenda de intervenções, em verificar a entrega dos requisitos ao longo do ciclo de desenvolvimento.

- **Atribuição de responsabilidade:** esta prática consiste em atribuir responsabilidade pelo processo e pela identificação e envolvimento das partes interessadas no projeto de desenvolvimento.
- **Monitoramento do processo:** esta prática consiste em monitorar a execução do plano ou a agenda de gestão de requisitos durante o projeto.
- **Gerenciar inconsistências:** esta prática consiste em verificar inconsistências entre a especificação do requisito e sua implementação.
- **Obter entendimento dos requisitos:** esta prática consiste no entendimento do requisito funcional e não funcional para obter um consenso sobre o que significa e o que será entregue.
- **Gerenciar mudanças nos requisitos:** esta prática consiste em avaliar o impacto de mudanças de requisitos no projeto e no sistema de IA, perfazendo análises de riscos e impactos sobre parâmetros do projeto.
- **Manter a rastreabilidade:** esta prática consiste na manutenção da rastreabilidade da especificação dos requisitos com os componentes do sistema de IA.
- **Alinhar planos com os requisitos:** esta prática consiste em alinhar os planos com eventuais mudanças nos requisitos do sistema de IA.

8.2.2. Práticas de requisitos éticos e de responsabilidade

Requisitos éticos e de responsabilidade geram requisitos não funcionais para serem incorporados.

No Capítulo 13 discorremos sobre a IA confiável e responsável, onde são tratadas as questões de conformidade, segurança do sistema de IA, robustez, capacidade de explicar, sustentabilidade, responsabilização, transparência, justiça etc.

As práticas de gestão de requisitos podem ser aplicadas aqui incorporando as validações necessárias em cada fase do ciclo de vida, conforme mostra a Figura 8.3 a seguir.

Como pode ser observado, os requisitos de ética e responsabilidade devem ser verificados e validados em todas as fases do ciclo de vida do desenvolvimento dos sistemas de IA.

Portanto, na medida da evolução do desenvolvimento devem ser realizadas verificações e validações para assegurar que o sistema de IA incorporou esses requisitos.

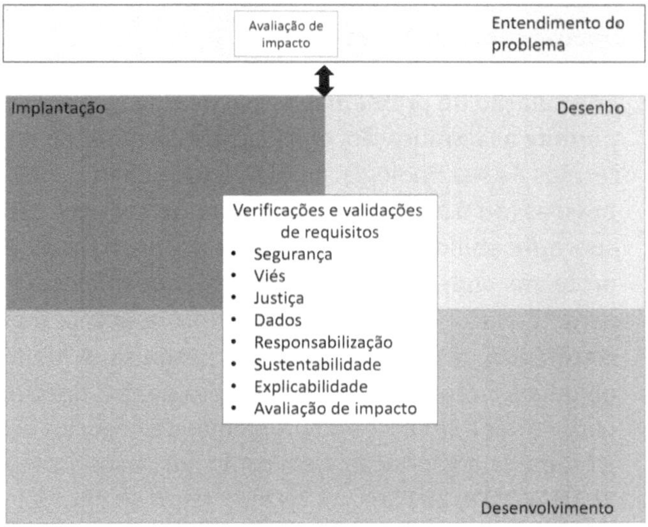

Figura 8.3. Requisitos de IA ética e responsável no ciclo de vida. Fonte: os autores.

8.2.3. Práticas do ciclo de vida de desenvolvimento

A Figura 8.4 apresenta o ciclo de vida de desenvolvimento de sistemas de IA, conforme adaptação de De Silva e Alahakoon (2022).

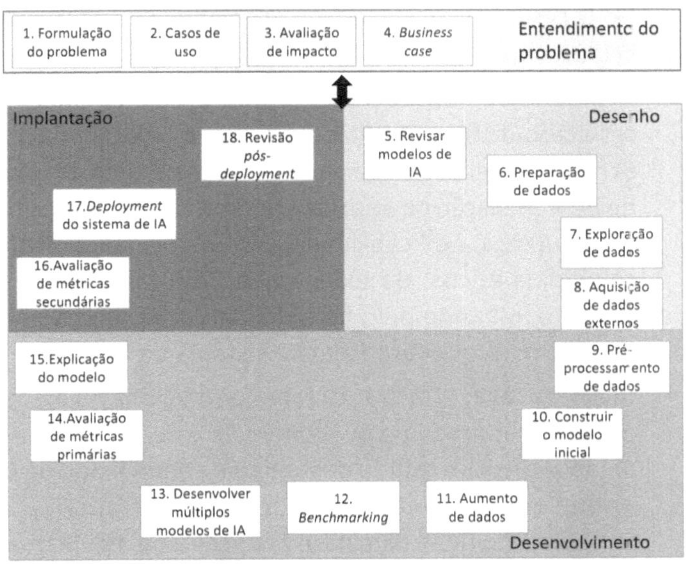

Figura 8.4. Visão do ciclo de vida do desenvolvimento de sistemas de IA. Fonte: adaptado de De Silva e Alahakoon (2022).

A seguir, o detalhamento das práticas.

8.2.3.1. Práticas da fase de entendimento do problema

As principais práticas para esta fase são:

- **Formulação do problema:** o ciclo de vida começa com a etapa que permite a identificação, elucidação e formulação do problema, em termos de sua tipologia, ambiente (ou cenário), objetivo esperado, pessoas (ou *stakeholders*), sistemas, processos e dados, bem como sua aplicabilidade às situações ou problemas do negócio. O problema pode ser reconhecido pela sua tipologia e pode também caracterizar a solução sob uma forma ampla e classificada em estratégica, tática, operacional e pesquisa. A ideia é entender os objetivos e requisitos para o projeto dentro de várias alternativas pertinentes a situações ou problemas de negócios no contexto atual e futuro da organização, bem como nos riscos associados (DE SILVA; ALAHAKOON, 2022).
- **Casos de uso:** esta prática procura elaborar o caso de uso que consiste em definir as prioridades em função do valor entre os requisitos e os casos de uso para desenvolvimento das possíveis soluções e tecnologias, procurando identificar o melhor modelo de IA para apoiar o problema e as prioridades da organização que se deseja resolver. Esta etapa também pode ser chamada de *Discovery* IA. O caso de uso descreve o problema a ser resolvido bem como seu escopo.
- **Avaliação de impacto:** esta prática procura definir, em função do resultado da formulação do problema, quais impactos éticos e de IA responsável devem ser incorporados no ciclo de vida e no sistema de IA. A avaliação de impacto compreende requisitos não funcionais de segurança, explicabilidade, sustentabilidade, responsabilização, princípios éticos, de justiça etc. Com base nesta avaliação de impacto, olhando pelo lado da legislação, pode-se determinar o grau de risco que representa o sistema de IA.
- ***Business case*:** esta prática tem por finalidade a elaboração de um estudo quantitativo e qualitativo de valor do sistema de IA para a organização. Um estudo desse tipo é denominado de *business case*, onde, eventualmente, pode-se determinar o Retorno do Investimento (ROI) com base financeira ou algum qualitativo difícil de mensurar. Entretanto, podem ser vislumbrados ganhos em eficiência e competitividade.

Observação: esta fase pode dar o *go* ou *no go* para o andamento do desenvolvimento.

8.2.3.2. Práticas da fase de desenho

Na fase de desenho o entendimento do problema e dos requisitos funcionais e não funcionais são elicitados e o planejamento da solução é realizado.

As principais práticas para esta fase são:

- **Revisar modelos de IA:** esta prática consiste na revisão da literatura técnica sobre algoritmos de IA – aplicativos e modelos pré-treinados em relação ao problema formulado e soluções de mercado em termos de componentes com aderência ao contexto identificado. Explorar e revisar pesquisas publicadas, sistemas implantados, soluções e bibliotecas e principalmente APIs já disponíveis que foram aplicadas em cenários semelhantes. Componentes como soluções de SaaS e PaaS, como os provedores de plataforma de nuvem (por exemplo, Azure, AWS, Oracle Cloud, IBM, GCP, entre outros), e principalmente modelos pré-treinados já em utilização, buscando com isso casos de uso que se adequem ao problema formulado.
- **Preparação dos dados:** esta prática tem por finalidade analisar os dados requeridos pela solução. Identificar as fontes, os silos de dados, as dimensões de representação (gênero, demografia, classificações), o nível de qualidade da fonte, a atualidade dos dados etc. Tecnicamente, o projeto de desenvolvimento deve prever a implantação de um *data warehouse* ou *data lake* e uniformizar os dados em uma única estrutura.
- **Exploração de dados:** esta prática consiste na exploração e transformação de dados. Essa transformação cria *datasets* de dados para treinamento, teste e validação e exploração de dados. Este estágio se concentra nos dados reais, em contraste com o estágio anterior, onde o foco é a estrutura dos dados. O estágio normalmente começa com uma comparação com *benchmarks* da indústria e linhas de base algorítmicas relatadas na literatura, onde problemas semelhantes foram abordados. A estrutura de dados gerada na fase de preparação é preenchida com dados reais, usando técnicas como visualização de dados, análise de correlação, alinhamento de granularidade de dados, verificação de relacionamentos entre pontos de dados e atributos, tratamento de *outliers* e aplicação de qualidade de dados.

- **Aquisição de dados externos:** esta prática consiste na solução para limitações de dados internos para o treinamento do modelo. Dados externos podem ser adquiridos e usados pelo modelo. Nesta prática questões éticas e políticas de segurança da informação e de tratamento de dados sensíveis são analisadas. De fato, uma análise de riscos deve ser realizada sobre os provedores e sobre os dados.

8.2.3.3. Práticas da fase de desenvolvimento

Nesta fase as necessidades de dados, algoritmos e soluções são construídas com as ferramentas tecnológicas escolhidas.

As principais práticas para esta fase são:

- **Pré-Processamento de Dados:** esta prática consiste em assegurar que todos os dados obtidos e adquiridos possam alimentar o modelo selecionado sem um compromisso de exatidão, qualidade e valores informados. É onde se verificam *missing values* e a colocação de valores substitutos, rotulação de dados e padronização de formatos etc.
- **Construir o modelo inicial:** esta prática consiste no desenvolvimento de um modelo inicial com o algoritmo escolhido para o sistema de IA. Tem a finalidade de avaliar a viabilidade da aplicação usando um algoritmo para um determinado fim.
- **Aumento de dados:** esta prática consiste em rodar várias vezes o modelo no seu treinamento, de forma que possa gerar mais dados a serem usados pelo modelo. Visa a obter confiabilidade do modelo e evitar distorções.
- ***Benchmarking*:** esta prática consiste em comparar os resultados do modelo com a resolução do mesmo problema por uma pessoa ou através de comparações com a literatura e aplicações similares.
- **Desenvolver múltiplos modelos de IA:** esta prática consiste na sofisticação da aplicação de algoritmos para obter resultados mais robustos ou até mesmo no desenvolvimento de novos algoritmos.
- **Avaliação de métricas primárias:** esta prática consiste em identificar as métricas para avaliar o desempenho do modelo em termos de exatidão, precisão, *recall*, erro de média e sua degradação ou entropia.

- **Explicação do modelo:** esta prática consiste em explicar o resultado gerado pelo modelo de IA. Requer a documentação do algoritmo, dos métodos de desenvolvimento, dos indicadores dos dados e dos resultados. Eventualmente, é difícil explicar algoritmos complexos que sejam considerados caixa preta. Nesses casos, é preferível explicar o resultado e seus impactos.

8.2.3.4. Práticas da fase de implantação

Implantação é a fase que abrange todos os testes de qualidade e de validação em relação aos requisitos enunciados, bem como o monitoramento da operação a fim de obter subsídios para possíveis melhorias.

As principais práticas para esta fase são:

- **Avaliação de métricas secundárias:** esta prática consiste em metrificar uso de recursos, desempenho esperado, uso e desempenho da memória, implicações éticas, privacidade, segurança da informação, robusteza do sistema, usabilidade e implicações sociais.
- ***Deployment* do sistema de IA:** esta prática consiste na implantação do modelo ou sistema de IA em produção, apoiando os processos de negócio e a tomada de decisão nas transações entre a organização e seu meio ambiente e ecossistema. Esta prática está associada à gestão da TI.
- **Revisão pós-*deployment***: esta prática consiste em revisar o *deployment* e capturar lições aprendidas e pontos de melhoria.

8.2.4. Práticas ágeis no desenvolvimento de sistemas de IA

O uso de métodos e práticas ágeis no desenvolvimento de software tem sido cada vez mais difundido desde o início da transformação digital. No entanto, a abordagem ágil aplicada ao desenvolvimento de soluções de IA ainda se encontra em seus primeiros passos e enfrenta algumas barreiras, isso porque tentar adotar uma abordagem criada para o desenvolvimento de software e aplicá-la rigidamente ao desenvolvimento de soluções de IA provavelmente não funcionará a contento.

Apesar de ambos serem códigos, são bem diferentes em alguns pontos importantes e sensíveis, como, por exemplo:

- Soluções de IA têm objetivos mais ambíguos do que software convencional.
- Há uma grande e forte concentração em coleta, limpeza e governança de dados.
- Requer experimentação.
- Enfrentam questões éticas não observadas em software convencional.
- Sua saída requer várias validações para comprovar seu funcionamento além dos testes de software convencional, principalmente as soluções de IA que predizem, prescrevem, tomam decisões, interagem com seres humanos ou empregam cognição.

No entanto, à medida que soluções de IA passam a ser cada vez mais desenvolvidas por organizações com objetivos de negócio, é preciso que os seus métodos de desenvolvimento passem por uma adaptação, com a utilização de ferramentas e processos que impulsionem o crescimento sustentável da IA.

A solução ideal é a adaptação dos métodos ágeis às características do desenvolvimento de soluções de IA.

Vamos citar apenas algumas delas, já que o foco do livro não é a descrição de métodos ágeis para IA.

Tabela 8.1. Características dos métodos ágeis para IA. Fonte: os autores.

Entregáveis, papéis e cerimônias ágeis	Entregáveis, papéis e cerimônias ágeis para IA
Backlog do produto – Lista priorizada de requisitos do software.	*Backlog* de soluções de IA – Lista das soluções de IA priorizadas que deve atender à uma unidade de negócio.
Backlog da *Sprint* – Requisitos da(s) funcionalidade(s) selecionada(s) que deve(m) ser entregue(s) pela equipe com suas tarefas estimadas.	*Backlog* da *Sprint* – Lista de itens e entregas de valor. Por exemplo, um item pode ser a coleta de dados necessária para a solução de IA pronta e disponível para a preparação dos dados. Isso não é necessariamente, pela definição do *Scrum* tradicional, um "pedaço" funcional de software.
Duração da *Sprint* – Tempo fixo, podendo ser 1, 2 ou até 4 semanas.	Duração da *Sprint* – Tempo variável. Dependerá dos tipos dos itens, da complexidade e do tempo necessário para a capacidade de aprender.

Os exemplos da Tabela 8.1 demonstram que a adaptação dos conceitos do método ágil é necessária para a utilização no desenvolvimento de soluções de IA.

Além dessas adaptações, é importante ressaltar que, além dos entregáveis e das atividades de desenvolvimento, é necessário incluir as atividades de governança de IA para garantir o desenvolvimento de soluções de IA éticas, sustentáveis e responsáveis.

MLOps (*Machine Learning Operations*)

O MLOps é uma prática emergente que busca integrar o desenvolvimento e a operação de modelos de *machine learning* (ML) de maneira semelhante ao *DevOps* no desenvolvimento de software tradicional. Ele é projetado para garantir que os modelos de IA sejam escaláveis, confiáveis e de fácil manutenção ao longo do tempo.

O principal objetivo do MLOps é automatizar e gerenciar o ciclo de vida completo dos modelos de *machine learning*, desde a construção e treinamento até o monitoramento e a atualização contínua, garantindo que os modelos mantenham sua precisão e relevância à medida que os dados e os requisitos de negócio evoluem.

As etapas do MLOps são:

1) **Desenvolvimento e treinamento de modelos:** envolve a criação de *pipelines* de dados e a aplicação de algoritmos para treinar modelos com base em dados históricos.
2) **Integração Contínua (*Continuous Integration* – CI) e Entrega Contínua (*Continuous Delivery* – CD):** automatiza a entrega de novos modelos em produção, permitindo a rápida adaptação a novos dados ou mudanças no mercado.
3) **Implantação:** facilita a transição de modelos treinados para o ambiente de produção, garantindo que eles possam ser escalados com eficiência.
4) **Monitoramento e manutenção:** modelos em produção são monitorados continuamente para detectar desvios de desempenho ou falhas, permitindo ajustes automáticos ou intervenção manual.
5) **Governança e *compliance*:** garante que os modelos estejam em conformidade com as diretrizes regulatórias e éticas, incluindo rastreabilidade e auditabilidade.

AIOps (*Artificial Intelligence for IT Operations*)

O AIOps é a aplicação de IA para otimizar as operações de TI (Tecnologia da Informação). Ele utiliza *machine learning* e *big data* para automatizar e melhorar a tomada de decisão em ambientes complexos de TI, ajudando a detectar e corrigir problemas antes que eles afetem os usuários finais.

O objetivo do AIOps é melhorar a eficiência e a agilidade das operações de TI, identificando padrões, prevendo falhas e automatizando a resolução de problemas. Ele combina várias fontes de dados, como *logs* de sistemas, eventos e métricas, para gerar *insights* que guiem as equipes de TI na prevenção de incidentes e na melhoria contínua da infraestrutura.

Componentes principais:

1) **Coleta e integração de dados:** AIOps coleta dados de múltiplas fontes, como monitoramento de redes, servidores e aplicativos, integrando esses dados em uma visão centralizada.
2) **Análise automatizada:** utiliza algoritmos de *machine learning* para identificar padrões anômalos e prever falhas ou sobrecargas nos sistemas de TI.
3) **Automação:** o AIOps pode automatizar ações corretivas, como o redirecionamento de tráfego ou a reinicialização de servidores, reduzindo o tempo de inatividade.
4) **Colaboração e inteligência coletiva:** permite que equipes de TI colaborem com base em *insights* compartilhados, promovendo uma resposta mais rápida e eficiente a incidentes.

A gestão e a operação de soluções de IA exigem uma abordagem multifacetada que combine metodologias ágeis para desenvolvimento rápido e iterativo, com MLOps para garantir a manutenção e o monitoramento contínuo de modelos, e AIOps para otimizar as operações de TI por meio de automação e inteligência. O desafio está em garantir a integração fluida dessas práticas em um ambiente empresarial, enquanto se lida com a complexidade crescente dos sistemas de IA e suas demandas contínuas por dados e governança.

8.3. Práticas de gestão do sistema de IA

Como foi colocado no início deste capítulo, o sistema de IA deve ser gerenciado como um produto. Para tanto, se misturam práticas de gestão de produtos e de sustentação de operações de TI.

Algumas práticas são inerentes à gestão do produto representado pelo sistema de IA e outras estão em práticas de gestão de TI que serão detalhadas mais adiante.

Práticas de gestão de TI aplicadas para a sustentação do sistema de IA são as relativas à gestão da mudança, à gestão da demanda, ao gerenciamento de continuidade, ao gerenciamento de incidentes e requisições de serviços, ao gerenciamento de capacidade e disponibilidade, ao gerenciamento de operações, aos serviços de segurança da informação, à gestão de recursos humanos, à gestão de fornecedores e à gestão de contratos e de acordos de níveis de serviços.

Para a gestão do produto, temos como principais práticas:

- **Alinhar o sistema de IA à estratégia da organização:** o responsável tem que, frequentemente, alinhar o sistema de IA com os objetivos da organização e sua aderência a requisitos éticos e de responsabilidade, o que pode operar mudanças no sistema. Por exemplo: colocar novas salvaguardas no sistema.
- **Definir oportunidades de evolução do sistema de IA:** o responsável pelo sistema de IA, juntamente com as partes interessadas, deve identificar oportunidades de evolução do sistema de IA com base na estratégia da organização e em oportunidades tipo cauda longa[15]. Exemplo: empresa de *delivery* cria um braço financeiro para financiar fornecedores e clientes em suas transações comerciais ou cria uma empresa de vale-refeição para aproveitar a sinergia.
- **Elaborar um *roadmap* de evolução:** como se fosse um *release planning,* deve ser elaborado um *roadmap* de evolução do produto atrelado aos objetivos dos usuários do sistema de IA. Exemplo: uma área de negócio quer aumentar sua produtividade usando o sistema de IA.
- **Avaliação de impacto da mudança:** o sistema de IA tem que ser submetido a uma avaliação de impactos na medida em que evolui.
- **Avaliar valor entregue:** os benefícios inicialmente têm que ser apurados para subsidiar a tomada de decisão da alta administração.
- **Avaliar outros resultados:** consiste em avaliar os resultados junto a clientes, outras entidades e sociedade como um todo.
- **Monitorar a sustentação:** monitorar a execução das atividades de sustentação, principalmente os acordos de níveis de serviços, a disponibilidade do sistema de IA, a segurança de dados e do modelo e os algoritmos.
- **Assegurar a conformidade:** assegurar a implantação e execução dos controles internos de forma a garantir a conformidade do sistema de IA com a legislação, as regulações, os padrões de indústria e os requisitos de clientes.

---

[15] O termo **cauda longa** ganhou popularidade como uma maneira de descrever a estratégia de varejo de se vender também uma grande variedade de itens onde cada um vende pequenas quantidades, em vez de apenas os poucos itens populares que vendem muito.

- **Tomar decisões sobre o sistema de IA:** participar formalmente de decisões que afetem o sistema de IA, como a escolha do modelo, o atendimento a requisitos funcionais e não funcionais, o descarte do sistema etc.
- **Avaliar novas tecnologias ou produtos e serviços substitutos:** monitorar o ambiente competitivo e de inovação tecnológica para identificar ameaças e oportunidades e tomar as ações necessárias que impactam na evolução do sistema, na troca de tecnologia e até mesmo no descarte do sistema.
- **Reportar:** comunicar periodicamente a execução das práticas de gestão do sistema de IA.

8.4. Práticas de gestão de dados

Baseado no DAMABOK (DAMA, 2009), várias práticas podem ser consideradas para a gestão dos dados[16].

8.4.1. Tratamento ético dos dados

O tratamento ético dos dados lida com questões sobre como adquirir, armazenar, gerenciar, interpretar, analisar, aplicar e dispor o dado, de forma a obedecer a princípios éticos, incluindo responsabilidade com a comunidade.

Os objetivos são:

- Definir o tratamento ético dos dados para o sistema de IA.
- Educar os funcionários e colaboradores sobre os riscos no tratamento impróprio dos dados.
- Mudar e internalizar cultura e comportamentos para o tratamento de dados.
- Monitorar o ambiente regulatório e medir e ajustar a organização em relação ao tratamento ético dos dados.

---

[16] Os autores fizeram uma adaptação de termos. Em vez de usarmos "áreas de conhecimento", usamos "práticas". Além do mais, os objetivos foram orientados para atender aos sistemas de IA.

8.4.2. Arquitetura de dados

O propósito desta prática é identificar as necessidades de dados da organização (independentemente de sua estrutura), projetar e manter os modelos mestres para atender a essas necessidades e usá-los para guiar a integração de dados, o controle de ativos de dados e o alinhamento dos investimentos em dados com a estratégia do negócio.

Os objetivos são:

- Identificar os requisitos de dados e de seu armazenamento para o sistema de IA.
- Projetar estruturas e planos para atender aos requisitos de dados atuais e de longo prazo do sistema de IA.
- Preparar estrategicamente a organização para desenvolver rapidamente novos produtos, serviços e dados para obter oportunidades de negócio em tecnologias emergentes a partir dos sistemas de IA.

8.4.3. Modelagem e projeto de dados

O propósito desta prática diz respeito à descoberta, análise e modelagem dos requisitos de dados do negócio, os comunicando através de uma representação de um modelo, abrangendo o modelo conceitual, lógico e físico dos dados.

Os objetivos são:

- Confirmar e documentar o entendimento de diferentes perspectivas que levem a sistemas de IA que atendam melhor aos requisitos atuais e futuros do negócio.
- Criar a base para programas de governança e gestão de dados para sistemas de IA.

8.4.4. Armazenamento e operações de dados

O propósito desta prática é a implementação e a armazenagem de dados para maximizar o seu valor.

Os objetivos são:

- Gerenciar os dados disponíveis ao longo do seu ciclo de vida para suportar os sistemas de IA.

- Assegurar a integridade dos ativos de dados dos sistemas de IA.
- Gerenciar o desempenho das transações de dados do sistema de IA.

8.4.5. Segurança dos dados

O propósito desta prática é a definição, o planejamento, o desenvolvimento e a execução de políticas e procedimentos de segurança para prover a autenticação, a autorização, o acesso e a auditoria dos dados e ativos de informação usados pelos sistemas de IA.

Os objetivos são:

- Permitir o acesso apropriado e prevenir o acesso inapropriado aos ativos de dados dos sistemas de IA.
- Entender e estar de acordo com as regulações sobre privacidade de dados.
- Assegurar que a privacidade e a confidencialidade necessárias para todas as partes interessadas sejam aplicadas e auditadas.

8.4.6. Integração e interoperabilidade de dados

O propósito desta prática é o gerenciamento do movimento e a consolidação de dados dentro e entre aplicações e organizações.

Os objetivos são:

- Prover dados de forma segura, em conformidade, no formato e no tempo esperado.
- Reduzir o custo e a complexidade do gerenciamento de soluções desenvolvendo modelos e interfaces compartilhados.
- Gerenciar eventos relacionados.
- Apoiar a inteligência do negócio, a análise, o gerenciamento dos dados mestres e os esforços de eficiência operacional.

8.4.7. Gestão de documentos e conteúdo

O propósito desta prática é o planejamento, a implementação e o controle de atividades para o gerenciamento do ciclo de vida dos dados e de informações encontradas em qualquer forma.

Os objetivos são:

- Assegurar armazenagem e recuperação eficiente e eficaz de conteúdos não estruturados para serem usados pelos sistemas de IA.
- Assegurar a integração de conteúdos estruturados e não estruturados.

8.4.8. Dados mestres e de referência

O propósito desta prática é o gerenciamento de dados compartilhados para atender a metas organizacionais, reduzir riscos associados com a redundância de dados, assegurar alta qualidade e reduzir os custos de integração de dados.

Os objetivos são:

- Permitir o compartilhamento entre ativos de informação, entre domínios de negócio e entre sistemas de IA dentro da organização.
- Fornecer fonte autorizativa e conciliada de informações e dados mestres e de referência com qualidade assegurada para os sistemas de IA.
- Reduzir os custos e a complexidade com o uso de padrões de integração e modelos de dados comuns.

8.4.9. *Data warehousing* e *business intelligence*

Esta prática tem por propósito o planejamento e a implementação de processos de controle para fornecer dados de suporte à decisão e de apoio aos trabalhadores do conhecimento engajados em relatórios, pesquisas e análise de dados.

Os objetivos são:

- Construir e manter um ambiente técnico e processos técnicos e de negócio necessários para entregar dados integrados no suporte a funções operacionais, a requisitos de conformidade e atividade de inteligência do negócio com base em sistemas de IA.
- Suportar e permitir a análise efetiva do negócio e da tomada de decisão pelos trabalhadores do conhecimento com apoio de sistemas de IA.

8.4.10. Gestão de metadados

O propósito desta prática é o planejamento, a implementação e o controle para permitir o acesso a metadados de qualidade e integrados.

Os objetivos são:

- Fornecer um entendimento organizacional sobre os termos de negócio e seu uso e aplicação em sistemas de IA.
- Coletar e integrar metadados de diversas fontes para apoiar os sistemas de IA.
- Prover uma forma padrão de acesso aos metadados.
- Assegurar a qualidade e a segurança dos metadados.

8.4.11. Qualidade de dados

O propósito desta prática é o planejamento, a implementação e o controle de atividades que aplicam técnicas de qualidade aos dados, a fim de assegurar que estão aptos a serem consumidos e atendem às necessidades dos consumidores de dados.

Os objetivos são:

- Desenvolver uma abordagem para assegurar que o dado esteja em conformidade com os requisitos de quem o consome.
- Definir padrões, requisitos e especificações de qualidade dos dados para todo o seu ciclo de vida em apoio aos sistemas de IA.
- Definir e implementar processos para medir, monitorar e reportar os níveis de qualidade dos dados dos sistemas de IA.
- Identificar e advogar por oportunidades que melhorem a qualidade dos dados, através de aprimoramento em sistemas, processos e fontes de dados.

8.4.12. *Big data* e ciência de dados

O propósito desta prática é a coleta e análise de tipos diferentes de dados para encontrar respostas que não são conhecidas quando do início da análise.

Os objetivos são:

- Descobrir relacionamentos entre os dados e o negócio.
- Suportar a integração interativa de fontes de dados para dentro da empresa em apoio aos sistemas de IA.

- Descobrir e analisar novos fatores que podem afetar o negócio e melhorar fontes de dados com qualidade para os sistemas de IA.
- Publicar dados usando técnicas de visualização de forma apropriada, confiável e ética como saídas do sistema de IA.

8.5. Práticas de gestão da TI

Para efeitos de simplificação, adotamos O COBIT® (*Control Objective for Information Technology and Related Technologies*) para definir as principais práticas de gestão da TI.

A Figura 8.5 apresenta o modelo de referência dos objetivos gerenciados conforme a versão de 2019 do *framework* e destaca quais objetivos fazem parte da abordagem de gestão preconizada neste trabalho[17].

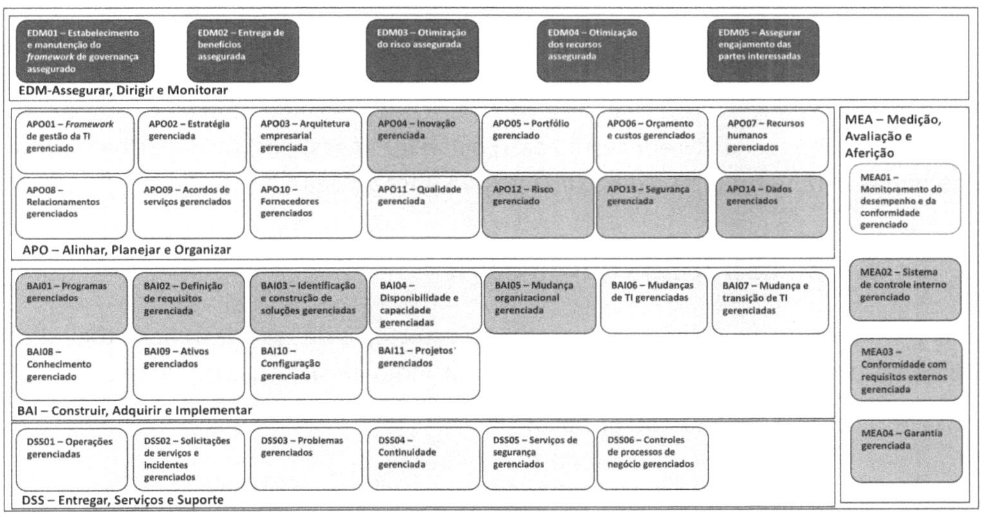

Figura 8.5. Objetivos gerenciados do COBIT® 2019. Fonte: adaptado de ISACA (2019).

8.5.1. *Framework* de gestão da TI gerenciado

O propósito deste objetivo é implementar uma abordagem de gestão consistente para que os requisitos de governança da IA sejam atendidos, abrangendo componentes como: processos de gestão; estruturas organizacionais; funções e responsabilidades; atividades confiáveis e repetíveis; itens de informação; políticas e procedimentos;

[17] Os objetivos em cinza escuro fazem parte de práticas de governança de IA. Os cinzas chumbo fazem parte de outros elementos do modelo proposto de práticas de gestão da IA, conforme Figura 8.1. Os itens considerados práticas de gestão da TI estão na cor cinza claro.

habilidades e competências; cultura e comportamento; e serviços, infraestrutura e aplicativos.

As práticas a serem executadas são:

- Definir um sistema de gestão para atender às iniciativas de IA.
- Comunicar os objetivos da organização em relação à TI em suporte à IA.
- Implementar os processos de TI requeridos para atender à IA.
- Definir e implementar estruturas organizacionais para atender à IA.
- Estabelecer papéis e responsabilidades em relação à IA.
- Otimizar as áreas responsáveis por suportar a IA.
- Definir as habilidades e os perfis requeridos para atender à IA.
- Definir e comunicar políticas e procedimentos.
- Implementar sistemas de controle para o gerenciamento de serviços de TI voltados para IA.

Um dos piores cenários em gestão da TI é não ter as responsabilidades bem claras e definidas. É um impeditivo para uma gestão eficaz e ágil.

8.5.2. Estratégia gerenciada

O propósito deste objetivo é o suporte à estratégia de transformação digital da organização e a entrega do valor desejado por meio de sistemas de IA.

As práticas a serem executadas são:

- Entender o contexto da organização em relação à IA.
- Avaliar a maturidade e as capacidades organizacionais para IA.
- Definir metas de obtenção e manutenção de capacidades organizacionais.
- Conduzir análises de *gap*.
- Definir um plano e um *roadmap* para aumento de maturidade e implementação das capacidades em IA.
- Comunicar os objetivos da TI para apoiar a IA.

A estratégia de TI segue a estratégia de IA. A TI é o principal fornecedor de recursos tecnológicos e serviços para o desenvolvimento de sistemas de IA.

8.5.3. Arquitetura empresarial gerenciada

Este objetivo tem por propósito representar os diferentes blocos de construção que compõem a organização e suas inter-relações, bem como os princípios que orientam seu design e sua evolução ao longo do tempo, para permitir uma entrega padrão, responsiva e eficiente de objetivos operacionais e estratégicos.

As práticas a serem executadas são:

- Desenvolver uma visão da arquitetura do sistema de IA.
- Definir uma arquitetura de referência para tipologias de sistemas de IA.
- Definir padrões e critérios para a implementação da arquitetura.
- Prover serviços de arquitetura para as esteiras de desenvolvimento de sistemas de IA.

A IA tem um impacto profundo na arquitetura dos processos de negócio, de aplicações e de tecnologia da organização e na sua responsabilização por resultados. Portanto, o arquiteto e os serviços de arquitetura são críticos. Pode haver uma função que cuide de todas as arquiteturas. Deve haver uma dedicação para a arquitetura de IA que se mistura um pouco à arquitetura dos processos do negócio.

8.5.4. Portfólio gerenciado

Este objetivo tem por propósito otimizar o desempenho do portfólio de projetos de IA e as mudanças nas prioridades e demandas da organização.

As práticas a serem executadas são:

- Classificar e orçar as iniciativas de IA.
- Priorizar as iniciativas junto à alta administração.
- Monitorar o desempenho do portfólio de projetos de IA.
- Comunicar o resultado do desempenho do portfólio.
- Manter o portfólio.
- Apurar os benefícios do sistema de IA juntamente com o negócio.

Todas as iniciativas e projetos de IA devem ser avaliados, classificados e priorizados. É importante ter um *roadmap* da evolução da IA. O portfólio tem que ser monitorado quanto ao retorno agregado do investimento. Este objetivo tem importância desde o início de sua implantação e possui relação direta com as práticas da governança de IA, principalmente as que determinam o valor.

8.5.5. Orçamento e custos gerenciados

Este objetivo tem por propósito promover uma parceria entre as partes interessadas de TI e da organização para permitir o uso eficaz e eficiente de recursos relacionados à IA e fornecer transparência sobre o custo e o valor comercial de soluções e serviços.

As práticas a serem executadas são:

- Gerenciar financeiramente o desenvolvimento e a manutenção de sistemas de IA.
- Alocar recursos conforme as prioridades determinadas pela alta administração.
- Criar e manter orçamentos para IA.
- Controlar custos de desenvolvimento e manutenção de sistemas de IA.
- Gerenciar os custos.

Em qualquer situação há orçamento e há custos de desenvolvimento de aplicações e execução dos serviços de IA. Geralmente este objetivo é corporativo e a IA tem que seguir as regras. No caso da IA muitos dos custos são, a princípio, desconhecidos. Orçamentos e verbas para inovação devem estar disponíveis. Custos de desenvolvimento e custos totais de propriedade devem ser monitorados.

8.5.6. Recursos humanos gerenciados

Este objetivo tem por propósito otimizar as capacidades dos recursos humanos para atender aos objetivos da empresa.

As práticas a serem executadas são:

- Prover os recursos humanos necessários para os projetos e a sustentação dos sistemas de IA.
- Identificar e manter o pessoal-chave.
- Manter as habilidades e competências do pessoal envolvido com IA.
- Gerenciar consultores externos envolvidos nos projetos de IA.

A IA requer talentos e recursos humanos com as capacidades técnicas e de liderança requeridas para o desenvolvimento e a sustentação de aplicações e soluções de IA no negócio.

8.5.7. Relacionamentos gerenciados

Este objetivo tem por propósito capacitar o conhecimento, as habilidades e os comportamentos certos para criar melhores resultados, maior confiança, confiança mútua e uso eficaz de recursos que estimulem um relacionamento produtivo com as partes interessadas do negócio.

As práticas a serem executadas são:

- Entender as expectativas do negócio em relação à IA.
- Alinhar expectativas aos objetivos da organização com a IA.
- Gerenciar o relacionamento com usuários, fornecedores e eventualmente clientes.
- Identificar melhorias para a qualidade dos serviços a partir do relacionamento.

Relacionamentos com usuários e fornecedores são importantes no caso da IA, pois fornecedores podem trazer inovações que estão vindo em IA e que podem ser de interesse da organização. Do ponto de vista dos usuários, recomenda-se identificar necessidades latentes onde a IA pode fazer a diferença.

8.5.8. Acordos de serviços gerenciados

Este objetivo tem por propósito garantir que os produtos, serviços e níveis de serviços de TI atendam às necessidades atuais e futuras da organização em relação à IA, incluindo a sustentação de sistemas de IA.

As práticas a serem executadas são:

- Identificar as necessidades de serviços para cada sistema de IA.
- Elaborar um catálogo de serviços.
- Definir e preparar os acordos de serviços.
- Monitorar o atendimento aos níveis de serviços.
- Rever os acordos periodicamente.

Toda e qualquer relação contratual ou interação entre partes que ocorra em um fluxo de valor requer algum tipo de acordo de nível de serviço. Na seara da IA, pode haver o concurso de vários fornecedores e parceiros para os projetos e para a garantia de reposição de componentes e de serviços. Portanto, acordos de níveis de serviços são importantes também para IA. Níveis de serviços também são importantes entre áreas da organização, caso se opte por executar os serviços de IA internamente.

8.5.9. Fornecedores gerenciados

Este objetivo tem por propósito otimizar os recursos de TI disponíveis para dar suporte à estratégia e ao roteiro de TI, minimizar o risco associado a fornecedores não produtivos ou não conformes e garantir preços de aquisição competitivos.

As práticas a serem executadas são:

- Identificar fornecedores e condições contratuais.
- Selecionar fornecedores.
- Gerenciar contratos.
- Gerenciar o risco do fornecedor.
- Monitorar o desempenho e a conformidade do fornecedor.

Em IA os fornecedores de serviços podem ser críticos. Serviços de IA dependem da estratégia de *sourcing* da organização. Os fornecedores e respectivos contratos devem ser monitorados quanto a SLA, desempenho e riscos.

8.5.10. Qualidade gerenciada

Este objetivo tem por propósito garantir a entrega consistente de soluções e serviços de tecnologia para atender aos requisitos de qualidade da organização e satisfazer as necessidades das partes interessadas.

As práticas a serem executadas são:

- Estabelecer um sistema da qualidade para IA.
- Gerenciar padrões e práticas para a qualidade do desenvolvimento e da sustentação.
- Monitorar a qualidade dos sistemas e serviços relacionados com a IA.
- Realizar melhorias contínuas.

Para a IA, o que é importante da qualidade são os projetos e as soluções, assim como os serviços de sustentação. Recentemente foi publicada uma norma ISO 42001 (ABNT, 2024), que trata de requisitos para a implantação de um sistema de gestão da IA.

8.5.11. Disponibilidade e capacidade gerenciadas

Este objetivo tem por propósito manter a disponibilidade do serviço, fazer o gerenciamento eficiente de recursos e otimizar o desempenho do sistema de IA por meio da previsão de desempenho futuro e requisitos de capacidade.

As práticas a serem executadas são:

- Avaliar a disponibilidade e capacidade atuais para os sistemas de IA.
- Avaliar o impacto do sistema de IA no consumo de recursos.
- Projetar necessidades de disponibilidade e capacidade de sistemas de IA.
- Planejar a nova configuração de infraestrutura tecnológica.
- Monitorar a disponibilidade e capacidade.
- Tratar incidentes relativos à disponibilidade e à capacidade.
- Dado o possível volume de dados a ser empregado pela solução de IA, o monitoramento de disponibilidade e capacidade é crítico.

8.5.12. Mudanças de TI gerenciadas

Este objetivo tem por propósito permitir a entrega rápida e confiável de mudanças para o negócio, além de mitigar o risco de impactar negativamente a estabilidade ou integridade do ambiente alterado.

As práticas a serem executadas são:

- Avaliar, priorizar e autorizar solicitações de mudança em sistemas de IA.
- Gerenciar mudanças emergenciais.
- Controlar o status da mudança.
- Fechar e encerrar mudanças.

O processo de mudanças permite que haja autorização de partes interessadas para mudanças na configuração da arquitetura (processos, aplicações e infraestrutura) visando mitigar riscos. Aqui temos a arquitetura exercendo um papel primordial, que é verificar impactos da mudança. Mudanças em programas, em algoritmos, em modelos, em sensores, em servidores e em equipamentos de comunicação podem afetar o funcionamento do negócio.

8.5.13. Mudança e transição de TI gerenciadas

Este objetivo tem por propósito implementar soluções com segurança e alinhadas às expectativas e aos resultados acordados.

As práticas a serem executadas são:

- Estabelecer um plano de ação.
- Planejar conversão dos processos de negócio, dados e sistema.
- Planejar testes de aceitação.
- Estabelecer ambiente de teste.
- Executar testes de aceitação.
- Promover para a produção e gerenciar as versões.
- Prover suporte inicial para a produção.
- Executar uma revisão pós-implantação.

Deve haver uma formalização na aceitação da mudança para colocá-la em prática, quando ocorre a liberação da solução de IA para a produção. A aceitação neste caso é crítica para sistemas de IA, dado o seu possível impacto.

8.5.14. Conhecimento gerenciado

Este objetivo tem por propósito fornecer o conhecimento e as informações necessárias para dar suporte a toda a equipe na governança e gestão de TI da organização e permitir uma tomada de decisão informada.

As práticas a serem executadas são:

- Gerenciar o conhecimento oriundo dos serviços de TI relativos à IA.
- Compartilhar o conhecimento pelas equipes de gestão de TI, de dados e de governança de IA.

Um bom processo de gerenciamento do conhecimento permite o acesso à informação e ao conhecimento necessário no tempo requerido para operar os processos de governança e de gestão. Para a IA confiável, é necessária uma documentação das especificações e dos projetos. Um conhecimento extremamente importante para reter é sobre o que fazem os algoritmos desenvolvidos e os criados por aprendizagem de máquina. Apesar de os algoritmos serem um ativo a ser gerenciado, as informações sobre a sua finalidade devem ser classificadas e são altamente sensíveis dentro da organização.

8.5.15. Ativos gerenciados

Este objetivo tem por propósito contabilizar todos os ativos de TI e otimizar o valor fornecido pelo seu uso.

As práticas a serem executadas são:

- Identificar ativos atuais em uso.
- Gerenciar os ativos críticos para IA.
- Gerenciar o ciclo de vida do ativo.
- Otimizar o valor do ativo.
- Gerenciar licenças.

Em IA os ativos usados são críticos. Portanto, devem ser gerenciados. Entretanto, se a organização estiver usando todos os recursos como serviço (aplicações e infraestrutura como serviço), é importante estabelecer princípios e regras junto aos fornecedores de forma que os ativos sustentem o negócio e sua continuidade. Algoritmos específicos da organização são ativos que devem ser gerenciados.

8.5.16. Configuração gerenciada

Este objetivo tem por propósito fornecer informações suficientes sobre os ativos para permitir que o serviço seja gerenciado de forma eficaz, avaliar o impacto das mudanças e lidar com incidentes de serviço.

As práticas a serem executadas são:

- Estabelecer um modelo lógico de configuração de serviços, ativos e infraestrutura.
- Estabelecer e manter um repositório de configuração.
- Manter e controlar itens de configuração.
- Produzir relatórios de status da configuração.
- Verificar integridade do repositório.

Esta prática permite o relacionamento lógico entre os ativos e soluções e serviços de IA. Qualquer mudança pode alterar a configuração e trazer riscos para o negócio. Aqui também tem que ser monitorado. A identificação rápida de itens de configuração que são causas de incidentes permite manter os níveis de disponibilidade acordados. O entendimento dos relacionamentos entre ativos e serviços também permite conhecer de fato o que está sendo afetado em virtude de um incidente. Algoritmos são itens de configuração.

8.5.17. Projetos gerenciados

Este objetivo tem por propósito realizar resultados de projeto definidos e reduzir o risco de atrasos inesperados, custos e erosão de valor ao melhorar as comunicações e o envolvimento do negócio e dos usuários finais. A ideia é garantir o valor e a qualidade dos entregáveis do projeto e maximizar sua contribuição para os programas definidos e o portfólio de investimentos.

As práticas a serem executadas são:

- Manter uma abordagem de gerenciamento de projetos de IA.
- Iniciar o projeto.
- Gerenciar o envolvimento das partes interessadas.
- Desenvolver e manter o plano do projeto.
- Gerenciar a qualidade do projeto.
- Gerenciar o risco do projeto.
- Monitorar e controlar o projeto.
- Gerenciar os recursos do projeto.
- Encerrar o projeto.

Projetos de IA devem ser gerenciados de forma adequada, podendo usar métodos híbridos ou ágeis, pois envolvem muitos componentes de software, dados e hardware. O processo de desenvolvimento também deve ser abordado considerando o ciclo de vida dos sistemas de IA.

8.5.18. Operações gerenciadas

Este objetivo tem por propósito entregar resultados de produtos e serviços operacionais de TI conforme planejado.

As práticas a serem executadas são:

- Executar procedimentos operacionais.
- Gerenciar serviços de TI terceirizados.
- Monitorar a infraestrutura.
- Gerenciar o ambiente.
- Gerenciar instalações.

A gestão de operações monitora os eventos relativos à IA e as aplicações em operação e uso. Disponibiliza recursos, faz relatos de eventos, gerencia a instalação etc.

8.5.19. Solicitações de serviços e incidentes gerenciados

Este objetivo tem por propósito obter maior produtividade, minimizar interrupções por meio da resolução rápida de consultas e incidentes de usuários, avaliar o impacto das mudanças, lidar com incidentes de serviço, resolver solicitações de usuários e restaurar o serviço em resposta a incidentes.

As práticas a serem executadas são:

- Definir a classificação para incidentes e serviços relativos à IA.
- Registrar, classificar e priorizar requisições e incidentes.
- Verificar, aprovar e atender a solicitações de serviços.
- Investigar, diagnosticar e alocar incidentes.
- Resolver e recuperar incidentes.
- Encerrar solicitações de serviços e incidentes.
- Controlar o status de serviços e incidentes.

Incidentes críticos de IA devem ser registrados e solucionados. Eventualmente, dependendo dos danos, poderá requerer um Comitê de Crise.

8.5.20. Problemas gerenciados

Este objetivo tem por propósito aumentar a disponibilidade, melhorar os níveis de serviço, reduzir custos, melhorar a conveniência e a satisfação do cliente reduzindo o número de problemas operacionais e identificar as causas-raízes como parte da resolução do problema.

As práticas a serem executadas são:

- Identificar e classificar problemas relativos à IA.
- Investigar e diagnosticar problemas relativos à IA.
- Criar registros de erros conhecidos de IA.
- Solucionar e encerrar problemas.
- Executar gestão de problemas proativamente.

A redução de incidentes, que são erros conhecidos, pode imprimir muita produtividade no atendimento aos chamados e permitir o atendimento aos níveis de serviços de acordados. Este processo permite a identificação de causas-raízes de incidentes para encetar ações de resolução permanente quando for possível.

8.5.21. Continuidade gerenciada

Este objetivo tem por propósito adaptar rapidamente e continuar as operações comerciais, e manter a disponibilidade de recursos e informações em um nível aceitável para a organização no caso de uma interrupção significativa (por exemplo, ameaças, oportunidades, demandas).

As práticas a serem executadas são:

- Definir os objetivos e o escopo do plano de continuidade.
- Manter a resiliência do negócio.
- Desenvolver e manter uma resposta de continuidade dos serviços.
- Exercitar, testar e revisar o plano de continuidade de negócios (*Business Continuity Plan* – BCP) e o plano de resposta a desastres (*Disaster Recovery Plan* – DRP).
- Rever, manter e melhorar o plano de continuidade.
- Conduzir treinamento sobre o plano de continuidade.
- Gerenciar os *backups*.
- Realizar revisões pós-recuperação.

A garantia da continuidade dos serviços de IA representa a garantia da continuidade dos processos que a IA está apoiando. Portanto, a organização deve consolidar os planos correspondentes de cada fornecedor de serviço, interno e externo, para cada sistema de IA.

8.5.22. Serviços de segurança gerenciados

Este objetivo tem por propósito minimizar o impacto comercial de vulnerabilidades e incidentes operacionais de segurança.

As práticas a serem executadas são:

- Proteger contra software malicioso.
- Gerenciar a rede e a segurança das conexões.
- Gerenciar a segurança do *endpoint*.
- Gerenciar permissões de acesso.
- Gerenciar acesso físico aos ativos de TI.
- Gerenciar informações e documentos sensíveis.
- Gerenciar vulnerabilidades e monitorar os eventos de segurança da infraestrutura.

No cenário da IA, este é um objetivo crítico. Deve haver monitoramento contínuo do ambiente. Torna-se desafiador quando são usados serviços na nuvem com arquiteturas complexas e várias interações homem-máquina.

8.5.23. Controles de processos de negócio gerenciados

Este objetivo tem por propósito manter a integridade das informações e a segurança dos ativos manipulados dentro dos processos de negócios da empresa ou de sua operação terceirizada.

As práticas a serem executadas são:

- Alinhar controles embutidos no sistema de IA com os objetivos da organização.
- Controlar o processamento do modelo e dos algoritmos.
- Gerenciar privilégios de acesso.
- Gerenciar erros.
- Assegurar rastreabilidade dos resultados.
- Gerenciar o acesso a ativos de informação e dados.

Garantir a confiabilidade do processamento, das transações e segurança aos acessos é crítico em um ambiente totalmente digital. As aplicações e o processamento devem ser projetados para garantir que esses controles sejam rastreados. Tem muito a ver com a explicabilidade do sistema de IA.

8.5.24. Monitoramento do desempenho e da conformidade gerenciado

Este objetivo tem por propósito fornecer transparência de desempenho e conformidade e impulsionar a realização de metas.

As práticas a serem executadas são:

- Estabelecer uma abordagem de monitoramento.
- Estabelecer objetivos de desempenho.
- Coletar e processar dados de desempenho.
- Analisar e comunicar o desempenho.
- Assegurar a implementação de ações corretivas.

Na realidade, todos os objetivos ou processos de IA têm que ser medidos para avaliação de sua agregação de valor à estratégia e aos objetivos da organização.

8.6. Objetivos que não foram considerados na gestão da TI

- **Inovação gerenciada:** entendemos que é uma função corporativa que dirige a inovação dentro da organização, inclusive a inovação vinda da IA. Não é papel da gestão da TI, apesar de poder ter relevância em determinadas situações.
- **Risco gerenciado:** já está colocado no componente do nosso modelo de gestão de riscos de IA.
- **Segurança gerenciada:** entendemos que é uma atribuição corporativa. Cabe à TI os serviços de gerenciamento da segurança da informação.
- **Dados gerenciados:** já está previsto no componente de práticas de gestão de dados.
- **Programas gerenciados:** eventualmente pode haver um programa (coleção de projetos de IA). Acreditamos que essa abordagem é pouco usada no mercado. Depende muito da visão do gestor no momento.
- **Definição de requisitos gerenciada:** é um conjunto de práticas que está no ciclo de vida de desenvolvimento, portanto está retratado no item 8.3.
- **Identificação e construção de soluções gerenciadas:** idem à justificativa anterior.
- **Mudança organizacional gerenciada:** acreditamos que, dependendo da mudança que o sistema de IA irá operar, cabe à função de negócio, que será beneficiária da solução, garantir que haja a mudança organizacional. Não vemos este processo como responsabilidade da gestão da TI.
- **Sistema de controle interno gerenciado:** está retratado no componente do nosso modelo em gestão da conformidade.
- **Conformidade com requisitos internos gerenciada:** idem à justificativa anterior.
- **Garantia gerenciada:** idem à justificativa anterior.

9. Como gerenciar os riscos de IA

Aguinaldo Aragon Fernandes
Vladimir Ferraz de Abreu

A gestão de riscos é dinâmica porque as expectativas de usuários, as tecnologias, o aprendizado, a evolução do sistema e as novas regulações podem surgir e ser alteradas.

Integrar a gestão de riscos de IA à gestão do risco corporativo é fundamental se o sistema de IA afetar o meio ambiente, as relações com funcionários, a segurança física e as relações com consumidores.

A gestão de riscos de IA transcende aspectos meramente técnicos. Outras questões devem ser avaliadas em termos de cenários culturais e éticos que impactem a privacidade, liberdade, a autonomia etc.

De acordo com a norma NBR ISO/IEC 23894:2023 – Inteligência Artificial – Orientações sobre gestão de riscos (ABNT, 2023), um processo de gestão de risco bem-sucedido é aquele que:

> *Depende da identificação, estabelecimento e implantação bem-sucedida de processos de gestão com escopo definido nos níveis estratégico, operacional, de programa e projeto.*

No caso de sistemas de IA, isso ocorre sobre a entidade sistema de IA.

Independentemente da padronização e do nível de maturidade, o gerenciamento dos riscos no caso de sistemas de IA tem que ser feito um a um.

9.1. O processo de riscos de IA

O processo de gestão de riscos pode ser entendido conforme a Figura 9.1.

As etapas recomendáveis para o processo são:

Etapa 1 – Planejamento do processo: consiste no planejamento de gestão de riscos do sistema de IA até o seu descarte. O que é planejar o processo? É definir as etapas, ver os recursos necessários, engajar as pessoas envolvidas e que serão afetadas, definir responsabilidades, pontos de análise crítica, a cadência do processo, cronogramas, necessidades de capacitação, recursos humanos, forma de relato.

Etapa 2 – Avaliar impacto e valor: consiste em classificar o sistema de IA. A classe determina em que nível o risco do sistema será gerenciado. Espera-se um rigor maior para sistemas de alto risco. A legislação que foi publicada pela União Europeia, o *European AI Act*, assim como a legislação que está sendo discutida no Senado brasileiro (PL 2338), estabelecem classes de sistemas de IA *vis a vis* requisitos que devem ser seguidos. Adicionalmente avalia, em alto nível, os impactos do sistema em pessoas, organizações e na sociedade. Em nível de empresa, avalia o valor a ser gerado em apoio a novos negócios ou novos modelos de negócio. O entendimento da organização, seus relacionamentos, meio etc. são levados em consideração na análise.

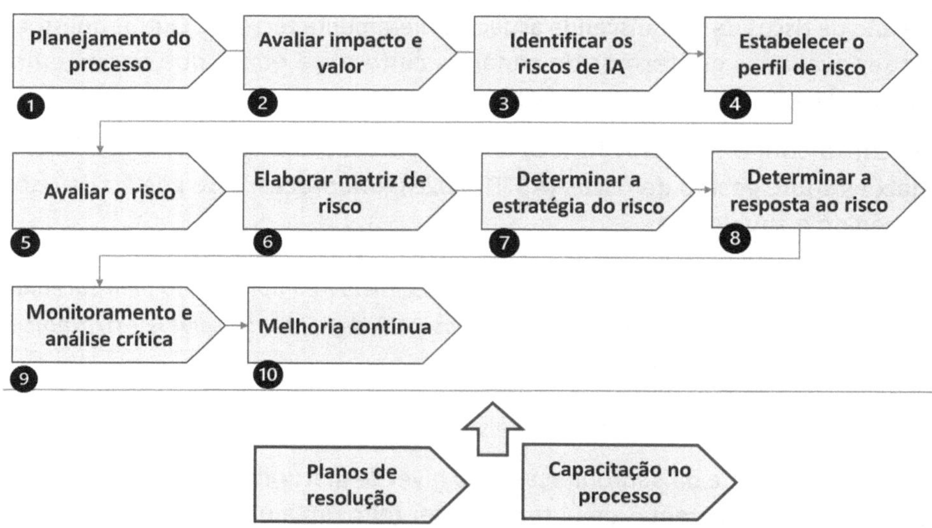

Figura 9.1. Processo de gestão de riscos. Fonte: Fernandes e Abreu (2024).

Etapa 3 – Identificar os riscos de IA: consiste na execução de várias atividades como: rever e entender o apetite e tolerância ao risco da organização assim como os critérios de dimensionamento e avaliação dos riscos. A identificação do risco necessita de informações sobre fontes de riscos, ameaças, vulnerabilidades, eventos, valor dos ativos, consequências e impactos nos objetivos da organização, fatores temporais, vieses e hipóteses e existência de informação suficiente. Por fim, listam-se os riscos mais prováveis de acontecerem. Algumas técnicas aplicadas aqui são: *brainstorming*, técnica Delphi, revisão de documentação, uso de *experts*, técnica dos 10 principais riscos.

Etapa 4 – Estabelecer o perfil de risco: O perfil de risco registra informações sobre cada um dos riscos relevantes em termos de ator envolvido, vulnerabilidade, tipo de ameaça, evento, consequência, ativo e tempo, e controles necessários. A ideia é que este perfil registre informações sobre riscos para auxiliar a equipe de gestão de riscos.

Etapa 5 – Avaliar o risco: uma vez identificados, os riscos devem ser analisados para que se estabeleçam as probabilidades e os impactos (ou consequências). Analisar o risco compreende determinar a probabilidade de ocorrência de eventos com base na eficácia dos controles, na natureza e significância das consequências, nos fatores temporais e na qualidade da informação, para dimensionar probabilidade e impacto. A avaliação quantitativa procura determinar a exposição ao risco que é o produto da probabilidade pela dimensão da perda monetária estimada.

Etapa 6 – Elaborar matriz de risco

Probabilidade	Ameaças					Oportunidades				
90%	Média	Média	Alta	Alta	Alta	Baixa	Baixa	Baixa	Média	Média
70%	Baixa	Média	Média	Alta	Alta	Baixa	Baixa	Média	Média	Alta
50%	Baixa	Baixa	Média	Alta	Alta	Baixa	Baixa	Média	Alta	Alta
30%	Baixa	Baixa	Média	Média	Alta	Baixa	Média	Média	Alta	Alta
10%	Baixa	Baixa	Baixa	Baixa	Média	Média	Alta	Alta	Alta	Alta
Impacto	Muito Baixo	Baixo	Moderado	Alto	Muito Alto	Muito Alto	Alto	Moderado	Baixo	Muito Baixo

Figura 9.2. Matriz de risco. Fonte: os autores.

A matriz de risco comunica os riscos em relação ao seu dimensionamento, tanto do lado da oportunidade como do lado da ameaça. Muitas áreas de risco corporativo exigem matrizes de risco. Alguns órgãos reguladores também.

Etapa 7 – Determinar a estratégia do risco: a estratégia de resposta ao risco compreende a seleção do tratamento ao risco, balanceando benefícios x custo, apetite e tolerância ao risco. As opções de tratamento do risco podem envolver as seguintes estratégias (ABNT, 2018, Gestão de Riscos – Diretrizes):

- Evitar o risco ao decidir não iniciar ou continuar com a atividade que dá origem ao risco.
- Assumir ou aumentar o risco de maneira a perseguir uma oportunidade.
- Remover a fonte de risco.
- Mudar a probabilidade.
- Mudar as consequências.
- Compartilhar o risco (por exemplo, por meio de contratos, compra de seguros).
- Reter o risco por decisão fundamentada.

Etapa 8 – Determinar a resposta ao risco: as respostas ao risco consistem na elaboração de planos de tratamento dos riscos, ou seja, como as opções de estratégia serão, de fato, implementadas de forma que o progresso da resolução possa ser acompanhado. O plano de tratamento deve identificar claramente a ordem em que o tratamento de riscos será implementado. Possível conteúdo do plano de tratamento:

- Justificativa para a seleção das opções de tratamento, incluindo os benefícios esperados a serem obtidos.
- Aqueles que são responsabilizáveis e responsáveis por aprovar e implementar o plano.
- Ações propostas, de mitigação e de contingência.
- Recursos requeridos, incluindo contingências.
- Medidas de desempenho, indicadores de risco.
- Restrições.
- Relatos e monitoramento requeridos.
- Quando se espera que ações sejam tomadas e concluídas.
- Quem deve ser responsabilizado pelo início das ações e pela sua execução e progresso.

Etapa 9 – Monitoramento e análise crítica: a organização deve manter o monitoramento do sistema de IA com as seguintes práticas:

- Coletar e registrar informações sobre o desempenho do sistema de IA nas fases de implementação e pós-implementação.

- Obter informações de sistemas similares, publicamente disponíveis, para efeitos de *benchmarking*.
- Avaliar se surgiram novos riscos.
- Avaliar se a estratégia de tratamento ainda é válida.
- Registrar documentalmente a avaliação dos riscos do sistema de IA.
- Sugerir melhoria no processo.

Etapa 10 – Melhoria contínua: consiste na identificação da melhoria no processo de gestão de riscos de sistemas de IA. Ações e iniciativas devem ser analisadas e propostas, e os respectivos planos de ação, uma vez aprovados, devem ser colocados em execução.

No processo de gestão de riscos sugerido e representado na Figura 9.1, podem ser observados dois elementos de suporte:

- Os **planos de resolução**, associados às respostas aos riscos e que podem ser configurados como **projetos**.
- **Capacitação** dos *stakeholders* envolvidos **no processo** de gestão de riscos de IA.

Nota: a probabilidade de ocorrência dos riscos pode variar entre as etapas do ciclo de vida do desenvolvimento do sistema de IA. Isso muito por falta de histórico e lições aprendidas e por incerteza e falta de informação. Então a identificação de riscos pode ocorrer várias vezes ao longo do ciclo de vida.

O Apêndice 2 mostra um exemplo de aplicação do processo.

9.2. Como implantar um processo de gerenciamento de riscos

Para implementar um processo sistemático, devemos considerar alguns componentes, como os apresentados na Figura 9.3.

Figura 9.3. Componentes do processo de gestão de riscos. Fonte: adaptado de ISACA (2019).

Qualquer processo, para ser implementado, necessita de componentes ou habilitadores.

O processo deve ter:

- Etapas e fluxos de trabalho definidos e a sua cadência de execução.
- A estrutura organizacional que será responsável pelo processo e a responsabilização da gestão e execução.
- Políticas e procedimentos relativos a riscos.
- Informação a respeito dos indicadores de risco que devem ser tratados.
- Determinação da cultura e princípios éticos a serem adotados pelas pessoas envolvidas com o processo.
- Estabelecimento das habilidades e competências requeridas para a gestão e a execução do processo de riscos.
- Serviços, infra e aplicações em apoio ao processo, como sistema de gestão de riscos, bases de conhecimento, *workflow* etc.

Esses componentes devem estar previstos no projeto do processo e em sua implantação.

Em organizações com uma governança corporativa mais elevada, deve haver integração da gestão de riscos de IA com a gestão de riscos corporativos (GRC), inclusive compartilhando mesmos sistemas, sistemática de gradação de riscos etc.

O desafio da implantação é fazer com que a cultura de riscos seja praticada pelos times de desenvolvimento de sistemas de IA contemplando times de *sandbox*, times de desenvolvimento, fornecedores de serviços, time de arquitetura e de infraestrutura e sustentação.

Dessa forma, deve haver uma estratégia de implementação com forte ênfase em mudança cultural e um trabalho em equipe entre o time de riscos corporativos e os envolvidos no desenvolvimento de sistemas de IA.

Em toda implementação de novas práticas uma estratégia apropriada é representada por:

- Apoio da alta administração.
- Recursos humanos e financeiros suficientes para a implantação e execução do processo.
- Preparação dos times para identificar e avaliar os riscos.
- Implementação piloto avaliando, por exemplo, um sistema de IA de baixo risco.
- Aprendizagem a partir da implementação piloto.
- Disseminação para os demais projetos e sistemas de IA.
- Melhoria contínua do processo

9.3. Estabelecendo indicadores-chave de risco (KRIs)

É preferível que o monitoramento dos riscos seja feito através de indicadores-chave de risco ou *Key Risk Indicators* (KRIs).

KRIs são métricas utilizadas para fornecer indicativos prévios de aumento de exposição ao risco no sistema de IA[18].

A Figura 9.4 apresenta uma visão do objetivo estratégico e os indicadores-chave de risco.

[18] O nosso foco aqui são riscos de sistemas de IA, não abrangendo outros tipos de riscos organizacionais.

Figura 9.4. Objetivo estratégico x KRIs. Fonte: os autores.

O relacionamento entre os objetivos estratégicos e os KRIs força a administração a ter foco nos riscos potenciais que podem prejudicar os objetivos da organização.

Um método de definir os KRIs é através de registros tácitos ou explícitos de ocorrência de riscos no passado e no presente e a identificação de suas causas-raízes.

Geralmente as causas-raízes de desvios de um objetivo podem estar relacionadas a pessoas, processos, métodos, equipamentos e materiais, ambiente, recursos e métricas.

Quanto mais próximo o KRI estiver da causa-raiz do evento[19], é bem provável que o KRI dará à administração o tempo para agir proativamente de forma que possa mitigar, eliminar ou contingenciar a ocorrência de um evento.

A seguir, a Figura 9.5 apresenta um exemplo de uso de KRIs.

[19] Causa-raiz é um problema que causa variação no andamento de um processo e tem como origem mão de obra, maquinas, métodos, medições, meio ambiente e materiais.

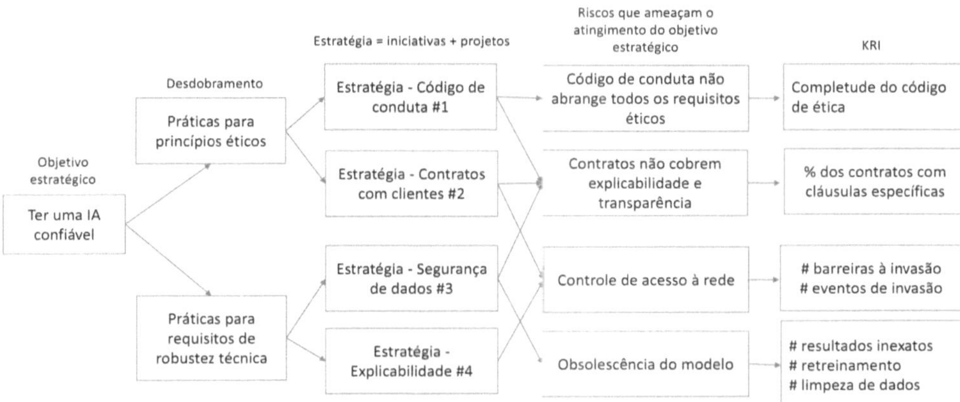

Figura 9.5. Exemplo de KRI. Fonte: os autores.

A Tabela 9.1 apresenta um exemplo de alerta do risco potencial.

Tabela 9.1. Exemplo de alerta do risco potencial. Fonte: os autores.

KRI	Alerta do risco potencial
Completude do código de ética.	O código não está completo ao longo do tempo, impactando a comunicação para o desenvolvimento e a manutenção de sistemas de IA confiáveis.
Contratos com cláusulas específicas.	Poucos contratos com cláusulas específicas de acordo com o código de ética podem afetar o relacionamento com os clientes.
Eventos de invasão.	Seu aumento é um indicativo do risco de acesso à rede, criando uma vulnerabilidade para assegurar a segurança dos dados.
Quantidades de retreinamento do modelo.	Pode ser um indicativo de degradação do modelo de *machine learning*.

Quais seriam as possíveis causas-raízes?

Conforme a Figura 9.6, em formato de uma espinha de peixe, procura-se trazer uma lista de itens para auxiliar na identificação da possível causa-raiz ou causas-raízes, que, combinadas, podem favorecer a ocorrência de um evento de risco.

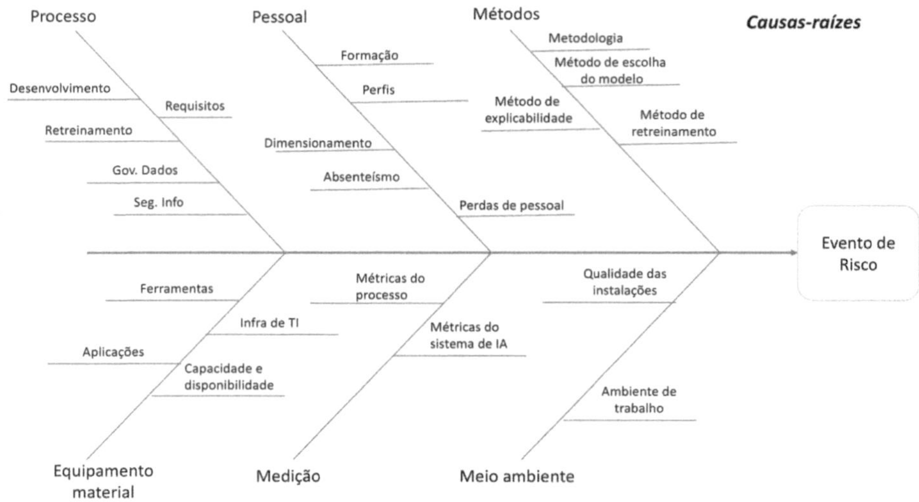

Figura 9.6. Causas-raízes. Fonte: os autores.

Tabela 9.2. Causas-raízes de KRIs. Fonte: os autores.

KRI	Alerta do risco potencial	Possíveis causas-raízes
Completude do código de ética.	O código não está completo ao longo do tempo, impactando a comunicação para o desenvolvimento e a manutenção de sistemas de IA confiáveis.	Processo de elaboração do código de conduta. Falta pessoal com experiência em temas éticos. Não há um método para elaboração de um código de conduta.
Contratos com cláusulas específicas.	Poucos contratos com cláusulas específicas de acordo com o código de ética podem afetar o relacionamento com os clientes.	O processo de gestão de clientes não está funcionando. Responsabilidades por tratar disso não estão claras. Não envolveu pessoal do jurídico.

KRI	Alerta do risco potencial	Possíveis causas-raízes
Eventos de invasão.	Seu aumento é um indicativo do risco de acesso à rede, criando uma vulnerabilidade para assegurar a segurança dos dados.	Processo de segurança da informação precisa ser revisto. Não há ferramentas para conter invasões. Não há segregação da rede. Processo de controle de acesso.
Quantidades de retreinamento do modelo.	Pode ser um indicativo de degradação do modelo de *machine learning*.	Processo de retreinamento. Necessidade de mudança do modelo. Necessidade de limpeza de dados.

Algumas premissas que devem ser levadas em consideração para definição, coleta, publicação e armazenamento dos indicadores:

- A definição de KRI é um esforço coletivo e deve se basear no objetivo de ter sistemas de IA confiáveis e responsáveis.
- Todo KRI tem que estar especificado com um mínimo de documentação esclarecendo sua finalidade, forma de coleta, significado, critérios de análise, limites de tolerância, como é feita a coleta e publicação e as responsabilidades.
- Os resultados dos indicadores devem ser oficiais, institucionais, por assim dizer (ponto único de responsabilidade por coletar, armazenar, analisar e publicar os resultados).
- Novos KRIs vão surgindo na medida em que o ambiente e a maturidade evoluem, assim como surgem novas regulamentações e legislações que impactam os sistemas de IA.

9.4. Classificação do risco do sistema de IA conforme a legislação europeia

A regulação mais avançada atualmente, que é representada pela *European AI Act*, classifica os riscos de sistemas de IA em quatro níveis (EUROPEAN UNION, 2024):

- **Sistemas de risco mínimo**, que são a maioria dos sistemas, tais como jogos *on-line* suportados por IA e filtros de *spam*, dentre outros.
- **Sistemas de risco limitado**, nos quais o usuário tem que ser informado que está interagindo com uma IA e pode tomar a decisão de seguir com a interação ou parar. Como exemplos podem ser relacionados *chatbots* e sistemas que geram *deepfakes*[20] e conteúdo sintético.
- **Sistemas de IA de alto risco** podem criar impacto na segurança e seus direitos fundamentais do usuário. Exemplos:
    - **Sistemas de vigilância**, que consistem em aplicações de identificação biométrica e reconhecimento facial.
    - **Sistemas para monitoramento e gerenciamento de infraestrutura digital crítica**, como rodovias, trens, suprimento de energia, gás e água.
    - **Sistemas que tratam do acesso, admissão e matrícula** em instituições de ensino, assim como sistemas que fazem avaliações.
    - **Sistemas usados para recrutamento, seleção**, avaliação de desempenho e promoção de funcionários.
    - **Sistemas para avaliar a elegibilidade a benefícios** sociais, ao uso de serviços médicos, a serviços de bombeiros, *score* de crédito etc.
    - **Sistemas para avaliar a possibilidade de ocorrência de crimes** e de reincidência, como, por exemplo, polígrafos e sistemas que, com base em perfis criminais, conseguem prever a ocorrência de crimes.
    - **Sistemas para administrar a justiça e processos eleitorais democráticos.**
- **Sistemas de riscos inaceitáveis** são aqueles que demonstram uma ameaça clara e imediata ao usuário em termos de segurança, meios de subsistência e direitos fundamentais. No caso da União Europeia, sistemas de *score* social baseados em reconhecimento facial,

[20] *Deepfake* é uma tecnologia que utiliza inteligência artificial (IA) e *machine learning* para alterar vídeos, áudios e imagens, fazendo parecer que pessoas estão dizendo ou fazendo algo que não fizeram ou disseram.

sistemas de assistente de voz que encorajam comportamento perigoso e identificação biométrica em espaços públicos.

A Lei Europeia estipula algumas obrigações, dependendo do nível de risco do sistema de IA (Figura 9.7). A lei brasileira, ainda em discussão no Congresso, está indo para o mesmo caminho (SENADO FEDERAL, 2023).

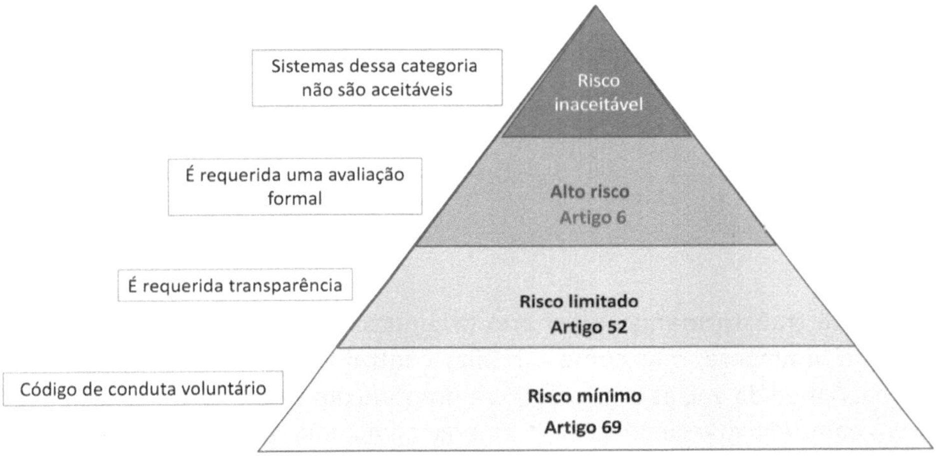

Figura 9.7. Classificação de riscos de sistemas de IA da União Europeia. Fonte: adaptado de European Union (2024).

A incorporação de requisitos éticos no ciclo de vida e no desenvolvimento do sistema de IA depende do grau de risco do sistema e dos requisitos legais aos quais a organização tem que se submeter. A organização pode definir quais requisitos serão atendidos em função do risco do sistema.

Deve-se levar em consideração essa classificação para traçar o caminho mais apropriado para gerenciar os riscos de IA.

10. IA como habilitadora da estratégia organizacional

Ana Maria Lopes Corrêa

A IA está transformando o cenário organizacional, não apenas como uma tecnologia inovadora, mas como um pilar central da estratégia organizacional moderna. À medida que as organizações enfrentam um ambiente de negócios cada vez mais competitivo e dinâmico, a IA emerge como uma habilitadora crítica para a definição e execução de estratégias que fortalecem a competitividade e impulsionam o desempenho organizacional.

No coração dessa transformação está a capacidade da IA de oferecer *insights* profundos, automatizar processos complexos e antecipar tendências de mercado. No entanto, para que a IA possa realmente cumprir seu potencial, ela deve ser integrada de maneira estratégica, alinhando-se diretamente aos objetivos de negócios e não sendo tratada apenas como uma adição tecnológica.

Este capítulo, "IA como habilitadora da estratégia organizacional", busca explorar essa integração estratégica. Inicia-se com uma análise dos impactos significativos que a IA pode ter no desempenho organizacional, demonstrando como ela pode fortalecer o estágio de competitividade em que a organização se encontra e a importância da definição clara dos objetivos de negócio estratégicos e como identificar os problemas que impedem o pleno alcance desses objetivos.

Serão exploradas as capacidades da IA e como identificar quais problemas que de fato precisam ser resolvidos por uma dessas capacidades e/ou fatores que podem potencializar os objetivos de negócios através delas, ou seja, de maneira não convencional. Dessa forma, serão identificadas iniciativas estratégicas *AI-driven*, de onde serão extraídas as iniciativas priorizadas, detalhando como construir uma justificativa sólida para investimentos em IA que estejam alinhados à estratégia organizacional.

O capítulo também aborda a identificação e criação de casos de uso de IA (*AI Use Cases*), a identificação das soluções viáveis de IA e avaliação de prontidão organizacional para implementá-las.

Este capítulo pretende ser uma referência essencial para líderes de organizações, gestores de TI e profissionais de estratégia, fornecendo uma visão abrangente e prática sobre como a IA pode e deve ser um habilitador da estratégia organizacional, preparando o ambiente para uma organização *AI-driven*[21].

Revisando a literatura sobre *AI-driven* em modelos de negócio, Jorzik *et al.* (2024) identificaram dimensões para uma abordagem *AI-driven* para a inovação em modelos de negócio, como: motivadores, recursos e capacidades, aplicações de IA, implicações no modelo de inovação do negócio e questões gerenciais e organizacionais.

Esses elementos, ainda segundo estes autores, enquadram-se em uma estratégia de IA e pode levar a IA a ser um instrumento de inovação, um instrumento de disrupção, de habilitação e de suporte que, na realidade, são escolhas que a organização deve fazer.

10.1. Os impactos da IA no desempenho organizacional

10.1.1. Licenças competitivas

Competitividade é a capacidade de uma empresa de manter e melhorar sua posição no mercado em relação aos seus concorrentes. Essa habilidade é crucial para a sobrevivência e o crescimento a longo prazo. Competitividade envolve não apenas a capacidade de oferecer produtos ou serviços superiores, mas também a eficiência operacional, a inovação contínua e a adaptação rápida às mudanças do mercado. Segundo Michael Porter (1989), um dos principais teóricos de estratégias competitivas, competitividade é alcançada através de uma combinação de liderança em custo, diferenciação e foco[22].

Porém, em um mundo em constante mudança a vantagem competitiva cada vez mais tem menos duração. Conforme a abordagem da metodologia S4D *Strategy For Disruption* (KRUEL, 2022), as organizações atualmente não possuem vantagem

---

[21] Apesar de não haver um consenso na literatura sobre o que seja uma organização *AI-driven*, para este livro são organizações que identificam as oportunidades de competitividade mais ampla com as tecnologias e aplicações de IA e desenvolvem capacidades, implementam e asseguram valor com a IA.

[22] Foco é uma estratégia competitiva de custo e diferenciação simultânea em nichos.

competitiva e sim "licenças competitivas". O termo licença remete à ideia de que a licença expira com o tempo e à medida que os fatores que tornavam a licença competitiva passam a ser copiados por outras organizações. Dessa forma, a metodologia aborda três tipos de licenças competitivas, sendo[23]:

- **Licença para operar:** garante o funcionamento do negócio. Neste estágio, a organização se concentra em manter sua posição no mercado, utilizando ganhos marginais. Está constantemente preocupada em reduzir custo, em manter os clientes existentes e precisa melhorar a eficiência operacional. O objetivo principal é sobreviver.
- **Licença para competir:** a organização está em igualdade com os principais competidores. Neste estágio, a organização busca crescer em tamanho de mercado, alcance, receita ou lucratividade. O objetivo é ampliar a presença e influência no mercado.
- **Licença para vencer:** é o diferencial, o fator exclusivo que garante espaço para a vitória. Neste estágio, a organização se empenha em criar mercados, produtos e/ou serviços, introduzindo ideias disruptivas e inovadoras capazes de transformar o cenário competitivo.

Antes de identificar com quais impactos a IA poderá contribuir mais positivamente é preciso definir em qual estágio competitivo a organização está. Mas nada impede que a organização adote frentes ambidestras para otimizar o conhecido e desbravar o desconhecido, desde que tenha recursos para tal. Adotar frentes ambidestras permite que a organização se adapte rapidamente às mudanças do mercado e se mantenha competitiva a longo prazo.

A IA tem emergido como uma força transformadora no ambiente empresarial contemporâneo, impactando profundamente o desempenho organizacional. Com capacidades avançadas de processamento de dados, aprendizado de máquina e automação, a IA permite que as organizações otimizem operações, melhorem a tomada de decisões e inovem em seus produtos e serviços. A seguir vamos descrever algumas áreas-chave onde a IA exerce significativo impacto, segundo Ellison (2024):

- Desempenho financeiro:
    - **Crescimento de receita:** a IA impulsiona as organizações a identificar novas fontes de receita e otimizar as existentes, através de:

[23] Texto adaptado do original (KRUEL, 2022).

        - marketing impulsionado por IA;
        - otimização de vendas;
        - personalização do cliente.
    - **Redução de custo:** a IA ajuda as organizações a simplificar as operações e reduzir despesas através de:
        - automação de processos;
        - manutenção preditiva;
        - gestão eficiente de recursos.
- Desempenho operacional:
    - **Eficiência e produtividade:** as organizações podem alcançar maior eficiência e focar os recursos humanos em atividades estratégicas, através de:
        - automatização de tarefas rotineiras;
        - otimização de fluxos de trabalho;
        - aumentar a produtividade.
    - **Otimização da cadeia de suprimentos:** IA leva a um melhor desempenho da cadeia de suprimentos e reduz os riscos operacionais, através de:
        - melhoras na visibilidade da cadeia de suprimentos;
        - melhoras na previsão de demandas;
        - melhoras na gestão de inventário.
- Satisfação dos clientes:
    - **Experiências aprimoradas:** clientes satisfeitos têm mais chances de permanecer leais e defender a marca, através de:
        - personalização impulsionada por IA;
        - suporte impulsionado por IA.
    - **Engajamento proativo:** as organizações podem antecipar e resolver problemas dos clientes antes que eles surjam, através de:
        - previsão das necessidades e preferências dos clientes.
- Inovação e competitividade:
    - **Tempo de mercado mais rápido:** a IA acelera o desenvolvimento de produtos e os ciclos de inovação.

- **Vantagem competitiva:** a IA proporciona uma vantagem competitiva ao permitir que as organizações se diferenciem por meio de inovação com a criação de novos produtos e serviços.

10.2. O processo da estratégia de IA

A Figura 10.1 apresenta o processo proposto para que a organização defina a sua estratégia de inteligência artificial.

Estão previstas sete etapas para o processo, são elas:

- **Definição das oportunidades de IA e objetivos de negócio:** a partir do posicionamento competitivo desejado, identificam-se áreas de oportunidade de uso de IA em produtos, serviços, processos e ambiente de trabalho que possam alavancar a competitividade da organização.
- **Identificação de problemas e/ou fatores potencializadores dos objetivos de negócio:** procura identificar limitadores que impactem a viabilidade da solução de IA e áreas em que a IA pode potencializar a adoção e implantação da solução.
- **Capacidades de IA e a resolução de problemas e/ou potencialização de fatores:** procura identificar as capacidades organizacionais, ordinárias e dinâmicas requeridas para desenvolver soluções de IA, usar essas soluções e sustentá-las (vide o Capítulo 15 deste livro).

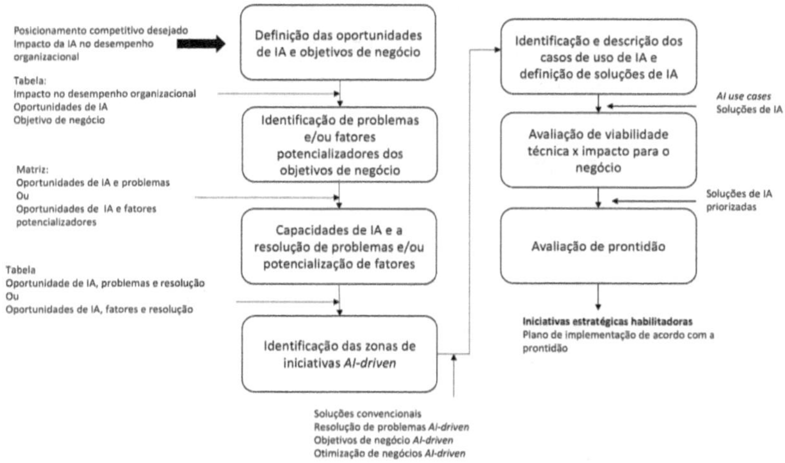

Figura 10.1. Integração das etapas e definição das soluções de IA como habilitadores de estratégia.

Fonte: a autora.

- **Identificação das zonas de iniciativas *AI-driven*:** procura identificar as interseções entre os objetivos de negócio, os problemas que impedem o alcance desses objetivos e as capacidades de IA adequadas.
- **Identificação e descrição dos casos de uso de IA e definição de soluções de IA:** procura especificar os casos de uso para as soluções de IA selecionadas, assim como identificar as tecnologias de modelo (*machine learning*, LLM, *deep learning*) a serem empregadas.
- **Avaliação de viabilidade técnica x impacto para o negócio:** procura avaliar a viabilidade técnica do sistema de IA e determinar a priorização de implementação.
- **Avaliação de prontidão:** procura conhecer o estado de prontidão para a organização começar com a sua jornada *AI-driven*, considerando fatores como a maturidade tecnológica da organização, a disponibilidade de dados de qualidade, a infraestrutura existente, a competência e o treinamento das equipes etc.

A seguir cada etapa é comentada em maiores detalhes.

10.2.1. Definição das oportunidades de IA e objetivos de negócio

As oportunidades de IA referem-se a áreas, processos, produtos ou serviços onde a aplicação da IA pode gerar melhorias significativas de desempenho da organização de acordo com o estágio competitivo desejado. Essa identificação permite que a organização concentre seus esforços e recursos nos pontos onde a IA pode proporcionar o maior impacto.

Uma vez que essas oportunidades são definidas, o próximo passo é identificar os objetivos de negócio, específicos e mensuráveis, que a organização pretende alcançar através da implementação da IA e em ressonância com os impactos de desempenho identificados. Esses objetivos, oriundos da estratégia global da empresa, refletem as metas de melhoria de desempenho, eficiência, inovação e competitividade requeridas.

A Tabela 10.1 mostra o impacto no desempenho x oportunidade de IA x objetivo de negócio.

Tabela 10.1. Tabela impacto no desempenho x oportunidade de IA x objetivo de negócio. Fonte: a autora.

Impacto no desempenho organizacional	Oportunidade de IA	Objetivo de negócio
Redução de custo	Loja de varejo – gestão de estoque	Reduzir custos operacionais e evitar perda de vendas devido a produtos fora de estoque.
Aumento de produtividade	Loja de varejo – processamento de pagamento	Acelerar o processo de pagamento e reduzir filas no caixa.
Crescimento de receita	Banco – marketing e vendas de produtos financeiros	Aumentar a taxa de conversão de produtos financeiros e maximizar o valor do ciclo de vida do cliente.
Crescimento de receita	Banco – programas de fidelidade e recompensas	Aumentar a participação e o engajamento nos programas de fidelidade, impulsionando a receita recorrente.
Satisfação de clientes	Supermercado – Atendimento ao cliente – serviço ao cliente proativo	Melhorar a satisfação do cliente e reduzir o tempo de resolução de problemas.
Aumento da vantagem competitiva – menor tempo de mercado	Supermercado – pesquisa e desenvolvimento de produtos alimentares	Reduzir o tempo de lançamento de novos produtos no mercado e aumentar a participação no mercado.

10.2.2. Identificação de problemas e/ou fatores potencializadores dos objetivos de negócio

Apesar de a IA estar cada vez mais mudando o mundo dos negócios, existem vários fatores, tais como viabilidade técnica, disponibilidade de dados, custos, ROI, que devem ser levados em consideração para sua implementação.

Portanto, antes de definir quais as oportunidades "candidatas" devem ser impulsionadas através de IA, é preciso identificar:

- Se existem problemas que impedem a obtenção de impactos no desempenho organizacional ou o alcance dos objetivos de negócio estabelecidos, quais são esses problemas e se podem ser resolvidos por métodos convencionais.

- Se os fatores relacionados aos objetivos de negócio podem ser melhorados e potencializados a ponto de influenciar significativamente os impactos no desempenho organizacional e se esses fatores podem ser potencializados por maneiras não convencionais.

Recomenda-se que para cada linha da Tabela 10.1, Impacto no desempenho x oportunidade de IA x objetivo de negócio, a organização identifique todos os problemas que impedem o alcance dos objetivos de negócio e/ou impactam os desempenhos organizacionais e quais fatores, se potencializados, podem impulsionar os objetivos de negócios e/ou impactar o desempenho organizacional.

A Tabela 10.2 apresenta alguns exemplos de problemas relacionados a algumas oportunidades listadas na Tabela 10.1.

Tabela 10.2. Matriz oportunidades de IA x problema. Fonte: a autora.

Oportunidade de IA	Problemas
Loja de varejo – gestão de estoque	Dados de inventário inconsistentes Previsão de demanda ineficiente Integração deficiente entre sistemas de gestão
Banco – marketing e vendas de produtos financeiros	Qualidade insuficiente dos dados dos clientes Integração ineficiente entre canais de marketing
Supermercado – atendimento ao cliente – serviço ao cliente proativo	Falta de acesso a dados em tempo real Automação de atendimento ao cliente mal implementada Falta de treinamento adequado para atendentes

A Tabela 10.3 apresenta exemplo de fatores que podem potencializar uma oportunidade listada na Tabela 10.2.

Tabela 10.3. Matriz oportunidades de IA x fatores potencializadores. Fonte: a autora.

Oportunidade de IA	Fatores potencializadores
Supermercado – pesquisa e desenvolvimento de produtos alimentares	Todas as informações de compras e consumo dos clientes centralizada e acessível à equipe de P&D Análise de padrões de consumo e tendências emergentes Segmentação de clientes em diferentes grupos de consumidores e diferentes necessidades

10.2.3. Capacidades de IA, a resolução de problemas e/ou a potencialização de fatores

À medida que as organizações avançam na definição de suas estratégias de IA, torna-se essencial compreender as capacidades específicas que a IA pode oferecer. Mikalef e Gupta (2021) definem capacidades de IA como "a habilidade das organizações de usar dados, métodos, processos e pessoas de uma maneira que cria novas possibilidades para automação, tomada de decisões, colaboração etc. que não seriam possíveis por meios convencionais". Essa definição inclui não apenas dados e métodos, mas também as pessoas e processos necessários para orquestrar e alavancar a IA em ação.

Em termos tecnológicos, as capacidades de IA consistem em um conjunto de modelos e tecnologias que possibilitam a resolução de problemas ou a implementação de necessidades de maneira inovadora e eficiente. Essas capacidades tecnológicas incluem aprendizado de máquina, processamento de linguagem natural, visão computacional, robótica, entre outras, cada uma com suas próprias aplicações e benefícios.

Entender as capacidades de IA é crucial para determinar onde e como essa tecnologia pode ser implementada de forma eficaz. Nem todos os problemas ou necessidades organizacionais requerem uma solução baseada em IA – muitas vezes, métodos convencionais podem ser mais apropriados.

As tecnologias que suportam as capacidades de IA têm evoluído de maneira exponencial, então as organizações devem acompanhar continuamente as novas capacidades adquiridas. A Tabela 10.4 apresenta uma visão geral sobre as capacidades de IA classificadas em duas visões de mundo: IA entendendo o mundo e IA interpretando o mundo.

Tabela 10.4. Capacidades da IA. Fonte: a autora.

<table>
<tr><th></th><th colspan="2">Capacidades da IA</th></tr>
<tr><td>IA interpretando o mundo</td><td>VISÃO
Entendimento e reconhecimento de imagem
AUDIÇÃO
Reconhecimento de áudio
LINGUÍSTICA
Conversação, entendimento, geração de textos, linguagem natural</td><td>Automação que requer e possibilita a interação com seres humanos de forma inteligente, utilizando capacidade cognitiva.
Automação que requer e possibilita a criação e geração de conteúdos, sejam textos, imagens ou sons.
Automação que requer e possibilita o reconhecimento de imagens.</td></tr>
<tr><td rowspan="3">IA entendendo o mundo</td><td>DESCOBERTA
Processar grandes quantidades de dados e encontrar padrões e relações lógicas</td><td>Automação que requer e possibilita tomada de decisões, segmentação e classificação, detecção de fraudes e falhas.</td></tr>
<tr><td>RECOMENDAÇÃO
Buscar soluções ótimas para problemas com um grande espaço de soluções</td><td>Automação que requer e possibilita análise de comportamento, preferências e interesses de pessoas e proposta de melhoria de experiência.</td></tr>
<tr><td>PREVISÃO
Fazer previsões sobre o curso do futuro ou probabilidade de eventos</td><td>Automação que requer e possibilita analisar dados e fazer previsões de comportamentos e tendências futuras, gerando insights.</td></tr>
</table>

Para cada fator ou necessidade identificada para potencialização ou alcance dos objetivos de negócio, ou para cada problema identificado, deve-se analisar se uma solução não convencional é necessária, ou seja, uma solução através da capacidade de IA, ou se tais questões podem ser resolvidas convencionalmente.

Utilizando como exemplo os problemas identificados na Tabela 10.2, nota-se que nem todos os problemas necessitam de uma resolução não convencional, ou seja, com a utilização de IA, conforme demostrado na Tabela 10.5. A mesma análise podemos fazer para os fatores potencializadores.

Tabela 10.5. Oportunidade, problemas e capacidades para a resolução. Fonte: a autora.

Oportunidade de IA	Problema	Resolução
Loja de varejo – gestão de estoque	Dados de inventário inconsistentes	Capacidade de IA: automação de processos que possibilitam o reconhecimento de imagens.
	Previsão de demanda ineficiente	Capacidade de IA: previsão – análise de dados e previsão de comportamentos e tendências futuras. Gestão preditiva de estoque.
	Integração deficiente entre sistemas de gestão	Utilização de tecnologias de integração de sistemas. Integração com utilização de *Enterprise Service Bus*; APIs; *middleware* e *database replication and synchronization*, por exemplo.

A Tabela 10.6 apresenta exemplo de oportunidade de IA, fator potencializador e proposta de resolução.

Tabela 10.6. Oportunidade, fator potencializador e resolução. Fonte: a autora.

Oportunidade de IA	Fator potencializador	Resolução
Supermercado – pesquisa e desenvolvimento de produtos alimentares	Todas as informações de compras e consumo dos clientes centralizadas e acessíveis à equipe de P&D	Plataforma de *data lake* para centralizar todos os dados de compras e consumo dos clientes, armazenando informações de diversas fontes.
	Análise de padrões de consumo e tendências emergentes	Capacidade de IA: PREVISÃO previsões de demanda, *forecasting* de tendências de consumo, análise de sentimento e *feedback* de consumidores e análise preditiva e prescritiva

Oportunidade de IA	Fator potencializador	Resolução
	Segmentação de clientes em diferentes grupos de consumidores e diferentes necessidades	Capacidade de IA: DESCOBERTA Segmentação de clientes com algoritmos de clusterização com base em comportamentos de compra, permitindo um desenvolvimento mais direcionado de produtos. Modelos de propensão de compra

No exemplo da Tabela 10.6 pode-se notar que o primeiro fator não tem uma resolução de IA, no entanto aqui cabem duas ressalvas: primeiro, sem a centralização dos dados as demais soluções que são capacidades de IA provavelmente teriam um esforço maior de implementação e, segundo, seria possível incluir uma segunda resolução de *data warehouse* inteligente (*data warehouse* com integração de soluções de IA), porém isso dependeria de outros fatores que não são focos deste capítulo.

Essa análise é muito importante para que os problemas e os fatores potencializadores sejam direcionados de forma eficaz e, principalmente, priorizando onde as capacidades de IA podem fazer a diferença. O mais importante não é conhecer tecnologias de IA, mas suas capacidades e onde e como sua utilização de fato agregará valor ao negócio.

10.2.4. Identificação de zonas de iniciativas *AI-driven*

No processo de integração da IA na estratégia organizacional, a definição clara de onde e como a IA pode ser aplicada é fundamental para o sucesso. As zonas de identificação de iniciativas *AI-driven* referem-se à análise e à identificação das interseções entre três elementos críticos: os objetivos de negócio, os problemas que impedem o alcance desses objetivos e as capacidades adequadas de IA. Cada interseção entre dois desses elementos cria uma "zona" que orienta a organização na definição de iniciativas específicas.

A seguir é explorado como as organizações podem identificar essas zonas de definição das iniciativas de inteligência, utilizando-as para guiar a tomada de decisões, ao mapear essas interseções. As organizações podem garantir que seus investimentos em IA sejam direcionados para áreas que realmente impulsionem a competitividade e o desempenho organizacional.

Para melhor explicar as "zonas" de interseção, será tomado como base o diagrama apresentado na Figura 10.2.

Figura 10.2. Diagrama: zonas de identificação de iniciativas estratégicas *AI-driven*. Fonte: a autora.

Zona de soluções convencionais – Aqui se enquadram soluções que não precisam necessariamente de IA. No item anterior deste capítulo (Tabela 10.5), foi apresentado um exemplo onde um problema não precisava necessariamente de uma solução de IA. A Tabela 10.7 apresenta esse exemplo sem solução de IA.

Tabela 10.7. Exemplo de problema sem solução de IA. Fonte: a autora.

Integração deficiente entre sistemas de gestão	Utilização de tecnologias de integração de sistemas. Integração com utilização de *Enterprise Service Bus; APIs; middleware e database replication and synchronization*, por exemplo.

Zona de objetivos de negócios *AI-driven* – Aqui foi identificado que é possível potencializar, através das capacidades de IA, os fatores que impactam fortemente os objetivos de negócio.

A Tabela 10.8 apresenta uma oportunidade de IA, fatores potencializadores e resolução com capacidades de IA.

Tabela 10.9. Oportunidade, fator potencializador e resolução. Fonte: a autora.

Oportunidade de IA	Fator Potencializador	Resolução
Supermercado – pesquisa e desenvolvimento de produtos alimentares	Análise de padrões de consumo e tendências emergentes	Capacidade de IA: PREVISÃO Previsões de demanda, *forecasting* de tendências de consumo, análise de sentimento e *feedback* de consumidores e análise preditiva e prescritiva
	Segmentação de clientes em diferentes grupos de consumidores e diferentes necessidades	Capacidade de IA: DESCOBERTA Segmentação de clientes com algoritmos de clusterização com base em comportamentos de compra, permitindo um desenvolvimento mais direcionado de produtos. Modelos de propensão de compra.

Zona de resolução de problemas *AI-driven* – Aqui se enquadram soluções que podem utilizar capacidades de IA, mas que não impactam diretamente os objetivos de negócio.

Podemos usar como exemplo a oportunidade de IA "Supermercado – pesquisa e desenvolvimento de produtos alimentares". Poderíamos ter como um problema a deficiência de *dashboard* interativos que poderia ser resolvida com a capacidade de IA PREVISÃO. Porém, a não resolução deste problema não afeta diretamente o alcance do objetivo de negócio dessa oportunidade, que é reduzir o tempo de lançamento de novos produtos no mercado e aumentar a participação de mercado.

Zona de otimização de negócios *AI-driven* – Aqui se enquadram as soluções que podem utilizar capacidade de IA para resolver problemas que afetam o alcance dos objetivos de negócio. Esta é a zona mais estratégica e prioritária, pois é onde a IA pode ser aplicada de forma mais impactante e alinhada aos objetivos estratégicos da organização.

A seguir, a visualização dos dois exemplos no diagrama das zonas de inciativas estratégicas *AI-driven*.

Figura 10.3. Exemplos de zonas de iniciativas estratégicas. Fonte: a autora.

Figura 10.4. Exemplo de zonas de iniciativas estratégicas para um supermercado. Fonte: a autora.

Todas as quatro zonas são importantes e trazem informações e direções importantes para a organização atingir seus objetivos estratégicos. Todos as oportunidades identificadas em cada uma das zonas devem ser consideradas, planejadas e executadas. Essa categorização serve como um guia para auxiliar na priorização das soluções de acordo com a estratégia competitiva da organização e os caminhos necessários para a sua operacionalização.

10.2.4.1. Descrição das iniciativas estratégicas *AI-driven*

Na era da IA, a capacidade de uma organização em definir e implementar iniciativas estratégicas impulsionadas por IA (*AI-driven*) é crucial para alcançar e manter uma vantagem competitiva sustentável. As iniciativas estratégicas *AI-driven* são projetos ou programas específicos que utilizam as capacidades da IA para atingir objetivos de negócios críticos, alinhar-se à estratégia organizacional e, ao mesmo tempo, transformar operações, produtos e serviços de maneira significativa.

- **Iniciativa estratégica:** Segundo Lafley e Martin (2013), uma iniciativa estratégica é um projeto ou conjunto de ações cuidadosamente planejadas e executadas com o objetivo de alcançar metas de negócios de alto impacto. Essas iniciativas são diretamente alinhadas à visão e aos objetivos estratégicos da organização e são fundamentais para o seu sucesso e crescimento contínuo.
- **Iniciativa estratégica *AI-driven*:** é impulsionada pelas capacidades da IA. Isso significa que a IA desempenha um papel central na execução e no sucesso da iniciativa, seja automatizando processos, melhorando a tomada de decisões ou criando produtos e serviços. Essas iniciativas são projetadas para explorar ao máximo as vantagens competitivas que a IA pode proporcionar, transformando a maneira como a organização opera e compete no mercado.

A iniciativa estratégica *AI-driven* deve definir de forma clara qual o objetivo da iniciativa, o escopo, a capacidade de IA, os benefícios esperados e os indicadores de sucesso. A descrição detalhada da iniciativa deve ser o guia para:

a) definição das soluções de IA, análise de viabilidade de dados, infraestrutura tecnológica e capacidade técnica;
b) definição do modelo operacional – desenvolvimento, implantação, monitoramento e treinamento contínuo (MLOps);
c) definição e gestão do ROI (*Return on Investment*), ROE (*Return on Experience*) e TCO (*Total Cost of Ownership*);
d) diretrizes de gestão de riscos, governança, ética e responsabilidade;
e) gestão da mudança de processos e capacitação de pessoas.

Um documento que descreve uma iniciativa estratégica *AI-driven* deve incluir os seguintes elementos:

- Uma descrição sobre em qual nível de competitividade da organização a iniciativa irá atuar e qual impacto a IA deverá exercer sobre o desempenho organizacional.
- Descrição dos objetivos de negócios que a iniciativa deverá atingir para impactar o desempenho organizacional.
- Definição do escopo da oportunidade de IA foco da iniciativa, incluindo áreas de negócio, processos, produtos ou serviços que serão impactados.
- Matriz que relacione objetivo de negócio, problema ou fator potencializador, solução e identificação da capacidade de IA e identificação da classe da zona da iniciativa.
- Definição do objetivo estratégico da iniciativa e quais resultados-chave irão demonstrar o alcance do objetivo estratégico (OKR[24] estratégico da iniciativa). Esse OKR deve demonstrar a implementação final da iniciativa estratégica, no entanto, é importante estabelecer ciclos de monitoramento de resultados e para cada ciclo indicar um OKR alinhado ao OKR estratégico da iniciativa.

A seguir apresentamos uma proposta de *canvas* para descrição de iniciativas estratégicas *AI-driven* utilizando como base o exemplo da loja de varejo.

Descrever essas iniciativas de maneira detalhada, com todas as informações necessárias, é essencial para garantir que a organização consiga não apenas implementar a IA de forma eficaz, mas maximizar os benefícios esperados. Um entendimento claro do que constitui uma iniciativa estratégica *AI-driven*, juntamente com a definição do seu conteúdo ideal, é fundamental para guiar as organizações na transformação digital impulsionada por IA.

A Tabela 10.9 apresenta o *canvas* de iniciativas estratégicas *AI-driven*.

Tabela 10.9. *Canvas* de iniciativas estratégicas *AI-driven*. Fonte: a autora.

DESCRIÇÃO ESTRATÉGICA DA INICIATIVA	Fortalecer e estabilizar a vantagem competitiva para operar no mercado atual, aumentando o desempenho financeiro utilizando as capacidades de IA para redução de custos operacionais.

[24] É um *framework* de definição e gerenciamento de objetivos, tendo dois componentes, o objetivo que se quer alcançar e um conjunto de resultados-chave que demonstra se o objetivo foi alcançado ou não.

OBJETIVOS DE NEGÓCIO	Reduzir custos operacionais e diminuir perda de vendas devido a produtos fora de estoque.
ESCOPO	Loja de varejo. Área de negócio: *supply chain*, processo: gestão de estoque
OBJETIVOS E RESULTADOS-CHAVE	Resultado-chave 1 – Reduzir custos operacionais em 30% Resultado-chave 2 – Aumentar a precisão das previsões de demandas em 25% Resultado-chave 3 – Diminuir em 95% as perdas de vendas por indisponibilidade de produtos Resultado-chave 4 – Atingir 98% de acuracidade de estoque

Objetivo do negócio	Problema ou fator potencializador	Contexto geral	Solução da iniciativa	Classificação da zona da iniciativa
Reduzir custos operacionais e diminuir perda de vendas devido a produtos fora de estoque	Dados de inventário inconsistentes	As informações dos produtos de estoque geralmente não são consistentes com o estoque físico. Este problema muitas vezes leva à compra de produtos sem necessidade e consequente aumento de custo ou perda de venda por não ter o produto físico no estoque e constar como existente.	**Capacidade da IA:** Automação de processos que possibilitam o reconhecimento de imagens. Gestão do estoque com a visão computacional.	**Zona de otimização de negócios *AI-driven***

Objetivo do negócio	Problema ou fator potencializador	Contexto geral	Solução da iniciativa	Classificação da zona da iniciativa
	Previsão de demanda ineficiente	Não existe uma previsão de demanda de produtos de acordo com a venda. Com a inconsistência das informações do estoque, essa informação não é confiável	**Capacidade da IA:** PREVISÃO Análise de dados e previsão de comportamentos e tendências futuras. Gestão preditiva de estoque.	
	Integração deficiente entre sistemas de gestão	Não existe integração das informações do sistema de vendas com o sistema de compras e o controle de estoque. Tudo é realizado manualmente.	Utilização de tecnologias de integração de sistemas. Integração com utilização de *Enterprise Service Bus*; APIs; *middleware* e *database replication and synchronization*, por exemplo.	Zona de soluções convencionais

10.2.5. Identificação e descrição dos casos de uso de IA e definição de soluções de IA

À medida que as organizações avançam em suas iniciativas estratégicas impulsionadas por IA, é fundamental que cada passo seja cuidadosamente planejado e executado para maximizar os benefícios esperados. Um dos aspectos mais críticos desse planejamento é a identificação precisa dos *AI Use Cases* (casos de uso de IA) e das soluções técnicas adequadas para implementá-los, assim como a avaliação da viabilidade técnica e de prontidão da organização para essa implementação.

Esta etapa envolve a colaboração de equipes multidisciplinares para entender profundamente a jornada de negócios que está sendo abordada pela iniciativa. Isso inclui mapear o escopo da iniciativa, identificar os problemas específicos ou fatores que precisam ser potencializados e detalhar como a IA pode ser aplicada para resolver esses desafios. A partir dessa análise, os casos de uso de IA são desenvolvidos para especificar onde e como a IA pode ser empregada. Em seguida, diversas soluções técnicas são avaliadas para determinar a melhor abordagem, considerando a viabilidade técnica, o impacto para o negócio e a prontidão organizacional.

Um caso de uso de IA é um cenário específico no qual uma solução de IA pode ser aplicada para resolver um problema de negócio ou explorar uma oportunidade dentro da organização. Ele descreve a aplicação prática da IA detalhando como a tecnologia pode ser utilizada para atingir os objetivos de negócio. Os casos de uso de IA incluem uma descrição clara do problema, o contexto operacional e as soluções identificadas do ponto de vista de negócio. Eles servem como uma ponte entre os objetivos estratégicos definidos na iniciativa e as soluções técnicas que serão implementadas. Com as informações contidas nos casos de usos de IA, especialistas técnicos como cientistas, engenheiros e analistas de dados podem definir quais serão as melhores soluções funcionais e técnicas de IA.

10.2.6. Avaliação de viabilidade técnica x impacto para o negócio

A avaliação de viabilidade técnica garante que a organização esteja devidamente preparada para implementar as soluções de IA identificadas, considerando fatores como infraestrutura tecnológica, dados necessários, competência da equipe e alinhamento estratégico. Realizar essa jornada de IA antes de iniciar a implementação assegura que todas as partes interessadas compreendam as expectativas e que os recursos sejam alocados de forma eficiente.

A avaliação técnica deve ser confrontada com os impactos no negócio que as soluções propostas trazem. Essas duas avaliações, capacidade técnica e impacto para o negócio, servem de guia para a priorização dos casos de usos de IA.

10.2.7. Avaliação de prontidão

Avaliação de prontidão avalia a capacidade da organização de implementar e sustentar uma solução de IA. Essa avaliação considera múltiplos fatores, como a maturidade tecnológica da organização, a disponibilidade de dados de qualidade, a infraestrutura existente, a competência e o treinamento das equipes, e o alinhamento da cultura organizacional com as inovações propostas. A avaliação de prontidão ajuda a identificar possíveis lacunas e riscos antes de iniciar a implementação, permitindo que a organização desenvolva planos de mitigação e se prepare adequadamente para o sucesso.

Com a identificação dos casos de usos de IA, as soluções apropriadas para os casos de uso, a avaliação da viabilidade técnica e a relação do impacto para o negócio, chegamos em uma coleção de soluções de IA priorizadas e alinhadas aos objetivos de negócio. Essa coleção levará à análise e avaliação de prontidão da organização em relação à sua estratégia de implementação da IA.

10.3. Executando a estratégia de IA

Agora que foram apresentadas todas as etapas da identificação de soluções de IA como habilitadora da estratégia, é importante demonstrar a lógica de execução da estratégia.

A proposição é de uma macro visão de planejamento estratégico com três etapas, quais sejam:

- **Análise de macro ambiente e contexto atual:** nesta etapa as organizações buscam fazer uma autoanálise de seu posicionamento e desempenho, sua situação atual em relação a clientes, ofertas, tendências de mercado e cenários. O objetivo é responder às perguntas: onde estamos e por que estamos onde estamos?
- **Escolha da estratégia:** nesta etapa as organizações buscam definir basicamente quais serão as apostas estratégicas, qual o posicionamento competitivo, os objetivos de negócios e o desempenho organizacional nos horizontes de planejamento definidos. O objetivo é responder às perguntas: para onde vamos e o que queremos alcançar?
- **Definição dos habilitadores:** nesta etapa as organizações buscam definir as iniciativas estratégicas que serão os habilitadores da estratégia escolhida. Elas podem utilizar capital de investimentos (CAPEX – *Capital Expenditure*) ou capital de manutenção (OPEX – *Operational Expenditure*). O objetivo é responder às perguntas: como chegar e como vamos alcançar o que queremos?

Na Figura 10.5 destaca-se onde as atividades de identificação das soluções de IA descritas nas etapas anteriores se encaixam nestas etapas.

Na etapa macro "Escolha da Estratégia", após a definição do posicionamento competitivo desejado e respectivo desempenho organizacional desejado, é quando se torna possível identificar como a IA pode fortalecer a competividade.

Em seguida, é possível identificar, na etapa macro "Definição das Habilidades", como a IA poderá auxiliar a organização a atingir sua escolha estratégica, aonde chegar e o que alcançar.

O diagrama a seguir demonstra a integração das etapas para a definição das soluções de IA como habilitadores da estratégia.

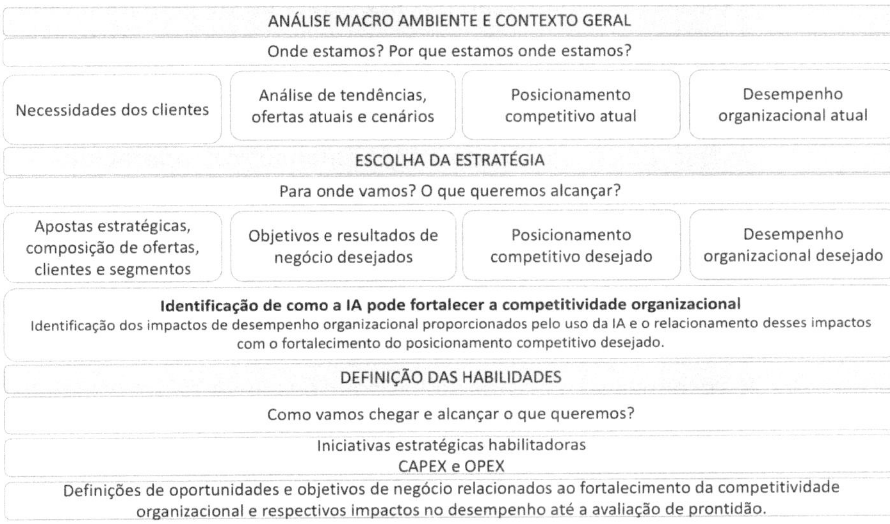

Figura 10.5. Macro etapas de planejamento estratégico e alinhamento de soluções de IA como habilitadores. Fonte: a autora.

É possível, assim, visualizar que as iniciativas estratégicas habilitadoras, com a utilização de soluções de IA, estão alinhadas à estratégia da organização. Independentemente do processo de formulação da estratégia que a organização utilize, de alguma forma ela sempre irá definir seu posicionamento competitivo, desempenho organizacional e objetivos de negócio desejado. Esses elementos são essenciais para iniciar a jornada do alinhamento de soluções de IA à estratégia da organização.

10.4. Conclusão

À medida que a IA se consolida como um dos pilares da estratégia organizacional, sua integração não deve ser vista apenas como um conjunto de soluções tecnológicas, mas como uma transformação abrangente que toca todas as dimensões da organização. Neste capítulo, exploramos como a IA pode ser utilizada para habilitar e fortalecer a estratégia organizacional, desde a definição de objetivos de negócio claros, passando pela identificação de problemas críticos e/ou fatores potencializadores até a identificação e priorização de *AI Use Cases*, que serão habilitadores das iniciativas estratégicas.

No entanto, para que a IA realize todo o seu potencial, é essencial que a sua implementação seja acompanhada de uma robusta estrutura de governança. A gestão eficaz da IA não pode prescindir de uma abordagem holística que inclua as seguintes disciplinas, consideradas essenciais para as melhores práticas:

- **Governança de IA:** estabelecer *frameworks* e políticas para a supervisão e orientação das iniciativas de IA, garantindo que as decisões sejam tomadas de forma transparente e alinhadas aos objetivos estratégicos da organização.
- **Gestão de riscos:** identificar, avaliar e mitigar os riscos associados ao uso de IA, incluindo riscos financeiros, operacionais, de segurança, éticos etc.
- **Ética e transparência:** assegurar que as soluções de IA sejam desenvolvidas e operadas de forma ética, com ênfase na transparência, explicabilidade e na proteção dos direitos dos usuários e das partes interessadas.
- **IA responsável:** garantir que as soluções de IA sejam projetadas e implementadas de maneira a evitar vieses, discriminação e impactos negativos na sociedade, promovendo a justiça e a responsabilidade.
- **Governança de dados:** implementar práticas rigorosas de governança de dados para assegurar a qualidade, integridade, privacidade e segurança dos dados utilizados e gerados pelas soluções de IA.
- **Segurança da informação:** proteger as soluções de IA contra ameaças cibernéticas e garantir que os dados e modelos estejam seguros contra acessos não autorizados.
- ***Compliance* e conformidade regulamentar:** assegurar que as soluções de IA estejam em conformidade com leis, regulamentos e normas aplicáveis, evitando sanções e garantindo a confiança dos *stakeholders*.
- **Gestão de mudanças:** facilitar a transição organizacional para a adoção de IA assegurando que as mudanças sejam geridas de forma eficaz, com a participação e o apoio de todos os níveis da organização.
- **Treinamento e capacitação:** promover o desenvolvimento contínuo das habilidades e dos conhecimentos necessários para lidar com IA, tanto para especialistas técnicos quanto para outros profissionais da organização.

- **Aprendizado contínuo dos modelos:** implementar processos para monitorar e atualizar continuamente os modelos de IA, garantindo que eles permaneçam precisos, relevantes e alinhados aos objetivos de negócio à medida que novos dados e informações se tornem disponíveis.
- **Gestão do ciclo de vida da IA:** gerenciar todo o ciclo de vida das soluções de IA, assegurando que cada etapa seja executada de acordo com as melhores práticas e normas.
- **Explicabilidade e transparência dos modelos:** desenvolver soluções de IA que sejam compreensíveis e transparentes, garantindo a confiança nos resultados gerados.

Ao final deste capítulo, fica claro que a IA, quando alinhada estrategicamente e gerida de acordo com as melhores práticas, pode ser uma força poderosa para transformar organizações, impulsionando sua competitividade e seu desempenho no mercado ou, no caso de organizações públicas, melhorando a prestação de serviços ao cidadão com economicidade.

No entanto, essa transformação exige uma abordagem disciplinada e abrangente, que vai além da tecnologia e se estende à cultura, governança e estratégia organizacional.

Ao integrar todas essas disciplinas na estratégia organizacional, as organizações estarão prontas para liderar com responsabilidade e inovação na era das empresas *AI-driven*.

11. Como medir o retorno da IA nas organizações

Leandro Zerbinatti
Dirceu Matheus Júnior

11.1. Introdução

A IA tem o potencial de transformar significativamente as formas como as empresas criam e entregam valor. No entanto, ocorrem dificuldades para incorporar as capacidades da IA em operações e modelos de negócios; as organizações precisam dessa inserção, mas falta conhecimento para aplicar.

São necessárias algumas ações urgentes para a incorporação de práticas administrativas, como, por exemplo: uma forte cultura orientada a dados, o desenvolvimento de algoritmos de IA e a democratização da IA (SJÖDIN *et al.*, 2021).

A democratização se refere a tornar a IA acessível para toda a organização, além de demonstrar o seu potencial. Ela envolve rotinas de experimentação, uma cultura colaborativa de desenvolvimento, além de treinamento e suporte a ferramentas, *dashboads* e aplicativos. Para isso, é essencial estar atento para a inovação dos modelos de negócios, focando prioritariamente na criação de soluções de forma compartilhada com os clientes, em operações e melhorias organizacionais fortemente orientadas a dados, e na integração com ecossistemas organizacionais escaláveis.

As tecnologias de informação e comunicação se tornaram onipresentes em todas as atividades profissionais, afetando todos os processos e operações das empresas. Se elas não estiverem integradas a todo o ecossistema de negócios, não será possível extrair os impactos positivos esperados na relação com clientes e parceiros.

Para melhorar a produtividade e desenvolver novos produtos e serviços, as organizações precisarão utilizar a IA.

A revolução digital já incorporou nas organizações a supremacia dos dados em praticamente todas as atividades empresariais que buscam resultados de excelência. Se no passado havia dificuldades na coleta dos dados, devido a fatores ligados à infraestrutura, hoje os dados não estão confinados em silos de armazenamento. Existem sensores espalhados por uma vasta cadeia de equipamentos eletrônicos que possibilitam a medição e a produção de dados amplamente utilizados pelos algoritmos de IA (WAMBA-TAGUIMDJE *et al.*, 2020).

A quarta revolução industrial gerou um grande impacto financeiro em toda a sociedade, e, com a democratização da IA se tornando cada vez mais uma realidade, muitos efeitos dessa onda serão sentidos na forma como as organizações geram valor para os clientes (PERIFANIS; KITSIOS, 2023).

As organizações irão pouco a pouco testar e desenvolver novos modelos de negócios utilizando a IA para gerar vantagens competitivas e integrar esse desenvolvimento às estratégias de negócios.

A maioria das organizações está tendo dificuldades em aproveitar esse momento, enquanto algumas já estão obtendo resultados positivos com a adoção da IA (PERIFANIS; KITSIOS, 2023).

As tecnologias de ponta não estão somente sendo adotadas por organizações altamente focadas em inovação. Elas estão influenciando a maioria das empresas a utilizar essas tecnologias para melhorar os fluxos de geração de valor dos negócios. Isso pode impulsionar adoções erráticas de tecnologias, causando grandes perdas de tempo e recursos. Essas ações devem ser realizadas de forma bem orquestrada e alinhada com as estratégias organizacionais, com uma governança adequada para esse ambiente dinâmico (PERIFANIS; KITSIOS, 2023).

O uso da IA está gerando novas oportunidades para as organizações criarem valor adicional para seus clientes e parceiros, antecipando-se a situações por meio de modelos preditivos, gerenciando a incerteza em ambientes complexos e utilizando uma série de algoritmos para melhorar a eficiência dos custos e aumentar a receita.

No entanto, esse caminho não é simples. Quando as tecnologias emergentes são introduzidas na linha de negócio, o próprio modelo de negócios deve ser alterado para acoplar essa evolução.

Dessa forma, antes de pensarmos em medir o valor que a IA está gerando para as organizações, é preciso incorporá-la na cadeia de valor. Para isso, é imprescindível identificar os pré-requisitos que criarão esse valor, alinhar os mecanismos de captura de valor integrados às práticas organizacionais e, por fim, desenvolver e implantar a oferta no modelo de negócios de IA.

É importante testar e desenvolver vários modelos de negócios de IA e operá-los simultaneamente, monitorando aqueles que se destacam para que possam ser impulsionados com um maior volume de recursos (ÅSTRÖM; REIM; PARIDA, 2022).

11.2. IA nos negócios

A IA pode ser aplicada a muitas áreas de negócios resolvendo questões práticas. Discorrer-se-á a seguir sobre algumas delas.

Um atendente de *call center* gasta a maior parte do seu tempo respondendo às mesmas questões básicas, que se repetem a todo momento. Dessa forma, as empresas estão buscando soluções de IA para retirar da atenção dos atendentes as perguntas mais básicas. Assim, os atendentes humanos podem lidar com os casos mais sérios e responder mais rápido a situações mais complexas.

Muitas vezes o cliente procura algo que não é óbvio e a IA pode ajudar a direcionar o cliente a um produto específico e que ele não esteja conseguindo encontrar. Os chamados produtos complementares normalmente estão presentes em todo o ambiente empresarial e comercial, e dessa forma com a IA é possível sugerir um produto que seja complementar àquele que o cliente esteja procurando. Normalmente o cliente irá verificar também o produto adicional.

Uma vantagem enorme no uso de IA é que ela pode atender a quantas pessoas forem necessárias, de forma muito veloz, reduzindo significativamente as filas de espera.

Um problema recorrente em alguns serviços é a verificação de credenciais para identificar se o cidadão possui algum privilégio. Em edifícios que são monitorados, isso está relacionado ao acesso em determinados locais. O problema é que algumas verificações são feitas por meio do olho humano, que é impreciso. Com a utilização de câmeras e *scanners* com identificação de face, não é mais necessário depender de pessoas para realizar essa tarefa, tornando todo o processo mais rápido e seguro.

Normalmente as reuniões desperdiçam muito tempo dos trabalhadores, sendo que muitas vezes elas são desnecessárias para alguns colaboradores. Com a IA, as reuniões podem ser agendadas a partir dos dados gerados sobre os problemas que precisam ser resolvidos. Muitas vezes não existe uma alteração nos dados que implique na necessidade de reuniões de *status report*, visto que não existem novas informações. Usando dados gerados pelos próprios usuários, é possível avaliar se uma reunião deve ser realizada naquele momento, o que pode economizar muito tempo e dinheiro.

Há também exemplos relacionados à manufatura. A IA pode detectar se uma determinada máquina não está operando da maneira correta em questão de nanossegundos. Normalmente, em um ambiente de fábrica, os sensores básicos já estão integrados ao sistema de produção e possuem seus limites predefinidos, porém, se eles tiverem acesso à IA, eles podem reconhecer alguma alteração do trabalho ideal em uma fração de tempo muito pequena. Quando eles são treinados para identificar qualquer mudança de degradação da produção em relação à velocidade da máquina, eles podem rapidamente informar ao operador para que o problema não seja escalável nem paralise todo o processo fabril.

Um dos principais pontos de atração de investidores em *startups* é identificar se o negócio realmente vale a pena, e a forma de identificar se o negócio é financeiramente viável é com o chamado retorno do investimento (ROI). Realizar estudos de ROI pode levar bastante tempo, pois é necessário reunir informações dos últimos cinco anos sobre a empresa, o que pode ser um pesadelo, pois muitas não iniciam suas atividades de forma organizada. A IA pode ser configurada para adquirir os dados necessários para a análise, mas também analisá-los e visualizá-los.

As *startups* e seus investidores estão interessados em quanto dinheiro pode ser gerado em um ano, nos anos seguintes e quanto vai custar para gerar esse dinheiro. Assim, a IA pode também identificar e apresentar situações atípicas. Utilizando algoritmos de *clustering*, é possível associar as práticas lucrativas que foram implementadas em determinados períodos e avaliar os cenários antes e depois do lançamento de determinado produto. Com isso é possível apoiar as *startups* a avaliar se as ideias valem a pena, bem como entender os erros e sucessos passados de outras organizações.

Como foi apresentado nesse breve sumário de soluções, existem muitas implementações diferentes de IA, mas, se analisarmos com cuidado, a maioria delas é muito rudimentar em comparação com a complexidade necessária das soluções nas organizações.

Existe um longo caminho de aprendizado e evolução no uso da IA.

Mesmo assim, a IA está se tornando um investimento de baixo custo que consegue obter um dos melhores retornos de investimento para a transformação de um negócio para as necessidades atuais.

Com modelos matemáticos e dados, é possível construir soluções muito úteis para o negócio. Isso significa que qualquer empresa pode obter dados de alta qualidade e as previsões necessárias para impulsionar os seus negócios.

Assim, por mais rudimentar que seja, o uso da IA está trazendo enormes benefícios às empresas.

11.3. Geração de valor com a inteligência artificial

A criação de valor em um negócio é essencial para satisfazer os interesses de todos os envolvidos na organização, sejam eles clientes, acionistas, proprietários ou investidores. Ela se caracteriza pela busca da realização de atividades que são necessárias para criar um produto ou serviço que resolva os problemas e atenda às expectativas dos clientes.

Assim, quando surge um novo problema, item corriqueiro nesse cenário de transformação digital em nossa sociedade, é o momento de aplicar essas tecnologias nas atividades das organizações e assim entregar o valor.

Além disso, as empresas da atualidade formam ecossistemas de soluções, o que se pode chamar de rede de criação de valor, onde as organizações cooperam entre si para melhor gerar valor.

Quando se atenta para a IA, pode-se dividir a criação de valor em duas atividades essenciais, que são aquelas relacionadas ao aumento da eficiência e da redução de custos e aquelas relacionadas ao aumento de receitas e crescimento. Se por um lado a criação de valor para aumento da eficiência está ligada à otimização dos serviços/produtos já entregues, aqueles ligados ao aumento de receitas e crescimento estão ligados à incorporação de tecnologias para alterar o modelo de negócios e mudar o *status quo* dos negócios estabelecidos (ÅSTRÖM; REIM; PARIDA, 2022).

Assim, no caso de busca pela eficiência, o cliente não irá perceber nenhuma mudança revolucionária na entrega do valor, mas ele poderá sentir a diminuição dos custos, bem como o tempo de resposta das solicitações decrementando abruptamente.

Quando se foca na busca pelo aumento de receita e crescimento, o valor da IA pode ser diretamente aplicado a sistemas de apoio à tomada de decisões para melhorar os resultados do negócio. Com o uso de algoritmos de IA, alimentados por dados gerados e armazenados de forma muito mais significativa atualmente do que no passado, é possível resolver problemas complexos e fornecer predições com mais precisão.

Com o apoio de aplicativos de IA os gestores podem tomar decisões com mais precisão em cenários de incerteza e volatilidade, complementando a capacidade cognitiva humana. Essa combinação se torna um ambiente propício para a inovação, possibilitando o desenvolvimento de novas soluções e consequentemente a geração de novas fontes de receita.

Mas a IA, por si só, não pode ser considerada uma inovação na criação da cadeia de valor; ela deve estar incorporada à rede de produtos e serviços para que cumpra seu propósito de resolver algum problema ou atender às expectativas dos clientes. Se a empresa não possuir essa capacidade de incorporar as soluções de IA de forma integrada ao seu produto/serviço, essa entrega será extremamente limitada.

Dessa forma, é imprescindível entender que a IA somente cria valor a partir da incorporação da tecnologia dentro da sua rede de criação de valor já existente, expandindo assim a sua performance e abrangência e garantindo eficiência e geração de crescimento e lucro.

11.4. Captura de valor

A captura de valor se refere às formas de compartilhar o retorno econômico da criação de valor, seja monetário ou não monetário. A capacidade da empresa de capturar esse valor está intimamente ligada aos mecanismos de governança e aos contratos.

Os modelos de precificação das empresas constituem um dos mais importantes mecanismos de captura de valor, pois é desse modelo que se estratificam as relações de estruturas de custos e os mecanismos de receitas, demonstrando como o contratante irá estabelecer e sustentar uma relação de lucro com o cliente.

Os contratos podem expressar de maneira direta as fórmulas de proposta de valor e sua relação com a precificação. Essa não é uma maneira única e suficiente para compreender essa relação, pois as organizações precisam estabelecer as inovações e seu impacto na captura de valor, olhando de forma holística a IA e o seu impacto em toda a cadeia (ÅSTRÖM; REIM; PARIDA, 2022).

Os modelos de precificação podem ser divididos naqueles baseados em custo e naqueles baseados em valor.

Normalmente as organizações utilizam a precificação baseada em custo. Para sua formulação, e como o próprio nome diz, ela é baseada nos custos necessários para obter o valor criado. Posteriormente é adicionada uma margem para garantir lucro ao contratante.

A margem pode ser determinada pela singularidade da solução no mercado, obedecendo à regra de oferta e procura. Com isso, a eficiência operacional torna-se um grande diferencial para manter o preço competitivo, visto que o custo mais baixo resulta em um preço mais acessível.

Esse modelo é mais adotado pelo mercado, pois é mais compreensível para o contratante e para o contratado. Os custos são mais facilmente medidos e os contratados conseguem arguir de maneira simples como o valor é criado através de suas entregas. Porém, esse modelo é frágil, pois não consegue captar o valor percebido pelo contratante, minorando os incentivos do contratado de investir e propiciar inovações.

Quando se observa o cenário de empresas de tecnologia, de desenvolvimento de software e aplicativos, e de IA, esse modelo de precificação baseado em custos está sendo alterado por modelos baseados em valor. Isso se deve ao fato de que os custos dessa oferta tendem a ser mínimos.

Diferentemente do modelo baseado em custos, o modelo baseado em valor incorpora na precificação o valor percebido pelo cliente. Porém, para a adoção desse modelo, é preciso vencer os desafios relacionados à avaliação e à comunicação do valor. Assim, a taxa de convergência de contratos em modelos baseados em valor depende fortemente da capacidade do contratante de entender e quantificar o valor para o cliente e comunicar de maneira eficaz a sua proposta de valor (ÅSTRÖM; REIM; PARIDA, 2022).

Além dos modelos de precificação, os contratados podem oferecer diversas formas de comercialização, alterando a forma pela qual o valor é capturado pelo contratante. Quando ele se concretiza em um contrato, ele se torna um mediador da relação entre contratante e contratado, estabelecendo como o valor criado será coletado.

Nos contratos baseados em resultados os contratantes recebem um valor pelo resultado ou desempenho entregue, e não só pelos serviços entregues. Esse tipo de contrato está sendo adotado por muitas empresas de tecnologia para conseguir criar e capturar mais valor para suas soluções. Utilizam-se as aplicações de IA para oferecer resultados a partir de melhoras operacionais, em vez de somente serviços ou produtos.

Em contraponto, esse tipo de contrato exige muita colaboração entre o contratante e o contratado, que precisam estar em sintonia acerca dos ganhos e das perdas no decorrer do contrato. Dessa forma, é imprescindível estabelecer o potencial de lucro, definir os indicadores de desempenho que serão medidos e, a partir de então, projetar uma fórmula financeira/comercial justa.

Outro tipo de contrato utilizado amplamente por empresas de tecnologia é o modelo de licenciamento, que permite capturar o valor de diversas fontes, sem alteração da estrutura do contratado.

Diferentemente do contrato baseado em resultados, esse modelo busca fluxos adicionais de receita com o mesmo volume operacional. Além do que, ele é mais escalável, expandindo clientes em vários segmentos e não se limitando ao segmento da empresa inicialmente contratante. Esse modelo consegue capturar valor a partir das inovações criadas, escoando-as para muitos clientes.

Aqui o problema está concentrado em como tirar valor da inovação, pois o cliente se beneficia de uma contribuição econômica substantiva, e a empresa fornecedora somente de uma parte do valor criado.

É difícil apontar de forma genérica para a melhor forma de se capturar o valor criado a partir da incorporação de tecnologias com a IA, sendo necessário avaliar o cenário e identificar se o mais rentável é a busca de contratos baseados em resultados, contratos de licenciamento ou ainda uma combinação de ambos.

11.5. *Framework* para geração de valor

Uma geração de valor passa por um *framework* que pode ser aplicado em empresas dispostas a inserir a IA em seu fluxo de negócios.

Para tanto, podem ser estabelecidos três passos essenciais. O primeiro deles é a identificação de pré-requisitos para a criação de valor com IA, seguido pelos mecanismos de criação de valor e concluindo com o desenvolvimento de um modelo de negócios incorporando a IA (ÅSTRÖM; REIM; PARIDA, 2022).

11.5.1. Identificação de pré-requisitos

Para a criação de valor, deve-se contemplar algumas atividades, entre elas a avaliação da maturidade interna da organização na adoção de IA.

O resultado deve ser um detalhamento sobre o progresso técnico de adoção de IA, consolidando as bases para que os benefícios da adoção mais massiva da IA possam ser realizados.

Outro ponto ainda neste tópico é a avaliação das necessidades de infraestrutura, pois é importante identificar a capacidade da organização para um trabalho em escala de dados, comunicação e processamento, evitando que eventos possam levar a falhas sistêmicas. Essas capacidades avaliam não somente questões técnicas e operacionais, mas também aspectos humanos. Por exemplo, é importante que uma solução abrangente esteja arquitetada como solução em nuvem, para maximizar o trabalho com dados e garantir a escalabilidade e a disponibilidade, evitando a quebra ou o retardo do ciclo de geração de valor.

Ponto fundamental é identificar as regulamentações governamentais que existem sobre IA.

11.5.2. Mecanismos de criação de valor

Os mecanismos de criação de valor são focados no cliente e visam especificar como os valores serão criados e vinculá-los às necessidades dos clientes. É necessário criar rotinas de desenvolvimento de capacidades da IA, de entrega de valor, além de realizar a avaliação de riscos.

É muito importante desenvolver as capacidades de IA, ou seja, a competência deve ser combinada como o entendimento do negócio em explorar o potencial da IA. O principal foco nesse ponto é desenvolver uma vantagem competitiva, vinculando as oportunidades de criação de valor às necessidades do cliente.

Para criar as rotinas de entrega de valor é imprescindível desenvolver modelos que esclareçam de maneira simples como a solução de IA será oferecida ao cliente. De maneira sintética, múltiplos modelos de entrega precisam coexistir para captar todos os benefícios de escalabilidade de IA.

Não se pode deixar de realizar a avaliação de riscos. Estudos mostram que uma das principais resistências encontradas está nos clientes que não compartilham os resultados, dificultando a alimentação dos indicadores de valor. Ao operar múltiplos modelos de negócios, é importante ponderar os riscos associados à canibalização de um modelo de negócio em benefício de outro.

De forma ampla, o modelo de licenciamento pode ser mais conveniente e econômico para os clientes, diminuindo a atratividade do modelo baseado em resultados.

11.5.3. Desenvolvimento de um modelo de negócios incorporando a IA

Para que uma estrutura de fluxo de valor seja operacional, é importante entender como o valor é distribuído entre os atores que operam a solução e o que será entregue àqueles que estão atuando na eficiência de custos, no aumento da receita e na busca de ganhos comerciais. Aqui a criação de valor depende da competência dos gestores que atuam com IA em identificar oportunidades de criação de valor e como convertê-la em uma estrutura de valor para todas as partes.

Já os acordos comerciais criam uma estrutura de responsabilidade entre os atores da rede de criação de valor, que deve ser enxergada como uma estrutura de benefícios de todo o ecossistema.

Como um dos riscos para o sucesso de um projeto intensivo em IA é o acesso aos dados, no formato e volume necessários, o papel do cliente é fundamental. É importante identificar e negociar um ponto em comum onde o dado é valorizado e se compreende profundamente o papel do fornecedor e cliente e como eles terão benefícios no uso desses dados manipulados por *machine learning* e pela IA.

Por fim, é colocar em prática os modelos de receita e as compensações econômicas para as partes. Os ganhos comerciais terão influência direta nos critérios de precificação. Entende-se que os modelos de precificação baseados somente em custos podem ser adequados, pois o fornecedor pode controlar onde a IA pode diminuir seus custos, reconhecendo seu valor.

11.6. Conclusões

A medição do retorno da IA nas organizações é uma jornada complexa, mas essencial para garantir que os investimentos em tecnologia se traduzam em benefícios tangíveis e sustentáveis. Assim, para extrair o máximo valor da IA, as organizações devem adotar uma abordagem estratégica e integrada, alinhando suas práticas e seus modelos de negócios à inovação tecnológica.

Primeiramente, a integração da IA deve ser meticulosamente planejada e alinhada com as estratégias organizacionais. A adoção bem-sucedida de IA não se limita à implementação de novas tecnologias, mas envolve uma transformação holística que inclui a criação de uma cultura orientada a dados, o desenvolvimento contínuo de algoritmos e a democratização da IA dentro da organização. Somente através desse alinhamento é possível alcançar uma verdadeira criação de valor, melhorando a eficiência operacional e impulsionando o crescimento e a inovação.

Além disso, é crucial adotar mecanismos robustos para capturar e maximizar o valor gerado pela IA. Os modelos de precificação e os contratos desempenham um papel vital nesse processo, com destaque para a escolha entre modelos baseados em custo e aqueles orientados ao valor. A escolha adequada do modelo de captura de valor deve levar em conta a eficiência econômica, a percepção de valor pelos clientes e a flexibilidade para inovar.

A proposta discorrida neste capítulo é oferecer um guia prático para as organizações que buscam incorporar a IA em seus fluxos de negócios. Ele abrange a identificação dos pré-requisitos, a definição dos mecanismos de criação de valor e o desenvolvimento de um modelo de negócios sustentável. A avaliação contínua das necessidades de infraestrutura, das regulamentações e das capacidades internas é essencial para garantir que a adoção da IA seja realizada de forma eficaz e sem interrupções.

Medir o retorno da IA nas organizações exige um entendimento profundo dos impactos econômicos e operacionais da tecnologia. A transformação digital promovida pela IA oferece oportunidades significativas para aumentar a eficiência, reduzir custos e fomentar o crescimento. No entanto, o sucesso nesse processo depende da capacidade da organização de integrar a IA de forma estratégica e de adotar práticas eficazes para capturar e maximizar o valor criado.

12. Estratégia e governança de dados com IA

Maritza M. Carvalho Francisco

12.1. Introdução

Nos últimos anos, a inteligência artificial (IA) tornou-se um dos principais pilares de transformação digital nas organizações. Ela tem sido responsável por melhorias significativas em processos operacionais, na personalização de produtos e serviços e na geração de *insights* estratégicos. No entanto, a implementação bem-sucedida da IA depende diretamente da qualidade e da governança dos dados que a alimentam, considerando que a IA não pode funcionar sem uma base sólida de dados bem estruturados (GRÖGER, 2021).

Para que a IA ofereça valor de maneira consistente, é essencial que os dados sejam tratados como um ativo estratégico. Isso implica que a estratégia de dados deve estar profundamente alinhada aos objetivos de negócio, e que a governança de dados assegure a qualidade, a segurança e a conformidade no uso desses dados (ALDOSERI; AI-KHALIFA; HAMOUDA, 2023). Sem esses pilares, a IA corre o risco de produzir resultados imprecisos, enviesados ou até comprometer a integridade ética da organização (PAGALLO; CASANOVAS; MADELIN, 2019).

Neste capítulo, será explorada a interdependência entre a estratégia de dados, a governança de dados e a governança de IA. Discutiremos como essas áreas se complementam para garantir que os sistemas de IA operem de maneira ética, eficiente e transparente (YEOH; POPOVIČ, 2016). Além disso, destacaremos os principais desafios que surgem ao implementarmos uma governança robusta de IA e dados, bem como as melhores práticas e *frameworks* que podem ser adotados para mitigá-los.

A capacidade de uma organização em gerenciar eficazmente seus dados determinará o sucesso ou o fracasso de suas iniciativas de IA, uma vez que a qualidade, a segurança e a governança desses dados impactam diretamente a confiança e os resultados dos sistemas inteligentes.

12.2. Conceitos fundamentais: estratégia de dados, governança de dados e IA

Para entender a relação entre dados e IA, é essencial explorar os conceitos de estratégia de dados, governança de dados e governança de IA. Cada um desses elementos desempenha um papel único e interdependente no sucesso das iniciativas de IA, garantindo que os dados sejam utilizados de maneira eficiente, segura e ética (POTHINENI, 2023).

A estratégia de dados é o plano que define como uma organização coleta, gerencia e utiliza seus dados para atingir seus objetivos de negócio (ALEMANY; GURUMURTHY, 2019). Mais do que uma abordagem técnica, essa estratégia alinha o uso dos dados com as metas estratégicas, maximizando seu valor em áreas como as apresentadas na Tabela 12.1.

Tabela 12.1. Áreas de impacto da estratégia de dados. Fonte: a autora.

Área de impacto	Descrição	Exemplo prático
Otimização de processos	Melhorar operações, reduzir custos e aumentar a eficiência por meio de análise de dados.	Análise de dados de produção para otimizar fluxo.
Decisões informadas	Garantir a disponibilidade de informações no momento certo para decisões baseadas em dados.	Utilizar *dashboards* para monitorar KPIs.
Inovação	Geração de *insights* para criar produtos e serviços inovadores.	IA para personalizar ofertas no *e-commerce*.

Uma estratégia eficaz envolve a integração de dados de várias fontes, a padronização das práticas de gestão e o uso de tecnologias que permitam processamento em tempo real. Isso deve estar diretamente alinhado aos objetivos de negócio e ao uso da IA, que transforma esses dados em *insights* acionáveis.

O alinhamento da estratégia de dados com os objetivos estratégicos da organização garante que os dados sejam tratados como um ativo que apoia diretamente as metas da empresa. A IA desempenha um papel fundamental ao transformar esses dados em soluções que impulsionam o desempenho.

A estratégia de dados deve focar em fornecer dados de qualidade que otimizem os principais indicadores de desempenho (KPIs) da organização. Por exemplo, empresas que buscam maior eficiência ou personalização de produtos podem usar IA para identificar padrões e oportunidades a partir dos dados. Uma empresa de *e-commerce* que utiliza IA para personalizar a experiência do cliente precisa alinhar sua estratégia de dados à personalização de produtos, um KPI essencial para aumentar a receita. Dados de navegação, preferências e histórico de compras devem ser organizados e usados de maneira eficiente pela IA.

Esse alinhamento entre a estratégia de dados, IA e os objetivos de negócio é essencial para garantir que os dados sejam coletados e processados de forma a gerar resultados mensuráveis e impactar positivamente o desempenho organizacional.

A governança de dados (GD) é o conjunto de políticas, processos, papéis e responsabilidades que garantem o gerenciamento eficiente, seguro e ético dos dados em uma organização. Ela assegura que os dados sejam tratados como um ativo estratégico e estejam disponíveis, precisos e seguros para suportar as operações e decisões organizacionais. O foco principal da governança de dados centra-se em:

- **Gerenciamento dos dados como ativo estratégico:** a governança de dados garante que os dados sejam gerenciados como um ativo estratégico que gera valor para a organização, alinhando-se diretamente aos objetivos de negócios e impulsionando a inovação e a eficiência.
- **Qualidade dos dados:** um dos pilares da governança de dados é garantir que os dados utilizados nas operações sejam de alta qualidade – precisos, completos e consistentes.
- **Segurança e conformidade:** a governança de dados também protege os dados contra acessos não autorizados e garante o cumprimento das regulamentações de privacidade, como a LGPD e o GDPR.
- **Rastreabilidade e acesso:** outro aspecto essencial é a capacidade de rastrear a origem dos dados e controlar quem pode acessá-los dentro da organização, garantindo transparência no uso e conformidade com as políticas internas.
- **Aumento da utilização de dados:** a governança eficaz visa aumentar o uso dos dados em todas as áreas da organização, permitindo que mais processos e decisões sejam informados por dados, gerando *insights* mais precisos e embasados.
- **Cultura de dados:** a governança de dados promove uma cultura organizacional orientada por dados, na qual todos os colaboradores

entendem a importância de trabalhar com dados de qualidade e como eles podem ser utilizados para suportar as decisões estratégicas.

A governança de IA (GIA) é o conjunto de diretrizes e práticas que garantem o uso ético, seguro e eficiente dos sistemas de inteligência artificial dentro de uma organização. Ela envolve políticas que asseguram que os algoritmos de IA sejam transparentes, responsáveis e que operem de acordo com as normas de privacidade e segurança. O foco principal da GIA é:

- **Transparência e explicabilidade:** a GIA exige que os sistemas de IA sejam transparentes, ou seja, que as decisões tomadas pelos algoritmos possam ser explicadas e auditadas.
- **Mitigação de viés:** outra responsabilidade da GIA é garantir que os dados utilizados para treinar modelos de IA sejam livres de vieses, reduzindo o risco de discriminação algorítmica.
- **Conformidade e ética:** a GIA assegura que os sistemas estejam em conformidade com regulamentações locais e internacionais, como o GDPR, e que operem de maneira ética, garantindo o respeito aos direitos humanos e à privacidade.

12.3. Desafios na governança de dados para IA

A governança de dados para IA enfrenta desafios significativos, especialmente em um ambiente onde a quantidade de dados disponíveis cresce exponencialmente e a regulamentação sobre seu uso se torna cada vez mais rigorosa (CHEN; CHIANG; STOREY, 2012). Para que a IA opere de forma eficiente e ética, as organizações precisam enfrentar questões complexas relacionadas ao volume e à variedade dos dados, além de lidar com temas críticos de privacidade e ética no uso de dados pessoais (RAJPUROHIT, 2017).

12.3.1. Volume e variedade de dados

A implementação eficaz de IA requer a capacidade de lidar com grandes volumes de dados provenientes de diversas fontes e em diferentes formatos, o que cria desafios significativos para a governança de dados (JANSSEN *et al.*, 2020). A diversidade e a complexidade dos dados geram desafios que afetam diretamente o desempenho e a confiabilidade dos sistemas de IA.

As organizações que utilizam IA precisam integrar dados estruturados (como registros financeiros e planilhas) com dados não estruturados (como textos, imagens e vídeos). Essa variedade exige uma arquitetura de dados robusta e flexível, capaz de processar diferentes tipos de dados sem comprometer sua integridade.

Além disso, dados provenientes de fontes internas e externas frequentemente têm padrões, formatos e qualidades diferentes. O desafio de harmonizar essas informações para que possam ser usadas eficazmente em modelos de IA é um dos principais obstáculos enfrentados pelas organizações. O risco de erros na análise aumenta quando dados incoerentes ou desatualizados são utilizados, comprometendo a precisão dos resultados da IA. Por exemplo, uma organização de varejo que coleta dados de compras *on-line*, comportamento nas redes sociais e interações com clientes por meio de *chatbots* enfrenta o desafio de integrar todas essas fontes. Sem uma governança de dados eficiente, a IA pode produzir recomendações inconsistentes ou irrelevantes, prejudicando a experiência do cliente.

Para superar esses desafios, as organizações devem adotar estratégias que incluam a padronização e a validação de dados, garantindo que informações de múltiplas fontes possam ser analisadas de forma coesa.

12.3.2. Privacidade e ética

A privacidade e a ética no uso de dados são questões centrais na GIA. Com o aumento da regulamentação de proteção de dados, como a LGPD no Brasil e o GDPR na Europa, as organizações precisam garantir que os dados sejam coletados, armazenados e utilizados de maneira ética e conforme as leis (PAGALLO; CASANOVAS; MADELIN, 2019). Além disso, a IA pode ampliar os riscos éticos, por meio da discriminação algorítmica e do uso indevido de informações pessoais, o que torna a governança desses aspectos essencial (MOUGAYAR, 2016).

A governança de dados deve garantir que o consentimento dos usuários seja obtido de forma clara e explícita, que os dados pessoais sejam protegidos contra acessos não autorizados e que as práticas de uso e armazenamento estejam de acordo com as leis em vigor.

As técnicas de anonimização e criptografia ajudam a proteger informações sensíveis, garantindo que dados pessoais não sejam utilizados indevidamente. Além disso, a implementação de controles de acesso adequados ajuda a limitar quem pode acessar os dados e com que finalidade.

A ética no uso de IA vai além da conformidade legal e aborda temas como transparência e equidade. É fundamental que os modelos de IA sejam transparentes e que as decisões automatizadas possam ser explicadas de maneira compreensível para as partes interessadas. Além disso, é necessário implementar práticas que evitem o viés algorítmico, assegurando que os dados utilizados para treinar os modelos sejam representativos e livres de preconceitos que possam prejudicar determinados grupos sociais. O uso de IA em processos de recrutamento automatizado, por exemplo, pode levantar questões éticas significativas. Se o modelo de IA for treinado com dados enviesados, pode perpetuar discriminações relacionadas a gênero, raça ou origem. Para evitar isso, é essencial que os dados utilizados sejam auditados e que os resultados dos algoritmos sejam continuamente monitorados.

A governança de dados deve incorporar tanto práticas de conformidade rigorosas quanto princípios éticos claros. Isso garante que a IA opere dentro dos limites legais e respeite os direitos e a dignidade dos indivíduos, promovendo uma utilização responsável e justa dos dados.

12.3.3. Desafios regulatórios e a complexidade da GIA

A GIA enfrenta uma série de desafios regulatórios e técnicos, resultantes da complexidade e da natureza imprevisível dos sistemas de IA. À medida que a IA continua a se desenvolver e aumentar em complexidade, as dificuldades em atribuir responsabilidade, garantir transparência e criar regulamentações eficazes se tornam cada vez mais evidentes. Esta seção explora esses desafios e destaca as principais barreiras para a implementação de uma governança robusta de IA.

Os desafios técnicos e regulatórios incluem:

- **Opacidade:** a opacidade dos algoritmos de aprendizado de máquina (ML) é um dos principais obstáculos à GIA. Esses sistemas, baseados em algoritmos complexos e em grandes volumes de dados, muitas vezes não são transparentes ou explicáveis. Mesmo quando existe uma tentativa de aumentar a explicabilidade, a complexidade dos modelos pode ser prejudicada, reduzindo sua precisão e desempenho. Esse paradoxo entre a transparência e a complexidade dificulta a implementação de regulamentações, como as previstas no Regulamento Geral de Proteção de Dados (GDPR) da União Europeia, que visa combater a discriminação algorítmica. Além disso, muitos desenvolvedores de IA mantêm intencionalmente os algoritmos opacos para proteger segredos comerciais e evitar vulnerabilidades cibernéticas, dificultando ainda mais a governança. A falta de acesso à lógica subjacente aos sistemas de IA torna quase impossível para governos e reguladores avaliarem adequadamente a conformidade ou a segurança dos sistemas, criando uma lacuna regulatória significativa.

- **Imprevisibilidade das decisões de IA:** Pequenas variações nos dados de entrada podem levar a mudanças inesperadas e significativas nos resultados dos sistemas de IA. Esse comportamento imprevisível torna difícil para os governos e as empresas preverem e gerenciarem os riscos associados, além de complicar a atribuição de responsabilidades quando os sistemas falham ou tomam decisões incorretas. A falta de controle humano direto sobre esses sistemas intensifica a complexidade da governança, pois os desenvolvedores e fabricantes muitas vezes não conseguem prever ou mitigar todas as possíveis falhas.

Além dos desafios técnicos, as estruturas regulatórias tradicionais muitas vezes não são adequadas para lidar com os problemas sociais e éticos introduzidos pela IA.

As grandes empresas de tecnologia, como Google, Facebook e Microsoft, possuem vantagens imensas em termos de informação e recursos em relação aos governos. Essas empresas controlam vastos volumes de dados e desenvolvem tecnologias que estão muito à frente das capacidades regulatórias atuais.

Isso cria um desequilíbrio de poder, onde os governos têm dificuldades para acompanhar o ritmo dos desenvolvimentos da IA, resultando em regulamentações desatualizadas ou insuficientes.

A Tabela 12.2 apresenta algumas das principais legislações e regulamentações para IA.

Tabela 12.2. Algumas legislações e regulamentações específicas para a IA. Fonte: a autora.

Legislação	Descrição	Aplicabilidade	Implicações
AI Act – União Europeia	Criação de uma regulamentação abrangente para IA categorizando os sistemas por nível de risco.	Classifica IA em quatro categorias de risco: inaceitável, alto, limitado e mínimo.	Proíbe tecnologias de risco inaceitável e impõe requisitos rigorosos para sistemas de alto risco.
Regulamento Geral de Proteção de Dados (GDPR) – União Europeia	Regula o uso de dados pessoais, exigindo transparência, consentimento explícito e explicabilidade.	Exige conformidade para qualquer sistema de IA que processe dados pessoais.	Dificuldades em garantir explicabilidade devido à opacidade dos algoritmos.

Legislação	Descrição	Aplicabilidade	Implicações
Lei de Proteção de Dados Pessoais (LGPD) – Brasil	Protege dados pessoais, exigindo conformidade em sistemas de IA que tratam dados sensíveis.	Aplicável a qualquer sistema de IA que trate dados pessoais, impondo regras de segurança e consentimento.	Exige que sistemas de IA sejam transparentes e seguros, com foco em proteção de dados sensíveis.
National AI Initiative Act – Estados Unidos	Apoia o desenvolvimento de IA de forma ética e segura, com foco em P&D e padronização.	Foca na pesquisa e no desenvolvimento de IA, com ênfase em colaboração interinstitucional.	Impulsiona a criação de normas e práticas que podem influenciar futuros regulamentos.
Executive Order on AI – Estados Unidos	Regulamenta o uso de IA pelo governo federal, promovendo segurança e explicabilidade.	Aplicável ao uso de IA por agências governamentais, com foco em segurança nacional e economia.	Promove o uso responsável de IA no governo, com ênfase em segurança e transparência.
Regulação da IA na China	Estabelece requisitos rigorosos para o uso de IA em segurança, proteção de dados e vigilância.	Focada no uso de IA em segurança pública e vigilância, com rígidos controles governamentais.	Controla o uso de IA em áreas sensíveis, especialmente na vigilância e segurança de dados.
AI Ethics and Governance Framework – Singapura	Oferece um *framework* para uso ético de IA, focado em transparência e explicabilidade.	Aplicável a empresas que utilizam IA, com foco em transparência e conformidade regulatória.	Estabelece normas voluntárias, que podem se tornar obrigatórias em setores específicos.
Lei de Serviços Digitais (DSA) e Lei de Mercados Digitais (DMA) – União Europeia	Regula o uso de IA em grandes plataformas digitais, com ênfase em transparência e moderação de conteúdo.	Aplicável a grandes plataformas que usam IA para moderação de conteúdo e algoritmos de recomendação.	Garante que IA seja usada de forma transparente e ética, protegendo consumidores de desinformação.
Canada's Directive on Automated Decision-Making	Regula o uso de IA no setor público, exigindo avaliações de impacto e padrões de transparência.	Aplicável ao uso de IA no governo canadense, exigindo explicações claras para decisões automatizadas.	Impõe padrões rigorosos de transparência e responsabilidade para decisões automatizadas no setor público.

Legislação	Descrição	Aplicabilidade	Implicações
Projeto de Lei nº 2338/2023 – Brasil	Estabelece diretrizes para o uso seguro e ético de IA focando em transparência e mitigação de viés.	O projeto abrange todos os sistemas de IA no Brasil, classificando-os por risco (baixo, médio, alto). Sistemas de alto risco, como em saúde e segurança pública, seguem normas rigorosas de transparência, segurança e mitigação de viés. Fornecedores e operadores são responsáveis por garantir o direito de contestar decisões automatizadas.	Impõe regras rigorosas de transparência e segurança para IA de alto risco, com foco em direitos fundamentais.

Recomendação: desenvolver regulamentações mais robustas e maior colaboração entre governos e empresas.

A Tabela 12.3 resume os principais desafios apresentados neste tópico.

Tabela 12.3. Resumo dos principais desafios para a IA. Fonte: a autora.

Desafios	Descrição	Exemplos práticos	Recomendações
Volume e variedade de dados	Lidar com dados estruturados e não estruturados, além da integração de múltiplas fontes.	Integração de dados de compras *on-line*, redes sociais e *chatbots* em empresas de varejo.	Padronização e validação de dados para garantir integração eficiente.
Privacidade e ética	Conformidade com regulamentações, como LGPD e GDPR, e mitigação de viés algorítmico.	Sistemas de IA em recrutamento automatizado podem perpetuar discriminação se treinados com dados enviesados.	Práticas rigorosas de conformidade e princípios éticos claros.
Desafios regulatórios e complexidade da IA	Opacidade dos algoritmos, imprevisibilidade nas decisões e desequilíbrio de poder entre empresas e governos.	Grandes empresas de tecnologia têm mais capacidade de controle sobre dados e IA do que governos.	Desenvolver regulamentações mais robustas e maior colaboração entre governos e empresas.

12.4. Elementos essenciais da governança de dados e IA

Governança de dados e GIA estão profundamente interligadas, uma vez que os modelos de IA dependem diretamente da qualidade, segurança e conformidade dos dados que utilizam (POTHINENI, 2023). A governança de dados assegura a integridade e a confiabilidade desses dados, enquanto a GIA garante que os sistemas sejam desenvolvidos e operem de forma ética, transparente e responsável. Ambas as governanças precisam ser tratadas de maneira integrada para garantir o sucesso das iniciativas de IA.

Os elementos essenciais para a governança de dados e GIA devem incluir mecanismos eficazes de integração e processamento eficiente de diferentes tipos de dados (estruturados e não estruturados), garantindo a padronização, validação e segurança dos dados ao longo de todo o fluxo. Os mecanismos de governança que devem ser aplicados aos diferentes componentes de um sistema de IA, sejam eles dados, modelos ou sistemas completos, são essenciais para a mitigação de riscos e para garantir a eficácia da GIA nas organizações. Esses mecanismos são agrupados em três categorias principais: estruturais, procedurais e relacionais, cada um com um papel específico na implementação de práticas robustas de governança. Os mecanismos estruturais envolvem a definição clara de papéis e responsabilidades, como CDO e CIO, e a determinação da autoridade decisória, garantindo supervisão adequada. Os mecanismos procedurais incluem a criação de uma estratégia de IA alinhada às metas da organização, padronização de políticas, monitoramento de conformidade e desempenho, além da gestão de problemas para minimizar riscos. Por fim, os mecanismos relacionais focam em comunicação eficaz entre *stakeholders*, treinamento para capacitar funcionários e coordenação entre equipes técnicas e de negócios para decisões colaborativas. Esses mecanismos garantem a operação ética, eficiente e em conformidade da IA.

Além dos mecanismos, as práticas de governança também são essenciais para garantir que os dados sejam protegidos, explicáveis e livres de vieses, cumprindo regulamentações locais e internacionais para proteger a privacidade e os direitos dos usuários.

A Tabela 12.4 resume os elementos essenciais que devem ser implementados para enfrentar os desafios de volume e variedade de dados, privacidade e ética, e os desafios regulatórios e institucionais discutidos na seção 12.3.

Tabela 12.4. Elementos essenciais para a GIA. Fonte: a autora.

Elementos essenciais	Desafios de volume e variedade	Desafios de privacidade e ética	Desafios técnicos e regulatórios	Desafios institucionais
Qualidade de dados	Garante a precisão, consistência e completude dos dados utilizados para treinar e operar modelos de IA, independentemente de sua origem ou formato.	Protege contra o uso de dados incompletos ou tendenciosos que possam impactar decisões éticas e justas.	Aderência a padrões de qualidade estabelecidos por regulamentações, garantindo que dados inadequados sejam filtrados.	Estabelece uma estrutura de controle de qualidade que permite a gestão de dados em larga escala.
Transparência e explicabilidade	Permite que as fontes e o processamento de dados variados sejam rastreados e compreendidos.	Garante que as decisões automatizadas da IA possam ser explicadas e auditadas, promovendo confiança nos usuários.	Cumpre exigências regulatórias de explicabilidade, como as previstas em GDPR e LGPD.	Facilita auditorias e promove a conformidade com as práticas de transparência organizacional.
Mitigação de viés	Realiza auditorias contínuas para garantir que os dados de múltiplas fontes estejam livres de vieses.	Assegura que os modelos de IA tomem decisões justas, evitando discriminação e promovendo a equidade.	Implementa controles para minimizar vieses em decisões automatizadas, em conformidade com exigências regulatórias.	Contribui para a cultura organizacional de igualdade e combate a preconceitos.

Elementos essenciais	Desafios de volume e variedade	Desafios de privacidade e ética	Desafios técnicos e regulatórios	Desafios institucionais
Segurança e privacidade	Implementa medidas de proteção para garantir a segurança de dados, mesmo em ambientes com grandes volumes e variedades de dados.	Protege a privacidade dos dados pessoais, evitando acessos não autorizados e o seu uso indevido.	Garante a conformidade com regulamentações como GDPR e LGPD, com foco em segurança de dados.	Assegura que a organização tenha políticas claras de controle de acesso e uso de dados em larga escala.
Conformidade regulatória	Adapta processos e tecnologias para cumprir as regulamentações locais e internacionais, ajustando-se à complexidade de integração de dados de várias fontes.	Assegura a conformidade com leis de privacidade, garantindo que direitos dos usuários sejam respeitados.	Mantém a organização alinhada com as mudanças nas leis e regulamentações de proteção de dados e IA.	Promove a colaboração entre equipes e *stakeholders* para garantir adaptação contínua às regulamentações.
Gestão do ciclo de vida dos dados	Garante que dados estruturados e não estruturados sejam gerenciados ao longo de seu ciclo de vida, desde a coleta até o descarte.	Controla o acesso e o uso de dados pessoais, assegurando que sejam armazenados e descartados de forma ética e segura.	Cumpre exigências regulatórias para armazenamento e descarte seguro de dados, protegendo a integridade ao longo do tempo.	Facilita a rastreabilidade dos dados, ajudando a organização a cumprir auditorias e normas de conformidade.

Elementos essenciais	Desafios de volume e variedade	Desafios de privacidade e ética	Desafios técnicos e regulatórios	Desafios institucionais
Governança de metadados	Estabelece uma governança de metadados que assegure a rastreabilidade e o controle dos dados de várias fontes.	Assegura que os metadados estejam em conformidade com regulamentos de privacidade, permitindo a rastreabilidade do uso de dados sensíveis.	Mantém metadados detalhados para apoiar a auditabilidade e explicabilidade dos modelos de IA, em alinhamento com as regulamentações.	Ajuda a organização a monitorar a conformidade de grandes volumes de dados e responder rapidamente a solicitações de auditoria.
Segurança e conformidade de modelos de IA	Garante que os modelos de IA sejam robustos, resistindo a falhas, e que os dados de entrada sejam validados antes do uso.	Inclui técnicas de anonimização e controle de acesso para proteger dados e evitar o uso indevido de informações sensíveis.	Cumpre requisitos de segurança e conformidade regulatória, protegendo os modelos contra ataques adversariais e vazamento de dados.	Mantém políticas de segurança robustas que sustentam a confiança no uso de IA em larga escala.

12.5. Melhores práticas e recomendações

Para garantir o sucesso das iniciativas de IA e governá-la de maneira adequada, é essencial adotar um conjunto de melhores práticas de governança de dados. Essas práticas vão além da implementação de ferramentas tecnológicas e envolvem a criação de estruturas organizacionais robustas, a promoção de uma cultura de dados e a utilização de tecnologias inovadoras.

12.5.1. Modelos e *frameworks* de governança de dados e GIA

Para implementar uma governança eficaz de dados e IA, as organizações podem se beneficiar de *frameworks* e modelos amplamente adotados. Eles fornecem diretrizes, melhores práticas e estruturas organizacionais para garantir que tanto os dados quanto os sistemas de IA sejam geridos de forma segura, ética e alinhada com os objetivos de negócio. A seguir, a Tabela 12.5 apresenta uma lista de alguns dos principais *frameworks* que ajudam a enfrentar os desafios da governança de dados e GIA.

Tabela 12.5 – Principais *frameworks* de governança de dados e GIA. Fonte: a autora.

Framework	Foco	Alinhamento com IA
DMBOK (*Data Management Body of Knowledge*) – DAMA	Qualidade de dados, segurança, gestão de metadados e padronização de processos de dados	Assegura consistência e precisão dos dados usados em IA.
CDMC (*Cloud Data Management Capabilities*)	Governança de dados em nuvem: segurança, privacidade, *compliance*, interoperabilidade	Suporta IA em nuvem, com ênfase na segurança de dados e no *compliance* regulatório.
COBIT® (*Control Objectives for Information and Related Technologies*)	Gestão de riscos, conformidade, alinhamento de TI com os negócios	Estrutura a GIA assegurando que dados e sistemas de IA estejam alinhados aos objetivos estratégicos e às regulamentações de segurança e privacidade.
DCAM (*Data Management Capability Assessment Model*)	Segurança de dados, qualidade, *compliance* regulatória e gestão de metadados	Avalia a maturidade da governança de dados para IA.
FAIR *Data Principles*	Encontrabilidade, acessibilidade, interoperabilidade, reutilização	Garante que os dados para IA sejam acessíveis, interoperáveis e auditáveis.
NIST *Data Management Framework*	Gestão de dados, qualidade e proteção de dados	Integra princípios de gerenciamento de dados e riscos em IA.

Framework	Foco	Alinhamento com IA
DMM (*Data Governance Maturity Model*)	Avaliação e melhoria da maturidade da governança de dados	Ajuda a avaliar se as práticas de governança de dados são robustas o suficiente para suportar iniciativas de IA focando na qualidade e conformidade dos dados.
ISO/IEC TR 24028:2020 – Confiabilidade em IA	Transparência, explicabilidade, confiabilidade e segurança de IA	Assegura implementação de IA ética e confiável, com foco na mitigação de vieses e transparência em decisões algorítmicas.
AI Governance Framework – CDEI (*Centre for Data Ethics and Innovation*)	Ética, conformidade, transparência e segurança	Guia as organizações no uso ético e responsável da IA.
NIST *AI Risk Management Framework*	Gestão de riscos, mitigação de vieses e segurança	Auxilia na gestão de riscos relacionados à IA.
ISO/IEC 38507 – Governança de IA	Alinhamento da governança corporativa com IA	Assegura que o uso de IA esteja alinhado à estratégia corporativa.

12.6. Abordagens para governança de IA

12.6.1. Governança adaptativa

A governança adaptativa é uma abordagem flexível que permite ajustes contínuos e iterativos nas políticas de governança à medida que a IA e suas aplicações evoluem (FLORIDI, 2008). Dada a natureza imprevisível do desenvolvimento de IA, onde surgem novos riscos e oportunidades constantemente, essa abordagem prioriza a flexibilidade e a aprendizagem contínua para equilibrar inovação e mitigação de riscos.

Como funciona na prática:

- **Aprendizado contínuo:** a governança adaptativa emprega um ciclo de *feedback* constante, onde políticas e processos são revisados e atualizados com base em dados e resultados reais. Por exemplo, uma instituição que utiliza IA para decisões de crédito pode monitorar continuamente as taxas de aprovação e recusa, identificando novos vieses e adaptando seus modelos e políticas para corrigi-los.

- **Colaboração multidisciplinar:** a adaptação de políticas envolve a consulta e o envolvimento de diferentes *stakeholders*, como técnicos, reguladores e representantes da sociedade civil. Isso pode ocorrer em comitês ou grupos de trabalho conjuntos que revisam e recomendam mudanças nas políticas de IA, para que estas atendam a uma ampla gama de perspectivas e necessidades.
- **Equilíbrio entre inovação e regulação:** um exemplo prático é o uso de ambientes controlados, como *sandboxes* regulatórias, onde organizações podem testar novas tecnologias de IA sob supervisão antes de um lançamento mais amplo. Dessa forma, a inovação é incentivada, mas os riscos são minimizados.

12.6.2. Governança híbrida

A governança híbrida combina esforços de governos, setor privado e sociedade civil para regular o uso da IA de forma colaborativa. Nesse modelo, a responsabilidade é compartilhada, com cada parte contribuindo para garantir que as políticas sejam equilibradas e adaptáveis.

Como funciona na prática:

- **Corregulação:** políticas e normas são desenvolvidas em fóruns colaborativos, onde o setor privado e o governo trabalham juntos para estabelecer diretrizes práticas e aplicáveis. Em algumas regiões, normas de privacidade e segurança para IA foram formuladas por meio de consórcios entre empresas e agências governamentais, resultando em políticas que são mais facilmente aplicáveis e monitoradas.
- **Flexibilidade:** a governança híbrida permite que as regulamentações sejam ajustadas rapidamente em resposta a *feedbacks* das partes interessadas. Em situações onde novas tecnologias de IA causam impactos inesperados (por exemplo, em redes sociais ou *e-commerce*), as políticas podem ser revisadas e adaptadas em tempo real, evitando problemas como vieses ou uso indevido.
- **Supervisão governamental:** embora o setor privado tenha liberdade para criar e aplicar práticas de governança, o governo atua como supervisor para garantir conformidade e transparência. Em alguns países, as agências reguladoras realizam auditorias periódicas para

verificar se as práticas das organizações estão em conformidade com os princípios éticos e regulatórios.

12.6.3. Autorregulação e *soft law*

A autorregulação ocorre quando a própria indústria cria normas e diretrizes para garantir o uso ético da IA, enquanto o *soft law* se refere a diretrizes não vinculativas como códigos de conduta e recomendações éticas. Essa abordagem é comum em áreas onde a regulamentação formal ainda é insuficiente.

Como funciona na prática:

- **Diretrizes voluntárias:** algumas organizações de tecnologia desenvolvem suas próprias diretrizes de ética para IA estabelecendo práticas para o desenvolvimento e uso responsável de algoritmos. Isso inclui compromissos de transparência, onde publicam detalhes sobre os dados e algoritmos utilizados.
- **Iniciativas lideradas pela indústria:** instituições do setor desenvolvem normas e recomendações para o uso da IA, que podem ser adotadas voluntariamente para demonstrar compromisso com práticas responsáveis. Por exemplo, guias para a transparência de algoritmos incentivam organizações a explicar como seus modelos tomam decisões.
- **Flexibilidade e adaptação rápida:** como não depende de legislação formal, a autorregulação permite que as organizações respondam rapidamente às mudanças tecnológicas. Em contextos de inovação acelerada, como o desenvolvimento de IA generativa, as empresas podem adotar novas práticas e diretrizes internas antes que a regulamentação formal seja estabelecida.
- **Desafios da autorregulação:** embora a autorregulação ofereça flexibilidade, sua aplicação é limitada, pois não há garantias de consistência entre as organizações. Além disso, a falta de obrigatoriedade pode resultar em práticas inconsistentes entre setores, e, em algumas indústrias, a ausência de fiscalização pode levar a abusos.

12.7. Considerações finais

Ao longo deste capítulo, exploramos a profunda interdependência entre estratégia de dados, governança de dados e GIA. A crescente importância da IA como um motor de inovação e transformação nas organizações torna claro que a qualidade dos dados e a governança eficaz são fatores críticos para o sucesso dessas iniciativas (ASHTON, 2009). No entanto, os desafios éticos, regulatórios e técnicos que acompanham o uso da IA não podem ser ignorados, e exigem uma abordagem de governança cada vez mais cuidadosa e adaptativa.

As organizações que desejam aproveitar ao máximo as oportunidades proporcionadas pela IA precisam assegurar a integridade, segurança e conformidade dos seus dados e incorporar princípios éticos e de transparência em suas operações. A integração entre dados e IA requer uma governança sólida que mitigue riscos, minimize vieses e garanta decisões explicáveis e justas.

13. O que é a IA confiável e responsável

Aguinaldo Aragon Fernandes

A inteligência artificial está produzindo muitos benefícios em vários domínios (transporte, mobilidade, educação, saúde, energia e sua distribuição), mas levanta muitas preocupações sobre as consequências éticas e sociais indesejáveis.

A confiança é uma condição prévia essencial para que as pessoas e sociedades desenvolvam, implementem e utilizem os sistemas de IA.

A impossibilidade de demonstrar que os sistemas de IA merecem confiança pode afetar a adoção de sistemas de IA e reduzir os benefícios para empresas e sociedade.

> *Para maximizar os benefícios da IA enquanto ao mesmo tempo mitiga seus riscos, o conceito de IA Confiável promove a ideia de que indivíduos, organizações e sociedades somente conseguirão atingir o potencial da IA se a confiança pode ser estabelecida no seu desenvolvimento, implantação e uso (THIEBES; LINS; SUNYAEV, 2021).*

Um projeto de um sistema de IA precisa demonstrar, de saída, confiança, assim como a continuidade na confiança durante o seu uso. Para tanto, necessita demonstrar valor no processo, nos dados e no modelo de *machine learning*.

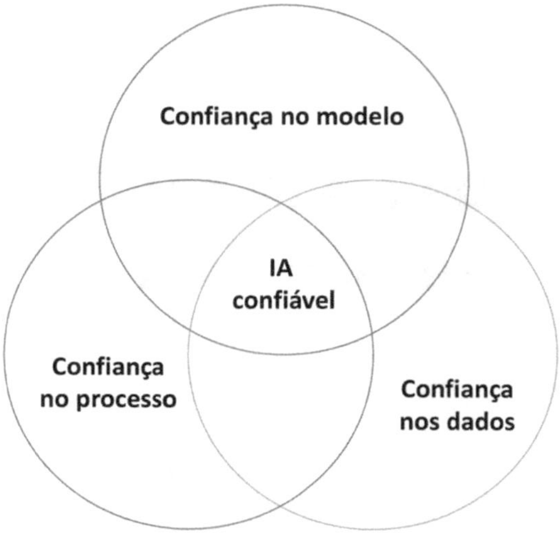

Figura 13.1. IA confiável. Fonte: Alzubaidi *et al.*, 2023.

Uma IA de confiança consiste em incorporar, no sistema de IA, princípios éticos e requisitos que devem ser observados ao longo de todo o ciclo de vida do sistema (COMISSÃO EUROPEIA, 2021).

13.1. Princípios éticos da IA confiável

Há várias fontes de princípios éticos ligados a uma visão mais globalista e multifacetada que nos são dadas pela Organização das Nações Unidas para a Educação, a Ciência e a Cultura (Unesco), Comissão Europeia e Organização para a Cooperação e o Desenvolvimento Econômico (OCDE) e que são incorporadas pelas organizações em todo o mundo, inclusive pelas big techs. No Brasil, recentemente, a Rede Globo comunicou pela televisão aberta seus princípios de IA ética e responsável.

Seguem princípios preconizados por entidades supranacionais.

Tabela 13.1. Princípios de uma IA confiável. Fonte: o autor.

Princípios	Autoria
Não ferir o ser humano Sistema deve ser seguro de uso e evitar vulnerabilidades Ser justo e não discriminatório Ser sustentável Direito à privacidade Supervisão e determinação humana Transparência e capacidade de explicar Responsabilidade e prestação de contas Conscientização e letramento Atende a múltiplas partes interessadas Governança adaptativa	Unesco
Respeito à regra da lei, direitos humanos, valores democráticos incluindo justiça e privacidade Transparência e capacidade de explicar Robustez, seguro e segurança Prestação de contas (responsabilização)	OCDE
Respeito à autonomia humana Prevenção de danos Equidade Capacidade de explicar Supervisão humana Solidez técnica e segurança Privacidade e governança de dados Transparência Diversidade, não discriminação e equidade Bem-estar social e ambiental Responsabilização Vias de recurso	Comissão Europeia
Sustentabilidade Prestação de contas Explicabilidade Segurança Justiça Administração de dados	The Alan Turing Institute

Princípios	Autoria
Responsabilidade Supervisão e controle humano Adequabilidade para o propósito Qualidade dos dados Sistemas inteligíveis para tomada de decisão Comunicação às partes interessadas Divulgação da interação com a IA Qualidade dos serviços Alocação de recursos e oportunidades Minimização de estereótipos, humilhação e apagamento de resultados Segurança Falhas e remediação Monitoramento, *feedback* e avaliação contínuos *Compliance* de privacidade Acessibilidade	Microsoft
Ser socialmente benéfica Evitar criar ou reforçar vieses injustos Ser criada e testada visando a segurança Ser responsável perante as pessoas Incorporar princípios de design de privacidade Manter altos padrões de excelência científica Ser disponibilizada para usos que estejam de acordo com estes princípios	Google
Privacidade e segurança Justiça e inclusão Robusteza e segurança Transparência e controle Responsabilização e governança	Meta
Imparcialidade Explicabilidade Privacidade e segurança Segurança Controlabilidade Veracidade e robustez Governança Transparência	Amazon Web Services

Ética é um subcampo da filosofia e geralmente leva a questões como: o que é uma boa ação? Qual o valor da vida humana? O que é justiça?

Ética em IA trata das implicações sociais e morais da produção e do uso das tecnologias de IA explorando valores, princípios, mecanismos de governança e processos deliberativos necessários para assegurar a responsabilidade e confiabilidade do projeto, o desenvolvimento, o *deployment* e a manutenção do sistema de IA (LESLIE, 2019).

Os princípios éticos são fonte de requisitos não funcionais para o desenvolvimento e a sustentação de sistemas de IA e afetam todo o ciclo de vida desses sistemas, o processo de desenvolvimento e o modelo.

Vamos ao teor dos principais princípios apontados pela tabela anterior.

- **Ser justo e não discriminatório:** consiste na garantia de uma distribuição equitativa e justa dos benefícios e dos custos, bem como de inexistência de vieses injustos, discriminação e estigmatização contra pessoas e grupos. Os conjuntos de dados utilizados pelos sistemas de IA (tanto para treino como para funcionamento) podem ser afetados pela inclusão de desvios históricos inadvertidos, bem como por lacunas e por maus modelos de governança. A manutenção de tais desvios pode dar origem a discriminação e preconceitos (in)diretos não intencionais contra determinados grupos ou pessoas, agravando a marginalização. Nos domínios das relações entre as empresas e os consumidores, em especial, os sistemas devem se centrar no utilizador e ser concebidos de forma a permitir que todas as pessoas utilizem os produtos ou serviços de IA, independentemente da sua idade, do seu gênero, das suas capacidades ou das suas características. Para desenvolver sistemas de IA dignos de confiança, é aconselhável consultar as partes interessadas que podem ser afetadas de forma direta ou indireta pelo sistema ao longo do seu ciclo de vida.
- **Respeito à regra da lei, direitos humanos, valores democráticos, incluindo justiça e privacidade:** os sistemas de IA devem possibilitar a manutenção dos direitos fundamentais do indivíduo, permitir a escolha do ser humano e a sua supervisão, assim como apoiá-lo no ambiente de trabalho.
- **Ser sustentável:** o processo de desenvolvimento, implantação e utilização do sistema, bem como toda a sua cadeia de abastecimento, deve ser avaliado a esse respeito, nomeadamente através de um exame crítico da utilização de recursos e do consumo de energia

durante o treino, optando-se por escolhas menos prejudiciais. A exposição onipresente a sistemas sociais de IA em todas as áreas da nossa vida (seja na educação, no trabalho, nos cuidados ou no entretenimento) pode afetar as nossas relações e laços sociais. Embora os sistemas de IA possam ser utilizados para reforçar as competências sociais, também podem contribuir para a sua deterioração, o que pode afetar o bem-estar físico e mental das pessoas. A utilização de sistemas de IA deve ser cuidadosamente ponderada, em especial em situações relacionadas com o processo democrático, incluindo não só o processo de tomada de decisões políticas, como também os contextos eleitorais.

- **Direito à privacidade:** os sistemas de IA devem garantir a privacidade e a proteção de dados ao longo de todo o ciclo de vida de um sistema. A qualidade dos conjuntos de dados utilizados é fundamental para o desempenho dos sistemas de IA. Em qualquer organização que trate dados pessoais (independentemente de pertencerem a um utilizador ou a um não utilizador do sistema), protocolos de governança do acesso aos dados devem ser estabelecidos.
- **Supervisão e determinação humana:** assegurar que os direitos fundamentais sejam avaliados antes de iniciar o desenvolvimento do sistema de IA. A autonomia do usuário deve estar no centro das preocupações. Ele tem que ter capacidade de interagir com o sistema de IA e de aceitar ou não a decisão tomada pelo sistema de IA e o direito a não ficar sujeito a nenhuma decisão tomada exclusivamente com base no tratamento automatizado quando este produzir efeitos na esfera jurídica. A supervisão pode ser realizada mediante mecanismos de governança, como as abordagens de intervenção humana (*human-in-the-loop* – HITL), de fiscalização humana (*human-on-the-loop* – HOTL), ou de controle humano (*human-in-command* – HIC). A abordagem depende do grau de risco do sistema de IA.
- **Transparência:** os conjuntos de dados e os processos que produzem a decisão do sistema de IA, incluindo os processos de coleta e etiquetagem dos dados, bem como os algoritmos utilizados, devem ser documentados para permitir a rastreabilidade. No contexto da transparência, a explicabilidade ganha destaque, sendo que há a explicabilidade técnica e a não técnica. A explicabilidade técnica exige que as decisões tomadas por um sistema de IA possam ser compreendidas e rastreadas por seres humanos. A não técnica dá

ênfase na explicabilidade do processo de tomada de decisão. Os sistemas da IA não devem se apresentar como seres humanos aos utilizadores; os seres humanos têm direito de ser informados de que estão interagindo com um sistema de IA. Tal implica que os sistemas de IA devem ser identificáveis como tal.

- **Responsabilidade e prestação de contas:** os sistemas de IA devem permitir auditoria em termos de dados, processos, modelos e algoritmos. Deve ser feita comunicação dos impactos negativos do sistema de IA. Se os interesses e valores pertinentes envolvidos no sistema de IA forem identificados e surgirem conflitos, as soluções devem ser explicitamente reconhecidas e avaliadas em termos do seu risco para os princípios éticos, incluindo os direitos fundamentais.
- **Robustez e segurança:** compreende a resiliência perante ataques e segurança. Sistemas de IA devem ser protegidos contra vulnerabilidades. Os ataques podem ser nos dados, no modelo e na infraestrutura. Os riscos de segurança e continuidade do funcionamento do sistema devem ser gerenciados e um plano de respostas é necessário. A exatidão é outro aspecto deste requisito, que é a capacidade do sistema de IA de fazer apreciações corretas. Um elevado nível de exatidão é particularmente crucial em situações em que o sistema de IA afeta diretamente vidas humanas. Por fim, é desejável que os resultados dos sistemas de IA possam ser reproduzidos e sejam confiáveis.
- **Prevenção de danos:** os sistemas de IA não podem causar danos ou agravá-los, e os ambientes em que operam devem ser seguros. Devem ser tecnicamente sólidos e sem possibilidade de usos maliciosos. Devem evitar danos pessoais em termos de assimetria, como especificamente entre empregadores e trabalhadores, empresas e consumidores ou governos e cidadãos.
- **Capacidade de explicar:** consiste em processos transparentes, com a finalidade dos sistemas de IA abertamente comunicada e as decisões – tanto quanto possível – explicáveis aos que são por elas afetados de forma direta ou indireta.
- **Adequabilidade do propósito:** o sistema de IA deve fornecer soluções válidas para os problemas que propõe resolver.
- **Vias de recurso:** quando ocorrer um impacto adverso injusto, deverão ser previstos mecanismos acessíveis para assegurar vias de recurso adequadas. Saber que é possível obter uma via de

recurso quando as coisas dão errado é fundamental para garantir a confiança. Deve ser dada especial atenção a pessoas ou grupos vulneráveis.

A incorporação de requisitos éticos no ciclo de vida e no desenvolvimento do sistema de IA depende do grau de risco do sistema e dos requisitos legais aos quais a organização tem que se submeter. A organização pode definir quais requisitos serão atendidos em função do risco do sistema.

13.2. Avaliação de impacto do sistema de IA

A avaliação de impacto procura verificar se os princípios éticos foram considerados no sistema de IA. Ela pode ser feita no início do projeto e durante o ciclo de vida (nas etapas de dados, para identificar possíveis viés, e nas etapas de treinamento, validação, liberação e *deployment*, monitoramento e avaliação do sistema de IA, principalmente).

A Tabela 13.2 mostra como avaliar se o princípio foi considerado no sistema de IA.

Como o leitor pode observar, há considerações abrangentes sobre o processo de desenvolvimento, sobre o modelo ou algoritmo usado e sobre o sistema de IA em si.

Poderemos observar que o desenvolvimento de um sistema de IA compreende muito mais do que somente a construção do modelo de IA.

Cada organização, em função do tipo de sistema de IA que usa ou desenvolve, deve estabelecer seu próprio processo de desenvolvimento de sistemas de IA e seu respectivo ciclo de vida.

Tabela 13.2. Requisito e impacto no projeto do sistema de IA. Fonte: o autor.

Requisito	Desdobramento e pontos a serem verificados	Impacto no projeto do sistema de IA
Ser justo e não discriminatório.	Prevenção de enviesamentos injustos. Acessibilidade universal. Participação das partes interessadas.	Conjunto de dados permite discriminação? Levou em consideração a diversidade dos usuários do sistema? Testou a possibilidade de viés? Há possibilidade de variabilidade de decisões em condições idênticas? Há mecanismos para estabelecer a equidade? O sistema é acessível para os usuários-alvo? Necessidades especiais de acesso foram consideradas? Ponderou um mecanismo para incluir a participação das diferentes partes interessadas no desenvolvimento e na utilização do sistema de IA?
Respeito à regra da lei, aos direitos humanos e aos valores democráticos, incluindo justiça e privacidade.	Conformidade com a legislação.	Avaliou a legislação pertinente? Identificou pontos de conformidade? Os dados e a transformação estão coerentes com a privacidade?
Ser sustentável.	IA sustentável e respeitadora do ambiente. Impacto social. Sociedade e democracia.	Mediu o impacto ambiental do sistema de IA? Assegurou medidas para minimizar o impacto ambiental? Os impactos sociais foram bem entendidos? Avaliou danos à democracia?

Requisito	**Desdobramento e pontos a serem verificados**	**Impacto no projeto do sistema de IA**
Direito à privacidade.	Respeito da privacidade e proteção dos dados. Qualidade e integridade dos dados. Acesso aos dados.	Verificou se há problemas de privacidade nos dados de treinamento? Treinou com poucos ou o mínimo de dados sensíveis? Controla os dados pessoais usados no treinamento? Serão usadas medidas de aumento de privacidade como criptografia? Envolveu o responsável pela privacidade dos dados? Definiu e implementou normas e mecanismos para a qualidade dos dados? Criou mecanismos de supervisão para a coleta, a conservação, o tratamento e a utilização de dados? Definiu regras de acesso aos dados? Tem registro de quem teve acesso aos dados?

Requisito	Desdobramento e pontos a serem verificados	Impacto no projeto do sistema de IA
Supervisão e determinação humana.	Direitos fundamentais. Ação humana. Supervisão humana (*in the loop*, *on the loop*).	O impacto sobre os direitos fundamentais foi avaliado? O sistema de IA pode afetar a autonomia humana? Os usuários são informados que estão interagindo com uma IA? Em um processo de trabalho, a atribuição de tarefas ao humano e à IA está clara? O sistema de IA melhora a capacidade humana? Ponderou qual seria o nível adequado de controle humano para o sistema de IA e o caso de utilização específicos? Caso exista um sistema de IA com autoaprendizagem ou autônomo, adotou mecanismos mais específicos de controle e de supervisão?
Transparência.	Rastreabilidade. Explicabilidade. Comunicação.	Documentou os métodos para desenvolver algoritmo? Documentou os métodos de treino? Há métodos para testar e validar o sistema algorítmico? Documentou os resultados do processamento do modelo? Comunicou aos usuários que estão lidando com uma IA? Informou aos usuários como o sistema chega aos resultados? Explicou aos usuários a finalidade e os beneficiários do sistema de IA? Comunicou as limitações do sistema?

Requisito	Desdobramento e pontos a serem verificados	Impacto no projeto do sistema de IA
Responsabilidade e prestação de contas.	Auditabilidade. Minimização e comunicação dos impactos negativos. Documentação de soluções de compromisso. Disponibilidade de vias de recursos (ouvidoria).	Criou mecanismos para facilitar a auditabilidade do sistema por auditores internos e/ou independentes? Realizou uma avaliação de riscos ou de impacto do sistema de IA que tenha em conta as diferentes partes interessadas direta ou indiretamente afetadas? Criou condições para a formação de práticas de responsabilização? Estão disponíveis processos para que terceiros (p. ex., fornecedores, consumidores, distribuidores/vendedores) ou trabalhadores comuniquem eventuais vulnerabilidades, riscos ou enviesamentos no sistema/ aplicação de IA? Há documentação sobre os compromissos assumidos pela alta administração e demais funções envolvidas? Há meios formais de o usuário reclamar sobre o resultado da IA que o afeta?

Requisito	Desdobramento e pontos a serem verificados	Impacto no projeto do sistema de IA
Robustez e segurança.	Resiliência a ataques e segurança. Plano de recurso e segurança. Exatidão. Confiabilidade. Reprodutibilidade.	Identificou as vulnerabilidades? Resolveu as vulnerabilidades? Adotou uma arquitetura resiliente? Há um plano de continuidade? Os riscos foram identificados? Contratou uma apólice de seguro? Avaliou danos do sistema a usuários? Avaliou danos para animais? Foi estimado o impacto de incidentes críticos? A exatidão dos resultados é medida? Os dados usados são atualizados? Avaliou danos se o sistema fizer previsões incorretas? Os testes foram exaustivos? A reprodutibilidade foi testada?
Prevenção de danos.	Danos físicos. Danos psíquicos. Danos de difamação. Danos de abertura de dados sensíveis.	Foi avaliada a possibilidade de danos físicos do sistema de IA? Foi avaliada a possibilidade de danos psíquicos do sistema de IA? Foi avaliada a possibilidade de outros danos?
Capacidade de explicar.	Documentação do sistema de IA. Documentação do algoritmo.	Avaliou se os resultados do sistema podem ser compreendidos pelos usuários e demais partes interessadas? A decisão do sistema impacta a tomada de decisão na organização? As escolhas do sistema são explicáveis?
Adequabilidade do propósito.	Confrontação do escopo inicial do sistema de IA com a operação.	O escopo é revisado a cada passo no desenvolvimento do projeto? O escopo é controlado? O escopo está documentado?

Como veremos mais adiante, a avaliação de impacto está prevista na legislação que está sendo discutida no congresso brasileiro. Essa avaliação pode dirigir toda a gestão de riscos sobre o sistema de IA.

14. A questão da conformidade com regulações e a legislação

Aguinaldo Aragon Fernandes
Vladimir Ferraz de Abreu

Geralmente as legislações aparecem depois que a novidade ou novos modelos de negócio surgem. Nesta era de empresas baseadas em plataformas digitais e conectadas em ecossistemas, a mudança é muito rápida, de forma que os legisladores não conseguem acompanhar, principalmente em regimes democratas.

A legislação em algum momento chega. Exemplos: algumas cidades estão colocando restrições para o Airbnb. Recentemente houve uma polêmica sobre regularizar motoristas de aplicativos.

O que a IA generativa está promovendo na forma de se trabalhar é o impacto mais visível para todos os cidadãos comuns. Se *chatbots*, assistentes virtuais e aplicações mais complexas em saúde, educação, gerenciamento de *utilities*, gerenciamento de meios de transportes, segurança pública e tomada de decisão em organizações são sistemas que podem afetar a vida de pessoas e até colocá-la em risco, se faz necessária legislação para proteger o cidadão e estabelecer o espaço necessário para a inovação e atuação regular dos produtores e fornecedores de sistemas de IA.

Esse cenário tem levado vários países a estabelecer um arcabouço legal para a governança (aqui no sentido de regulação) do desenvolvimento e uso de sistemas de IA.

Vários países já exibem leis relacionadas com IA[25].

Várias iniciativas estão em desenvolvimento e outras já estão em vigor, como o

---

[25] Vide o estado atual da legislação em vários países em <https://iapp.org/resources/article/global-ai-legislation-tracker/>.

Ato Europeu para IA. No Brasil ocorre a tramitação do projeto de lei nº 2338/2023, que legisla sobre a IA. Este projeto de lei foi aprovado pelo Senado Federal em 10 de dezembro de 2024 e será encaminhado para a Câmara. Espera-se que, até o final de 2025, esteja aprovado e entre em vigor.

O que isso significa para as organizações?

Toda e qualquer organização, de direito público e privado, pessoa natural, que for usar produtos de sistemas de IA, fornecer sistemas de IA para o mercado, desenvolver sistemas de IA e sustentar sistemas de IA deverão observar o cumprimento da legislação.

O projeto de lei nº 2338/2023 (SENADO FEDERAL, 2023) pretende estabelecer normas gerais de caráter nacional para o desenvolvimento, a implementação e o uso responsável de sistemas de IA no Brasil, com o objetivo de proteger os direitos fundamentais e garantir a implementação de sistemas seguros e confiáveis em benefício da pessoa humana, do regime democrático e do desenvolvimento científico e tecnológico.

Vamos a alguns detalhes.

14.1. Fundamentos e princípios do PL 2338

Alguns dos principais fundamentos são:

- A centralidade da pessoa humana.
- O respeito aos direitos humanos e aos valores democráticos.
- O livre desenvolvimento da personalidade.
- A proteção ao meio ambiente e o desenvolvimento sustentável.
- A igualdade, a não discriminação, a pluralidade e a diversidade.
- O desenvolvimento socioeconômico, científico, tecnológico e a inovação.
- A defesa do consumidor, a livre iniciativa e a livre concorrência.
- A privacidade, a proteção de dados e a autodeterminação informativa.
- A promoção da pesquisa e do desenvolvimento com a finalidade de estimular o desenvolvimento social e a redução de desigualdades, bem como a inovação nos setores produtivos e no poder público e as parcerias público-privadas.
- O acesso à informação e à disseminação de dados, de forma aberta, estruturada e segura.

Princípios:

- Crescimento inclusivo, desenvolvimento sustentável e bem-estar, incluindo a proteção do trabalho e do trabalhador.
- Autodeterminação e liberdade de decisão e de escolha.
- Supervisão e determinação humana efetiva e adequada no ciclo de vida da inteligência artificial, considerando o grau de risco envolvido.
- Não discriminação ilícita ou abusiva.
- Justiça, equidade e inclusão.
- Transparência e explicabilidade, observado o segredo comercial e industrial, considerada a participação de cada agente na cadeia de valor de IA.
- Confiabilidade e robustez do sistema de inteligência artificial.
- Proteção dos direitos e garantias fundamentais, incluindo o devido processo legal, contestabilidade e contraditório.
- Prevenção, precaução e mitigação de riscos e danos
- Não maleficência e proporcionalidade entre os métodos empregados e as finalidades determinadas e legítimas dos sistemas de inteligência artificial.
- Desenvolvimento e uso ético e responsável da inteligência artificial.
- Governança transparente, participativa e orientada à proteção de direitos fundamentais individuais, sociais, coletivos e econômicos.
- Promoção da interoperabilidade de sistemas de IA para permitir um acesso mais amplo e uma inovação colaborativa.
- Possibilidade e condição de utilização de sistemas e tecnologias com segurança e autonomia, por pessoa com deficiência, garantida a plena acessibilidade à informação e à comunicação.
- Proteção integral das crianças e dos adolescentes.

O PL 2338 está alinhado a fundamentos e princípios da Organização das Nações Unidas, e à legislação europeia.

Há várias implicações do ponto de vista de quem governa a IA nas organizações e que chamamos de IA confiável, responsável e justa.

14.1.1. Os direitos do cidadão

O PL 2338 estabelece como direitos do usuário de sistemas de IA:

- Direito à informação prévia quanto às suas interações com sistemas de inteligência artificial.
- Direito à privacidade e à proteção de dados.
- Direito à explicação sobre a decisão, recomendação ou previsão feitas pelo sistema.
- Direito à não discriminação ilícita ou abusiva e à correção de vieses discriminatórios ilegais ou abusivos sejam eles diretos ou indiretos.
- Direito de contestar e de solicitar a revisão de decisões, recomendações ou previsões de sistema de IA.
- Direito à revisão humana das decisões, levando-se em conta o contexto, risco e o estado da arte do desenvolvimento tecnológico.

14.2. Implicações para as organizações

Para organizações que desenvolvem e usam sistemas de IA, a legislação traz implicações que afetam a governança, o ciclo de vida de desenvolvimento do sistema e a responsabilidade civil.

Categorização de riscos:

- Previamente à sua colocação no mercado ou utilização em serviço, todo sistema de inteligência artificial poderá passar por avaliação preliminar realizada pelo fornecedor para classificação de seu grau de risco, cujo registro considerará os critérios estabelecidos na lei.
- Registros de avaliação deverão ser documentados em função do grau de risco do sistema.
- O fornecedor de sistemas não poderá comercializar ou colocar para uso sistemas de IA considerados de risco excessivo, como os que explorem vulnerabilidades, que classifiquem e ranqueiem pessoas naturais, dentre outros.

Governança dos sistemas de IA:

- Os agentes de inteligência artificial estabelecerão estruturas de governança e processos internos aptos a garantir a segurança dos sistemas e o atendimento dos direitos de pessoas afetadas em termos de: medidas de transparência, transparência da governança, medidas de gestão de dados, conformidade com a Lei Geral de Proteção de Dados (LGPD), medidas de segurança da informação, além de garantir a documentação técnica antes de implementar para o uso.

- A governança deve ocorrer ao longo do ciclo de vida do sistema de IA.
- Os agentes de inteligência artificial poderão implementar programa de governança que demonstre o seu comprometimento em adotar processos e políticas internas que assegurem o cumprimento, de forma abrangente, de normas e boas práticas relativas à não maleficência e proporcionalidade entre os métodos empregados e as finalidades determinadas e legítimas dos sistemas de inteligência artificial.

Documentação para sistemas de IA de alto risco:

- Documentação em formato adequado, considerando todas as etapas do ciclo de vida.
- Documentação sobre ferramentas utilizadas, dados de testes usados, avaliação dos dados para testes, explicação técnica do comportamento da IA, composição da equipe envolvida no desenvolvimento do sistema.

A avaliação de impacto do algoritmo:

- A avaliação de impacto algorítmico de sistemas de inteligência artificial é obrigação dos agentes de IA, sempre que o sistema for considerado de alto risco pela avaliação preliminar, registrando: riscos conhecidos, benefícios, consequências adversas, gravidade das consequências, lógica de funcionamento, processo de testes, medidas de mitigação, medidas de transparência etc.
- Processo executado ao longo do ciclo de vida do sistema de IA.
- Garantidos os segredos industrial e comercial, as conclusões da avaliação de impacto serão públicas, contendo ao menos as seguintes informações: finalidade do uso do sistema, medidas de mitigação de risco, descrição dos segmentos afetados.

Responsabilidade civil:

- O agente de sistema de inteligência artificial que cause dano patrimonial, moral, individual ou coletivo é obrigado a repará-lo integralmente, independentemente do grau de autonomia do sistema.

Códigos de prática:

- Os agentes de inteligência artificial poderão, individualmente ou por meio de associações, formular códigos de boas práticas e de governança que estabeleçam as condições de organização, o regime de funcionamento, os procedimentos, inclusive sobre reclamações das pessoas afetadas, as normas de segurança, os padrões técnicos, as obrigações específicas para cada contexto de implementação, as ações educativas, os mecanismos internos de supervisão e de mitigação de riscos e as medidas técnicas e organizacionais de segurança apropriadas para a gestão dos riscos decorrentes da aplicação dos sistemas de IA.

Comunicação de incidentes graves:

- Os agentes de inteligência artificial comunicarão à autoridade competente a ocorrência de graves incidentes de segurança, incluindo quando houver risco à vida e à integridade física de pessoas, a interrupção de funcionamento de operações críticas de infraestrutura, graves danos à propriedade ou ao meio ambiente, bem como graves violações aos direitos fundamentais, nos termos do regulamento.

Contratação pelo serviço público:

- A contratação de sistemas de IA pelo serviço público deverá incorporar avaliações de impacto e risco do sistema.

14.3. Como se darão a supervisão e a fiscalização

O Poder Executivo designará autoridade competente para zelar pela implementação e fiscalização da lei e será a autoridade competente, será o órgão central de aplicação desta lei e do estabelecimento de normas e diretrizes para a sua implementação.

As atribuições à autoridade competente abrangem: elaborar a Estratégia Brasileira de Inteligência Artificial, zelar pela proteção dos direitos fundamentais, estimular a adoção de boas práticas, expedir normas, certificar sistemas de alto risco e aplicar sanções administrativas.

Adicionalmente, terá como atribuição medidas para fomentar a inovação, através de *sandboxes* regulatórios, e manter uma base pública de inteligência de alto risco, acessível ao público e que contenha as avaliações de impacto, respeitados os segredos comercial e industrial, nos termos do regulamento.

É criado o Sistema Nacional de Regulação e Governança de Inteligência Artificial, composto pela Autoridade Nacional de Proteção de Dados (ANPD), autoridades setoriais, o Conselho Permanente de Cooperação Regulatória de Inteligência Artificial (CRIA) e o Comitê de Especialistas e Cientistas de Inteligência Artificial (CECIA).

15. Capacidades organizacionais em IA

Thiago Luiz Rosa Sávio Costa
Ana Paula Bernardi da Silva
Gilberto Clovis Josemin

Para que as organizações maximizem os benefícios e mitiguem os riscos do uso sustentável de IA, elas precisam desenvolver capacidades específicas alinhadas à estratégia empresarial. Sem essas capacidades a implantação de uma estratégia de IA na organização enfrentará resistências.

Este capítulo apresenta uma visão geral sobre capacidades organizacionais e a relação entre elas no contexto da transformação digital (TD) e traz um conjunto específico de capacidades que tornam viável a jornada de IA de uma organização.

15.1. Capacidades organizacionais

Uma capacidade organizacional pode ser entendida como um conjunto de atividades atuais ou potenciais que utilizam os recursos produtivos da empresa para fazer ou entregar bens ou serviços. Ela pode ser empregada em oposição às circunstâncias, para produzir resultados desejáveis. Capacidade é o que a organização poderia realizar, não necessariamente o que ela está produzindo atualmente. As capacidades surgem em parte do aprendizado, dos recursos organizacionais e das dependências de jornada. Elas não estão vinculadas a finalidades ou produtos específicos (TEECE, 2014).

Em resumo, as capacidades identificam o que a organização precisa fazer para alcançar seus objetivos estratégicos. Elas emergem a partir da configuração dos ativos, ao longo da trajetória da organização, para aproveitar as oportunidades e responder às ameaças do ambiente estratégico.

Identificar as capacidades organizacionais necessárias para criar, entregar e capturar valor de forma sustentável, além de promover a diferenciação em relação aos concorrentes, é uma atividade essencial para que uma organização enfrente um ambiente competitivo dinâmico e de supercompetição (TEECE; LINDEN, 2017; VIAL, 2019; OSTERWALDER *et al.*, 2020).

O ambiente competitivo da economia digital é caracterizado pelas mudanças que as tecnologias digitais podem trazer no modelo de negócios de uma empresa, na criação de novos produtos, nas estruturas organizacionais remodeladas ou na automação de processos (HESS *et al.*, 2016). Dessa forma, segundo Vial (2019), a TD pode ser vista como fonte de mudança contínua e ruptura no ambiente competitivo de uma empresa e que exige que as organizações desenvolvam mecanismos que permitam uma adaptação contínua e constante às mudanças do ambiente (TEECE, 2014).

As tecnologias digitais mudaram a estrutura da competição. A velocidade das mudanças, a incerteza constante, a mudança da competição baseada em posicionamento de mercado para a centralidade no cliente e o surgimento de novos modelos de negócio são reflexos do emprego das tecnologias digitais no contexto das organizações. Segundo Teece (2007), em ambientes competitivos globais, em ritmo acelerado, as necessidades do consumidor, as oportunidades tecnológicas e as atividades dos concorrentes estão em constante estado de fluxo.

Navegar nesse ambiente competitivo exige (i) revisão do papel da informação e da tecnologia na organização; (ii) nova forma de pensar a estratégia da corporação; (iii) mudança nos arranjos organizacionais; (iv) revisão/mudança dos modelos de negócio; (v) diversidade de experiências aos clientes; (vi) aumento de performance organizacional (ALBINO, 2021; KARIMI; WALTER, 2015; VIAL, 2019; WIESBÖCK; HESS, 2019; HESS *et al.*, 2015; CHANIAS; MYERS; HESS, 2018; CHANIAS, 2017).

Segundo Albino (2021), a TD apresenta uma série de desafios que estão tabulados na Tabela 15.1:

Tabela 15.1. Desafios da transformação digital. Fonte: adaptado de Albino (2021).

Categoria	Desafios
Inovação do modelo de negócios	- Resposta ao aumento da concorrência para eliminar as barreiras de entrada e reduzir os limites do mercado. - Ciclos de inovação mais rápidos.
Cultura	- Resistência à mudança. - Vontade de arriscar e experimentar. - Inércia criada pela dependência da trajetória, o que reduz a inovação.

Categoria	Desafios
Necessidades do cliente	- Resposta às mudanças nas necessidades dos clientes.
Dados	- Acessar, integrar, processar e investigar os extensos volumes de dados. - Privacidade e proteção de dados.
Capacidade de TI	- Integrar a nova tecnologia ao SI fragmentado e legado de uma organização. - Adaptabilidade dos recursos de TI a tecnologias em rápida mudança para remodelar totalmente os negócios.
Liderança	- Liderança que não integra TI e negócios.
Estrutura organizacional	- Quebrar os silos funcionais. - Alto nível de hierarquia.
Pessoas	- Mudança dinâmica de papéis organizacionais e habilidades. - Competir por talentos com novos participantes digitais.
Estratégia	- Desalinhamento entre TI e estratégia de negócios. - Planejamento estratégico rígido.

Para fazer frente ao desafio da TD, segundo Aragon (2020), uma organização não será bem-sucedida se não levar em consideração um conjunto de capacidades para obter os benefícios que o negócio espera da TD. A Tabela 15.2 apresenta um resumo dessas capacidades:

Tabela 15.2. Capacidades para transformação digital. Fonte: adaptado de Aragon (2020).

Capacidades	Definição
Cultura organizacional	Capacidade de identificar a cultura atual, desenvolver e implantar uma nova cultura alinhada com os objetivos da organização.
Agilidade	Usar metodologias ágeis no contexto organizacional para responder às mudanças da transformação digital de forma adequada.
Inovação e gestão da tecnologia	Capacidade de gerar inovação no âmbito da organização a partir do uso da tecnologia, a partir de uma visão mais integrada acerca das tecnologias e das capacidades, com suporte do processo de gestão da tecnologia.
Arquitetura tecnológica	Para habilitar a transformação digital é necessário: (i) uma arquitetura tecnológica escalável, flexível e de alta disponibilidade; (ii) serviços de TI robustos e que atendam aos níveis de serviços requeridos pelo negócio; (iii) serviços de segurança da informação apropriados; (iv) processos que garantam a continuidade dos serviços para o negócio.

Capacidades	Definição
Governança e gestão da tecnologia	A organização ágil necessita ter governança e gestão da tecnologia igualmente ágeis. Precisa evoluir sua abordagem de controles e *compliance*, tipo comando e controle, para uma mais voltada para a geração de valor, com empoderamento dos times.
Estratégia de dados	É um conceito central que articula como os dados habilitarão e inspirarão a estratégia do negócio e define tudo o que se refere a dados na organização.
Estratégia de *sourcing*	Abordagem para escolher a melhor tecnologia que irá atender aos objetivos da organização e definir políticas que possibilitarão uma boa governança do relacionamento com os fornecedores ou parceiros.
Gestão de portfólio, programas e projetos	A transformação digital acontece por meio de um conjunto de iniciativas que devem ser gerenciadas a partir de melhores práticas de portfólio, programas e projetos.
Competências e habilidades	É a identificação e o desenvolvimento de competências e habilidades indispensáveis para o processo de transformação e para a operação dos negócios no ambiente digital.
Liderança	A necessidade de patrocínio das iniciativas de transformação digital, por meio de um forte envolvimento e comprometimento das lideranças da organização e principalmente da mais alta liderança.
Práticas de organizações exponenciais	Aplicação de práticas como *staff* sobre demanda; comunidade e multidão; algoritmos; alavancagem de ativos; engajamento e orquestração; interfaces; *dashboards*; experimentação; autonomia; e tecnologias sociais.

Nessa mesma direção, na economia digital não é a posse de uma tecnologia específica que gera o diferencial competitivo, mas, sim, a forma como a organização usa o ativo tecnológico para habilitar uma proposta de valor e um modelo de negócio de forma única e de difícil imitação (TEECE, 2014; TEECE; PETERAF; LEIH, 2016; FERNANDES, 2020; ALBINO, 2021).

No contexto da IA isso não é diferente. A IA será usada para gerar novas propostas de valor, aumentando a disputa pelos clientes; para promover uma maior eficiência operacional por meio da automação de processos de forma mais acelerada, o que pressionará as margens de lucro e exigirá a otimização de estruturas; para a geração de *insights*, aprimorando o processo decisório e promovendo a agilidade organizacional (WAMBA-TAGUIMDJE *et al.*, 2020; ENHOLM *et al.*, 2022; ASTROM *et al.*, 2022; PERIFANIS; KITSIOS, 2023).

Nessa nova arena competitiva, baseada em IA, as organizações precisam repensar os seus modelos de negócio e suas estratégias. Para tanto, é imperativo identificar e desenvolver as capacidades de IA que as diferenciam de seus concorrentes e aquelas que suportam a sua operação. Da mesma forma, equilibrar a manutenção entre o modelo de negócio atual e a criação de novos modelos baseados em IA.

15.1.1. Capacidades de IA e vantagem competitiva

O que vai diferenciar uma organização de outra em relação ao uso da IA? Segundo Barney e Hesterly (2019, p. 68), se uma empresa possui capacidades valiosas que poucas possuem, e se essas poucas empresas consideram muito oneroso imitar essas capacidades, a empresa que detém esses ativos tangíveis e intangíveis pode obter uma vantagem competitiva sustentável. Uma das maneiras de identificar uma capacidade distintiva é proposta por Barney e Hesterly (2019). Os autores estabelecem quatro critérios que podem ser usados para avaliar se uma capacidade organizacional é fonte de vantagem competitiva. A Tabela 15.3 apresenta cada um desses componentes.

Tabela 15.3. Questões VRIO. Fonte: adaptado de Barney e Hesterly (2019, p. 68).

	Questões	Descrição
1	Valor	A capacidade permite que a empresa explore uma oportunidade ambiental e/ou neutralize uma ameaça do ambiente?
2	Raridade	A capacidade é controlada atualmente apenas por um pequeno número de empresas concorrentes?
3	Imitabilidade	As empresas sem o recurso enfrentam uma desvantagem de custo para obtê-la ou desenvolvê-la?
4	Organização	As outras políticas e os outros procedimentos da empresa são organizados para dar suporte à exploração de seus recursos?

Os autores oferecem um fluxo de avaliação em relação à geração ou não de vantagem competitiva a partir da capacidade, conforme Figura 15.1.

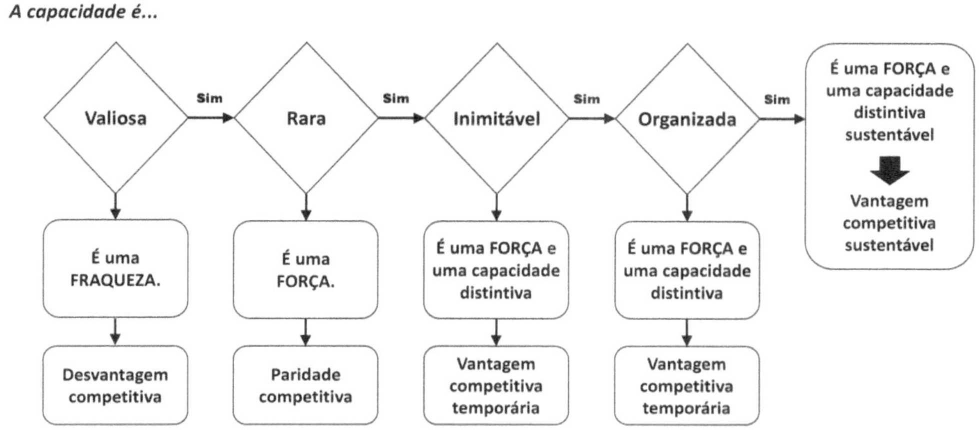

Figura 15.1. Fluxo VRIO *framework*. Fonte: adaptado de Barney e Hesterly (2019, p. 68).

Nesse sentido, a vantagem competitiva sustentável exige que uma capacidade atenda a esses atributos. A simples aquisição de uma tecnologia ou um serviço de IA não é suficiente para gerar uma capacidade distintiva. As organizações precisam definir o seu conjunto de capacidades de IA, que serão combinadas para habilitar modelos de negócio em uma nova economia.

A identificação, a avaliação e o desenvolvimento de capacidades de IA, necessários para cumprir os objetivos estratégicos da organização, nesse contexto competitivo, são uma decisão estratégica fundamental. Como disse Lafley e Martin (2019), estratégia é sobre escolhas, e definir quais capacidades devem estar disponíveis para vencer é uma das escolhas que posicionam a organização no contexto competitivo.

Capacidades de IA podem ser definidas conforme Tabela 15.4:

Tabela 15.4. Conceitos de capacidades de IA. Fonte: adaptado de Enholm *et al.* (2022).

Autores	**Definição**
Schmidt *et al.*, (2020)	Capacidade de IA: a habilidade das organizações de usar dados, métodos, processos e pessoas de maneira a criar possibilidades para automação, tomada de decisões, colaboração etc. Isso não seria possível por meios convencionais.
Schmidt *et al.*, (2020)	Capacidades de IA são ativos digitais que integram ativos específicos de IA, por exemplo: algoritmos de IA, treinamento de dados etc., para permitir a criação de valor.
Wamba-Taguimdje *et al.*, (2020)	As capacidades de IA podem ser definidas como a habilidade da empresa de criar um conjunto de recursos organizacionais, pessoais e de IA para a criação e captura de valor comercial.
Mikalef e Gupta (2021)	Uma capacidade de IA é a habilidade de uma empresa de selecionar, orquestrar e alavancar seus recursos específicos de IA.

Para gerar valor a partir do uso de IA, a organização precisa estabelecer um conjunto de capacidades para governar, gerenciar e operar a IA.

Além disso, para que esse valor redunde em uma fonte de vantagem competitiva sustentável, essas capacidades de IA precisam compor um sistema de capacidades organizacionais (PERIFANIS; KITSIOS, 2023).

15.1.2. Capacidades dinâmicas e ordinárias

Segundo Vial (2019), a natureza do ambiente digital e a constante criação de oportunidades advindas de novas tecnologias exigem que as organizações as implementem com a finalidade de obter ou manter sua vantagem competitiva. A capacidade das empresas de projetar mecanismos que possibilitem uma adaptação contínua e repetível, apesar dessas mudanças rápidas, passa a ser uma questão fundamental para a sobrevivência da organização (VIAL, 2019; WARNER; WÄGER, 2019; ALBINO, 2021; KARIMI; WALTER, 2015; KRAUS *et al.*, 2022).

Segundo Teece (2018), em cenários de constante mudança, a chave para a geração de vantagem competitiva de longo prazo passa a ser a capacidade de recombinar e reconfigurar ativos e estruturas organizacionais à medida que a empresa cresce e os mercados e as tecnologias mudam, como certamente acontecerá. A reconfiguração é necessária para manter a aptidão evolutiva e, se necessário, para tentar escapar de dependências de jornada desfavoráveis (TEECE, 2007). Assim, a orquestração periódica de ativos, senão contínua – envolvendo a obtenção de alinhamento de ativos, coalizão, realinhamento e redistribuição –, é necessária para minimizar o conflito interno e maximizar complementaridades e trocas produtivas dentro da empresa (TEECE, 2007).

As capacidades necessárias para a organização promover essa reconfiguração constante da sua base de ativos são chamadas de capacidades dinâmicas. Elas vão além das abordagens tradicionais para compreender a vantagem competitiva a partir da posse de um ativo ou capacidade. Elas enfatizam as características e processos necessários para alcançar um bom posicionamento em um ecossistema favorável, mas também se esforçam para explicar novas considerações estratégicas e as disciplinas de tomada de decisão necessárias para garantir que as oportunidades, uma vez percebidas, possam ser aproveitadas; e como reconfigurar o negócio quando o mercado ou a tecnologia inevitavelmente se transformar mais uma vez (TEECE, 2007; TEECE; PETERAF; LEIH, 2016; WARNER; WÄGER, 2019).

As capacidades dinâmicas podem ser separadas em três núcleos centrais (TEECE, 2007; TEECE, 2014; TEECE; PETERAF; LEIH, 2016):

- ***Sensing***: identificação, desenvolvimento, codesenvolvimento e avaliação de oportunidades tecnológicas em relação às necessidades do cliente.
- ***Seizing***: mobilização de recursos para atender às necessidades e oportunidades, e para capturar valor ao fazê-lo.
- ***Transforming***: renovação contínua.

As capacidades dinâmicas analisam as fontes e os métodos de criação e a captura de riqueza que operam em ambientes de rápida mudança tecnológica. É a capacidade da empresa de integrar, construir e reconfigurar competências internas e externas para lidar com ambientes em rápida mudança. As capacidades dinâmicas, portanto, refletem a capacidade de uma organização de alcançar formas novas e inovadoras de vantagem competitiva, dadas as dependências de jornada e as posições de mercado (TEECE; PISANO; SHUEN, 1997).

Segundo Teece (2014), existem duas classes importantes de capacidades: as ordinárias e as dinâmicas. Teece (2014, p. 330) afirma que as capacidades dinâmicas podem ser mais bem compreendidas quando comparadas às capacidades ordinárias. As capacidades ordinárias têm o propósito de promover a eficiência técnica nos negócios e envolvem o desempenho de funções administrativas, operacionais e relacionadas à governança que são (tecnicamente) necessárias para realizar tarefas. Melhorar a qualidade, controlar custos, reduzir estoques e adotar as melhores práticas ("aptidão técnica") não é mais suficiente para o sucesso competitivo de longo prazo (TEECE, 2007), ou seja, são comuns no sentido de que ajuda uma empresa no presente, mantendo o *status quo*, mas isso deixa a empresa vulnerável às mudanças ambientais (WARNER; WÄGER, 2019).

Segundo Teece (2014), as capacidades ordinárias permitem suficiência (e, potencialmente, excelência) no desempenho de tarefas bem delineadas. Elas se enquadram em três categorias: administração, operações e governança. Capacidades comuns são incorporadas em alguma combinação de: (i) pessoal qualificado, (ii) instalações e equipamentos, (iii) processos e rotinas e (iv) a coordenação administrativa e a supervisão necessárias para garantir que as tarefas sejam realizadas.

As capacidades ordinárias estão relacionadas ao *business as usual*, ou seja, ao modelo operacional que a organização possui. São capacidades que procuram a melhor maneira de operar, administrar e governar os ativos e recursos, com a prioridade de "fazer certo as coisas" (TEECE, 2014). Habilitam a organização a operar uma atividade continuamente usando mais ou menos a mesma técnica na mesma escala para suportar produtos e serviços existentes para a mesma população de consumidores (HELFAT; PETERAF, 2015). Ou seja, tais capacidades podem ser observadas na forma como a organização orquestra os seus ativos para gerar valor a partir do modelo de negócio atual.

Conforme aponta Albino (2021), o objetivo central das capacidades dinâmicas não é a eficiência de curto prazo, mas a sustentabilidade ao longo do tempo por meio do "ajuste evolutivo" (TEECE, 2007; TEECE, 2014). A Tabela 15.5 apresenta um resumo das principais características das capacidades ordinárias em relação às capacidades dinâmicas.

Tabela 15.5. Diferença entre capacidade ordinária e capacidade dinâmica. Fonte: adaptado de Teece (2014).

	Capacidade ordinária	Capacidade dinâmica
Propósito	Eficiência técnica nas funções de negócios	Alcançar congruência com as necessidades dos clientes e com as oportunidades tecnológicas e de negócios
Modo de alcance	Comprar ou construir (aprender)	Construir (aprender)
Esquema tripartido	Operar, administrar e governar	Sentir, capturar e transformar
Principais rotinas	Melhores práticas	Processos de assinatura
Ênfase gerencial	Controle de custo	Orquestração e liderança de ativos empresariais
Prioridade	Fazendo certo as coisas	Fazendo as coisas certas
Imitabilidade	Relativamente imitável	Inimitável
Resultado	Aptidão técnica (eficiência)	Aptidão evolutiva (inovação)

15.2. Modelo de capacidades de IA

O presente tópico apresenta uma proposta de modelo de capacidades de IA, a partir da identificação do conjunto de capacidades dinâmicas e ordinárias que as organizações precisam levar em conta ao estabelecer suas estratégias de IA.

15.2.1. Capacidades de IA como parte de um sistema de capacidades organizacionais

Segundo Warner e Wäger (2019), a transformação digital é como um processo contínuo de renovação estratégica, que usa avanços em tecnologias digitais para construir capacidades que atualizem ou substituam o modelo de negócio, a abordagem colaborativa e a cultura de uma organização. Da mesma forma, a adoção da inteligência artificial é um processo contínuo e evolutivo que impacta toda a organização.

O modelo de capacidades de IA foi elaborado a partir de modelos baseados em capacidades dinâmicas para transformação digital e de estudos sobre as capacidades de IA, conforme Figura 15.2 (VIAL, 2019; WARNER; WÄGER, 2019; ALBINO, 2021; COSTA, 2022):

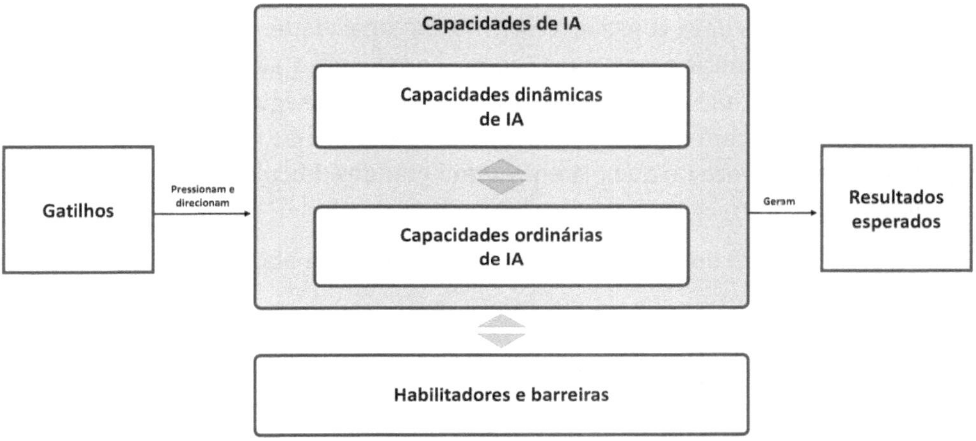

Figura 15.2. Modelo de capacidades de IA. Fonte: o autor.

A Figura 15.2 representa o modelo de capacidades de IA em um contexto competitivo dinâmico e adaptativo, em que o processo de adoção de IA acontece de forma contínua e orientada ao alcance de resultados esperados.

Os gatilhos identificam alguns dos aspectos do ambiente externo que pressionam a organização por meio de oportunidades ou ameaças que podem indicar o início do processo de adoção tecnológica.

Os resultados pretendidos da adoção da IA devem ser quantificados para que os benefícios e os riscos possam ser ponderados pelos tomadores de decisão estratégica e gerem o alinhamento necessário em toda a organização quanto aos resultados pretendidos.

Para responder aos estímulos do ambiente competitivo e alcançar os resultados pretendidos, as organizações precisarão reconfigurar sua base de ativos e recursos, gerando novas capacidades ou aprimorando as capacidades existentes a partir do uso da IA. Nesse contexto, as capacidades dinâmicas de IA referem-se ao processo contínuo de adaptação e evolução das capacidades de IA, permitindo que a organização reconfigure rapidamente em resposta a mudanças, buscando a sustentabilidade da proposta de valor da organização.

Por outro lado, as capacidades ordinárias de IA sustentam operações contínuas vinculadas à governança, à operação de negócio e à operação de IA.

Algumas capacidades ordinárias da organização podem funcionar como habilitadores ou bloqueadores do processo de reconfiguração, adaptação e desenvolvimento de capacidades de IA. Identificar quais são essas capacidades auxilia a elaboração de estratégias a partir de um diagnóstico de forças e fraquezas dos recursos internos disponíveis para suportar a implementação da IA.

Cada organização deve construir o seu *mix* de capacidades e alocar recursos para desenvolver ou adquirir essas capacidades com vistas a alcançar seus objetivos estratégicos. Possuir um conjunto de capacidades não assegura, isoladamente, que a organização alcançará os seus objetivos estratégicos, mas não desenvolver essas capacidades é a certeza de que ela enfrentará grandes dificuldades na execução da estratégia.

A seguir, cada um dos componentes do modelo será abordado de forma mais específica.

15.2.1.1. Gatilhos para a adoção de IA

Os principais aspectos no ambiente em que a organização está inserida que são vetores de adaptação estratégica (WARNER e WÄGER, 2019; VIAL, 2019; ALBINO, 2021; ZAKI, 2019; WIESBOECK; HESS, 2019; PERIFANIS; KITSIOS, 2023; ENHOLM *et al.*, 2022; MÄNTYMÄKI *et al.*, 2022) são:

- **Cenário competitivo:** a IA, combinada com as tecnologias digitais, facilita a (re)combinação de produtos e serviços existentes para gerar novos modelos de negócio, reduzindo as barreiras de entrada e dificultando a sustentabilidade da vantagem competitiva dos incumbentes.
- **Comportamentos e expectativas do consumidor estão mudando:** a IA, combinada com as tecnologias digitais, possibilita a coleta e o processamento de uma grande quantidade de dados, permitindo a criação de modelos preditivos e cada vez mais personalizados a partir do conhecimento dos seus comportamentos, desejos e hábitos.
- **Outras tecnologias digitais disruptivas:** a IA está acelerando os ciclos de inovação e está oferecendo oportunidades e ameaças para as empresas. Além disso, a IA faz parte de forma embarcada das soluções de mercado ou a partir de conceitos como AIaaS (*AI as a Service*).

- **Repensando propostas de valor:** as novas possibilidades geradas pela IA estão desafiando as organizações a identificar necessidades não atendidas dos clientes, criar produtos e serviços inteligentes e apresentar ao cliente propostas de valor inovadoras e personalizadas.
- **Mudanças no contexto legal e regulatório:** as tendências de regulação da IA em razão dos potenciais impactos do seu uso indiscriminado sinalizam um ambiente com maiores restrições para o desenvolvimento de IA nas organizações e a necessidade de atendimento de requisitos legais.

15.2.1.2. Resultados esperados com a adoção de IA

Os resultados da adoção de tecnologias como IA provocam renovação estratégica e aprimoram a performance organizacional.

A renovação estratégica acontece em razão do processo contínuo de transformação e adaptação, que impacta na cultura, no modelo de negócio e na abordagem de colaboração (WARNER; WÄGER, 2019; VIAL, 2019; ALBINO, 2021; TEECE; RASPIN; COX, 2020; TEKIC; KOROTEEV, 2019; ENHOLM *et al.*, 2022; WAMBA-TAGUIMDJE *et al.*, 2020; PERIFANIS; KITSIOS, 2023).

- **Modelos de negócio:** as organizações podem utilizar a IA para desenvolver novas propostas de valor ou buscar processos de negócios digitais ou, por último, construir modelos de negócios inovadores.
- **Abordagem de colaboração:** os arranjos que tratam os dados e as iniciativas analíticas de forma descentralizada nas organizações produzem mudanças mais extensas na forma como elas colaboram.
- **Cultura:** a adoção acelerada de IA inevitavelmente levará a mudanças mais significativas na cultura organizacional.

O processo de aprimoramento da performance organizacional acontece nas seguintes dimensões (WARNER; WÄGER, 2019; VIAL, 2019; ALBINO, 2021; ENHOLM *et al.*, 2022; WAMBA-TAGUIMDJE *et al.*, 2020; PERIFANIS; KITSIOS, 2023):

- **Eficiência operacional:** a adoção de IA pode aumentar a produtividade, reduzir erros de ações humanas, aumentar a precisão dos processos e fomentar a reengenharia de processos e o redesenho de estruturas.

- **Aumento da receita:** a IA pode gerar *insights* sobre os clientes para fomentar propostas de valor mais dinâmicas e direcionadas, provocando um aumento da receita, otimizando a precificação e a avaliação de riscos.
- **Novos modelos de negócio:** o uso de IA pode apoiar a reconfiguração dos componentes dos modelos de negócios, reformulando as fontes de receita da organização e a estrutura de custos, dando origem a novas propostas de valor.

Para se aprofundar no retorno sobre o investimento da IA, o tema é explorado no Capítulo 11.

15.2.1.3. Habilitadores e barreiras

O processo de reconfiguração organizacional provocado pela implementação da estratégia de IA vai exigir que a organização enfrente um processo de transformação em que determinadas capacidades ordinárias podem servir como habilitadores ou barreiras desse processo provocado pela adoção de novas tecnologias (WARNER; WÄGER, 2019; VIAL, 2019; ALBINO, 2021; DIENER; ŠPACEK, 2021; FERNANDES, 2020).

Essas capacidades estão baseadas em recursos específicos de que a organização lança mão para fazer frente aos seus desafios. Tais ativos são pervasivos na organização, tais como recursos humanos, dados, tecnologia ou recursos financeiros disponíveis, por exemplo (MIKALEF; GUPTA, 2021; PERIFANIS; KITSIOS, 2023). Em razão disso, esses ativos devem ser governados e gerenciados de modo a maximizar a sua geração de valor, o que pode ser feito pela aplicação de melhores práticas.

Segue um conjunto de capacidades ordinárias que podem funcionar como habilitadoras ou barreiras do processo de adoção e uso de IA (WARNER; WÄGER, 2019; VIAL, 2019; FERNANDES, 2020; ALBINO, 2021):

- **Patrocínio executivo:** o protagonismo e o apoio da equipe executiva sênior difundem o comprometimento por toda a empresa, intensificam a força política necessária para superar as resistências naturais da adoção tecnológica e geram o capital social que apoia a transformação. Por outro lado, inciativas sem apoio executivo tendem a enfrentar dificuldades na alocação de recursos, na priorização das ações, a se restringir a um setor específico da organização e a não desenvolver os atributos necessários para criar uma sustentabilidade de longo prazo.
- **Governança de TI:** capacidade de avaliar, dirigir e monitorar o uso atual e futuro da informação e da tecnologia no nível organizacional.

Estabelece a estrutura de direitos decisórios, buscando potencializar os benefícios de TI em relação aos riscos de TI e recursos empregados.

- **Gestão de TI e capacidade tecnológica:** assegurar que as áreas da organização tenham os recursos computacionais necessários, escaláveis e flexíveis; que os serviços de TI para manter soluções em produção e em evolução contínua estejam gerenciados; e que as integrações entre as soluções de TI e os modelos de IA embarcados ou desenvolvidos sejam construídas e mantidas. Para aproveitar as vantagens da IA, as organizações precisam integrar novos recursos aos fragmentados sistemas de informação legados de uma organização. O uso massivo da IA pela organização demandará que o portfólio de serviços, de aplicativos, de sistemas de TI e sua infraestrutura sejam oferecidos à organização a partir de uma abordagem baseada em IA. As práticas de gestão de TI, por sua vez, focam em arquitetura, disponibilização de recursos de infraestrutura computacional, serviços de TI necessários como gestão de mudanças, gestão de incidentes, segurança da informação, gestão de projetos, gestão de problemas, configuração e continuidade. Esses serviços de TI são críticos para a gestão de dados, para o ciclo de vida do sistema de IA e para a GIA como um todo.
- **Governança de dados:** além do crescimento exponencial dos dados gerados por meio das tecnologias digitais, aspectos vinculados ao gerenciamento de dados, à propriedade de dados e à privacidade (ou seja, os direitos e o controle de dados) se tornaram fatores altamente relevantes na definição do posicionamento competitivo. A implementação de capacidades de IA precisa de um grande volume de dados para treino e teste dos modelos. Nesse sentido, a qualidade desses dados e a forma como eles estão compartilhados na organização e no seu ecossistema é fundamental. Esse tópico foi abordado com profundidade no Capítulo 12.
- **Arquitetura corporativa:** a estrutura tecnológica que esteja projetada a partir de uma visão integrada, rastreável, modular e flexível, permitindo o reúso, a democratização de componentes e dados, e a integração a ecossistemas e plataformas de terceiros de forma mais fluida pode ser um facilitador do processo de adoção de IA. Por outro lado, quando a tecnologia está desenhada a partir de estruturas monolíticas, de difícil customização, inflexíveis e desatualizadas, a organização enfrentará dificuldades ao implementar sua estratégia de IA.

- **Capacidade financeira:** trata-se de recursos financeiros disponíveis e apetite por investimentos de alto risco, bem como da capacidade de investir continuamente em iniciativas de inovação e saber como lidar melhor com as incertezas. Além da capacidade financeira para oferecer respostas a um negócio principal em operação, bem como os recursos financeiros para apoiar um esforço de transformação digital. Dessa forma, a organização precisa possuir recursos disponíveis para suportar o *core business*, bem como apoiar os esforços de adoção de IA. Essas capacidades viabilizam o uso de IA na organização e asseguram a sua continuidade.
- **Consultoria jurídica especializada:** em razão do impacto e dos riscos vinculados ao uso da IA na sociedade como um todo, a tendência é de judicialização de questões relacionadas à IA. Dessa forma, as organizações precisam avaliar as repercussões da adoção de IA e das definições de práticas de GIA a partir de uma avaliação jurídica especializada em novas tecnologias e modelos de negócio baseados em IA.
- **Design organizacional:** a forma como o modelo operacional da organização está estruturado pode ajudar ou atrapalhar o processo de adoção da IA. Estruturas centralizadas e hierarquizadas estabelecem relações de poder e as barreiras projetadas por silos reduzem o surgimento de um trabalho colaborativo, necessário para a operação de IA. Por outro lado, a capacidade organizacional de estabelecer equipes multifuncionais, com diferentes habilidades funcionais trabalhando para um objetivo iterativo comum, pode funcionar como um acelerador no processo de adoção de IA.
- **Estratégia corporativa:** o contexto competitivo exige processos mais flexíveis de planejamento estratégico. De um lado as organizações podem privilegiar uma forma tradicional de planejamento que prima pela estratégia deliberada e que possui um ciclo de revisão longo e um processo de atualização burocrático. Como consequência, enfrentam dificuldades para executar a estratégia e alinhar a organização e retardam o processo de inovação contínua. De outro modo, um modelo de planejamento estratégico adaptativo requer ciclos de revisão mais curtos, privilegiando as estratégias emergentes e dando para a governança o papel de estabelecer os resultados esperados e as políticas de alto nível, muito mais como um *guidance* que orienta o surgimento das estratégias emergentes.

- **Cultura organizacional:** uma cultura que favorece a tomada de decisão rápida, rastreável, visível e flexível e que fomenta um modelo mental aberto a mudanças e ao aprendizado podem funcionar como um impulsionador da adoção de IA. Por outro lado, a organização que possui um processo de tomada de decisão centralizado e uma força de trabalho resistente a mudanças, que busca reforçar o *status quo* e possui uma atitude negativa em relação ao aprendizado terá dificuldade para adotar a IA de forma mais efetiva e na velocidade esperada.
- **Sistema de incentivos:** a forma como a avaliação de desempenho é estruturada representa um aspecto crucial na governança corporativa, especialmente no contexto da adoção da IA. O foco excessivo em resultados individuais vinculados à bônus pode levar a organização a resistir à transformação ou a implementar a IA de maneira irresponsável. Um sistema de avaliação autocentrado e orientado para resultados de curto prazo intensifica silos organizacionais, desconfianças, individualismo e hierarquia, atuando como uma barreira à mudança. Por outro lado, quando projetado para reforçar comportamentos alinhados com os objetivos estratégicos, o sistema de avaliação pode ser um vetor de transformação cultural, incentivando o aprendizado, a colaboração e a adoção controlada de riscos associados à IA.
- **Gestão de fornecedores:** a adoção de IA exigirá a coordenação de uma grande quantidade de fornecedores. A organização que possuir um processo de *sourcing* com a finalidade de escolher a melhor oferta que irá atender aos objetivos da organização viabilizará uma boa governança do relacionamento com os fornecedores ou parceiros e equilibrará os aspectos de risco de IA, *compliance* e benefícios dos serviços de IA.

15.2.1.4. Capacidades de IA

Para responder ao ambiente competitivo e gerar os resultados esperados, as organizações precisam possuir um conjunto de capacidades de IA à sua disposição. Essas capacidades podem ser desenvolvidas dentro da organização ou adquiridas por meio do estabelecimento de parceiras com terceiros. O contexto da organização, seu apetite a riscos e sua estratégia devem nortear essas escolhas.

Conforme apresentado antes, as capacidades de IA podem ser separadas em dois grupos: as capacidades dinâmicas de IA e as capacidades ordinárias de IA.

Os tópicos a seguir detalharão cada um dos dois grupos de capacidades e, ao final, apresentarão as capacidades a partir de três níveis organizacionais: governança, gestão e operação.

15.2.1.5. Capacidades dinâmicas de IA

AI sensing

É a capacidade de identificar, desenvolver e avaliar oportunidades e ameaças provocadas pelas mudanças dos fatores ambientais motivados pela inteligência artificial e suas repercussões no modelo de negócio atual e futuro da organização (TEECE, 2007; WARNER; WÄGER, 2019; VIAL, 2019; ALBINO, 2021; COSTA, 2022; ENHOLM *et al.*, 2022; PERIFANIS; KITSIOS, 2023).

A Tabela 15.6 apresenta as capacidades dinâmicas de IA: *AI sensing*.

Tabela 15.6. Capacidades dinâmicas de IA: *AI sensing*. Fonte: adaptado de Costa (2022).

Microconstrutos	Descrição
Monitoramento de IA	A varredura de tendências tecnológicas vinculadas à IA, a triagem de concorrentes digitais e como eles estão usando a IA para alavancar suas propostas de valor, o alcance e o engajamento de clientes e comunidades *on-line* e redes sociais, a comunidade de cientistas de dados e desenvolvedores e a percepção dos pontos problemáticos da jornada do cliente são maneiras de ajudar as organizações a identificar informações externas relevantes para equipes internas. Microfundamentos: • Procurar tendências, incluindo novas tecnologias e usos de IA. • Selecionar concorrentes digitais. • Alcançar e envolver clientes e comunidades *on-line*. • Identificar os pontos de dor da jornada do cliente com base em modelos de IA. • Monitorar o ambiente regulatório.

Microconstrutos	Descrição
Planejamento de cenários digitais	Detecção e análise de sinais a partir do uso de IA. Elaboração de cenários prospectivos do uso da IA a partir da avaliação de sinais e oportunidades potenciais para elaboração de estratégias de IA. Construção de hipóteses e variáveis a partir de dados internos e externos habilitados por modelos de IA. Microfundamentos: • Detectar e analisar sinais observados. • Interpretar cenários futuros digitais. • Formular estratégias de negócio habilitados por IA.
Letramento em IA	Estabelecer uma mentalidade orientada a perceber o uso da IA no longo prazo, de forma alinhada com a estratégia de negócio. Capacidade de identificar os casos de uso de IA com valor de negócio e desenvolver um *business case* de IA. Desenvolver uma mentalidade empreendedora e analítica, baseada em equipes multifuncionais, com foco na monetização dos dados por meio da criação de novos modelos de negócios ou da otimização dos modelos atuais. Democratizar o acesso, de forma simples e transparente, a soluções analíticas e de IA, *dashboards* e dados em ambientes de laboratório para testar as possibilidades de tecnologias de IA e suas combinações com outras tecnologias emergentes. Microfundamentos: • Estabelecer uma visão de uso da IA no longo prazo. • Identificação de casos de uso de IA com valor de negócio e a elaboração de um *business case* de IA. • Desenvolver uma mentalidade empreendedora e analítica, baseada na colaboração multifuncional. • Democratizar o acesso a dados e soluções de analíticas e de IA.

AI seizing

Capacidade de mobilizar recursos para atender às necessidades e às oportunidades e para capturar o valor da IA (TEECE, 2007; WARNER; WÄGER, 2019; VIAL, 2019; ALBINO, 2021; ENHOLM *et al.*, 2022; SJÖDIN *et al.* 2021; PERIFANIS; KITSIOS, 2023; MÄNTYMÄKIE *et al.*, 2022).

A Tabela 15.7 apresenta as capacidades dinâmicas de IA: (*AI seizing*).

Tabela 15.7. Capacidades dinâmicas de IA (*AI seizing*). Fonte: adaptado de Costa (2022).

Microconstrutos	Descrição
Agilidade estratégica	Capacidade de definir o escopo de aplicação da IA no contexto da organização, distinguindo entre o emprego da IA para melhorar a operação atual ou para alavancar novas propostas de valor e novos modelos de negócio. Estabelecer o modelo de prontidão para o emprego da IA abrangendo o acompanhamento de respostas estratégicas, a realocação de recursos rapidamente e o redirecionamento e mudanças refere-se à agilidade organizacional para selecionar entre as diferentes opções de soluções disponíveis para capturar as oportunidades identificadas. Alinhar a estratégia corporativa com a estratégia de IA. Microfundamentos: • Definir o escopo de aplicação da IA entre otimização e novos modelos de negócios baseados em IA. • Realocar recursos rapidamente. • Aceitar redirecionamento e mudança. • Cadenciar as respostas estratégicas.
Desenvolvimento de produtos e serviços com base em IA	Combinação de recursos de design, tecnologia, dados, negócios e operação para validar hipóteses dos *stakeholders* rapidamente e entregar produtos e serviços, sustentados pelo desenvolvimento ou pela aquisição de soluções de IA. Microfundamentos: • Criar mecanismos de validação rápida de hipóteses. • Utilizar metodologias ágeis de desenvolvimento de produtos. • Criar *roadmap* de transformação do cliente. • Utilizar estruturas baseadas em equipes. • Utilizar arquitetura modular de soluções de IA que possibilite a flexibilidade e a reutilização de componentes de IA.

Microconstrutos	Descrição
Balanceamento do portfólio de soluções de IA	É a capacidade de estabelecer ações organizacionais para planejar, selecionar e projetar as novas estruturas e processos da empresa para otimização do modelo de negócio atual ou pensar em novos. Definir uma abordagem adequada para cada escopo de aplicação de IA na organização, equilibrar soluções internas e externas, escalar modelos de negócios inovadores baseados em IA. Microfundamentos: • Definir a abordagem de solução para cada escopo de aplicação da IA. • Balancear opções internas e externas. • Definir o ritmo adequado de execução. • Escalar modelos de negócios inovadores.

Digital transforming

Capacidade de alinhamento contínuo e realinhamento de ativos tangíveis e intangíveis específicos gerando uma renovação contínua (TEECE, 2007; WARNER; WÄGER, 2019; VIAL, 2019; ALBINO, 2021; SJÖDIN *et al.*, 2021; HOHMA; LÜTGE, 2023).

A Tabela 15.8 apresenta as capacidades dinâmicas de IA: *Digital transforming*.

Tabela 15.8. Capacidades dinâmicas de IA (*Digital transforming*). Fonte: adaptado de Costa (2022).

Microconstrutos	Descrição
Integrando ecossistemas	Fazer parte de um ecossistema digital, para utilizar recursos externos com a finalidade de complementar suas capacidades internas ou abrir novas possibilidades de oferta de produtos e serviços baseados em IA, por meio do acesso a serviços de IA, soluções de IA, dados ou infraestruturas escaláveis e flexíveis. Microfundamentos: • Aderir a um ecossistema digital. • Estabelecer parcerias que potencializam os habilitadores de IA, para acessar uma infraestrutura de IA escalável; para responder a uma rápida expansão da base de usuários; para gerir a estrutura de receitas e de custos de forma flexível. • Estabelecer parcerias que expandam as soluções de IA, para integrar de forma rápida ao ambiente de negócios competências e soluções inovadoras de IA; para escalar os efeitos de rede, por meio da integração com ecossistemas de soluções; para estabelecer protocolos de operações com serviços de IA.

Microconstrutos	Descrição
Redesenho de estruturas internas	Estabelecer a liderança da IA na organização, com uma estrutura decisória e papéis e responsabilidades definidas, criar uma unidade responsável pela IA e soluções analíticas na organização, e projetar estruturas baseadas em equipe, definindo papéis e responsabilidades de negócio e técnicos para conceber novos recursos e processos e alcançar os resultados esperados pela adoção de IA. Microfundamentos: Estabelecer a liderança da implantação de IA (ex.: *Chief Data and Analytics Officer* – CDAO). Definir uma estrutura de decisão. Criar unidade responsável por IA e soluções analíticas. Projetar estruturas baseadas em equipes multifuncionais, com papéis e responsabilidades definidos (ex.: *Data Citizen*, *Data Owner*; Engenheiros de Dados, Engenheiros de *Prompts* etc.).
Melhorando a maturidade analítica	Identificar a maturidade analítica da força de trabalho digital, recrutar talentos externos e promover o *upskilling* e o *reskilling* da força de trabalho são capacidades de transformação organizacional necessárias para sustentar a mudança e garantir a perenidade das capacidades analíticas implementadas pela adoção de IA. Microfundamentos: Identificar a maturidade da força de trabalho digital. Recrutar externamente talentos. Promover *upskilling* e *reskilling* da força de trabalho da organização.

15.2.1.6. Capacidades ordinárias de IA

As capacidades ordinárias de IA são aquelas necessárias para governar, gerenciar e usar a IA de modo a gerar os resultados esperados.

Capacidades de governança de IA

O Capítulo 7 deste livro apresenta as práticas de GIA, que são capacidades ordinárias que precisam ser desenvolvidas para assegurar que o processo decisório, no nível do *board*, seja orientado a geração dos resultados esperados, informado acerca dos gatilhos e elementos de avaliação e possua as condições necessárias para exercer a supervisão e prestar contas às partes interessadas, no que tange à adoção de IA, aos riscos controlados e de forma sustentável, conforme segue:

- **Avaliação de IA:** é exercida pelo *board* da organização com o intuito de avaliar o sistema de governança, ameaças e oportunidades, melhorias, resultados alcançados e o julgamento de decisões tomadas.

- **Direcionamento de IA:** é o estabelecimento de princípios, políticas, definição da estratégia de IA, alocação de recursos (investimentos), através da criação das condições para o estabelecimento das capacidades organizacionais para IA e da definição de requisitos para o desenvolvimento da IA.
- **Supervisão de IA:** é a definição dos mecanismos necessários para certificar-se de que a direção estabelecida está sendo seguida. Dessa forma, é preciso supervisionar se o valor da IA se mantém, se as políticas estão sendo seguidas, se a IA está sendo implementada e monitorada, se a estratégia está sendo seguida e se os recursos são suficientes.
- **Relatórios de IA:** é o estabelecimento de mecanismos para comunicar internamente as práticas usadas e atualizadas da governança, apresentar resultados e comunicar para o mercado, os clientes e com quem a organização se relaciona de que as aplicações usadas são confiáveis e seguem um protocolo que garante esse princípio.

Operação de negócio *data-driven*

O modelo de negócio atual da organização precisa se tornar *data-driven*. Essa é uma condição de competitividade no ambiente digital e baseado em IA. A operação de negócio, as áreas de apoio, enfim, a organização como um todo precisa funcionar com base no uso dos dados para tomada de decisões.

- **Plataforma de engajamento de *stakeholders*:** capacidade de estabelecer uma operação com foco no engajamento dos *stakeholders* por meio do uso de dados e IA, de modo a monitorar os dados da operação e gerar *insights* baseados em IA; identificar as melhorias requeridas pelas partes interessadas; e coordenar personas-chave do negócio.
- **Otimização do fluxo de valor:** capacidade de otimizar e melhorar o fluxo de valor a partir do uso de dados e IA, por meio da análise de rotinas com base em dados, automação de processos e aumentando a proposta de valor a partir de modelos analíticos e preditivos, para seleção de ofertas, análise de riscos e precificação dinâmica, por exemplo.

- **Ciclo contínuo de aprendizagem da experiência das partes interessadas:** capacidade de aprender a partir da experiência do cliente, refinando os serviços de IA existentes e identificando oportunidades para novos serviços baseados em IA.

Gestão e operação de IA

O Capítulo 8 deste livro apresentou as práticas de gestão e operação de IA, que são habilidades que as organizações precisam para entregar soluções de IA que gerem valor para o negócio, conforme segue:

- **Gestão de riscos de IA:** a gestão de riscos de IA abrange os riscos regulatórios (legislação e dispositivos infralegais) e os riscos de projetos, sustentação, dados, segurança da informação e TI propriamente dita. Tem por finalidade a identificação, a avaliação e o estabelecimento de respostas aos riscos, visando mitigar ou contingenciar no caso de ocorrência de riscos. O tópico foi abordado com profundidade no Capítulo 9 deste livro.
- **Gestão de conformidade de IA:** em razão de legislações como a LGPD, o Código do Consumidor e o Projeto de Lei nº 2338/2023, que tramita no Congresso Nacional, adequar as rotinas internas da organização aos aspectos legais mandatórios tem reflexos em todas as demais capacidades. A gestão da conformidade ou de *compliance* tem por objetivo auxiliar a organização a estar aderente à legislação, a regulações setoriais e a padrões da indústria e políticas internas.
- **Gestão de sistemas de IA:** sustentação dos sistemas de IA como produto, considerando sua manutenção, evolução, aperfeiçoamento em resultados gerados pelo modelo, atendimento a incidentes, resolução de problemas, ou seja, todo o ciclo de vida da solução. Envolve aspectos vinculados com a qualidade dos dados e dos modelos de IA desenvolvidos, que requerem capacidade de: diagnosticar erros em escala; validação e categorização de erros; monitoramento contínuo dos modelos para detectar desvios e desalinhamento; estabelecer uma curadoria dos dados de treinamento para necessidades comerciais específicas e de aprendizado contínuo; estabelecer versionamento dos modelos; e gerenciamento da linhagem dos dados para entender melhor o comportamento do modelo ao longo do tempo.
- **Desenvolvimento de sistemas de IA:** capacidade de estabelecer uma esteira de desenvolvimento de sistemas de IA a partir de uma

necessidade de negócio, compreendendo (SJÖDIN *et al.*, 2021, HOHMA; LÜTGE, 2023; AKKIRAJU *et al.*, 2020):

- **Desenvolvimento de IA contextualizado:** capacidade de definir o escopo e o foco do desenvolvimento de IA a partir da necessidade de negócio e do alinhamento estratégico; da integração a um domínio específico de conhecimento; e da identificação dos requisitos de dados para o desenvolvimento do modelo.
- **Gestão do fluxo de treinamento:** capacidade de projetar a arquitetura computacional necessária para o modelo, desde a experimentação até a produção; de versionamento de dados e modelos para colaboração e experimentação eficientes; de modularização dos códigos de treinamento; de estabelecer um plano de transição para operação; de gerir ciclo de vida do modelo a partir das melhorias contínuas; de automação do *pipeline* de treinamento.
- **Gestão do fluxo de preparação de *features*:** capacidade de explorar alternativas de *features* durante o processo de seleção; de avaliar as relações de desempenho das *features* com o processamento; de disponibilizar *features* a partir de uma abordagem centrada na usabilidade e facilidade de visualização.
- **Gestão do *pipeline* de testes:** capacidade de iteração entre treinamento e teste; de estabelecer testes de forma iterativa e sequencial dos modelos; de manter o conjunto de dados de testes atualizados ao longo do ciclo de vida do modelo; de avaliar os resultados dos modelos de IA a partir de uma lógica estocástica e não determinística; de realizar testes de cenários para múltiplos modelos de IA; de estabelecer testes de cauda longa e de criação de um adversário para o modelo.

- **Gestão do *pipeline* de dados:** capacidade de gerenciar os dados como um produto de valor para a organização e prover serviços para o uso seguro dos dados, considerando questões de qualidade de dados, gestão de dados mestres, gestão de metadados, operações de bancos de dados etc. que são necessárias para o ciclo de desenvolvimento e a sua sustentação (PERIFANIS; KITSIOS, 2023; SJÖDIN *et al.*, 2021; AKKIRAJU *et al.*, 2020).

- **Esteira de dados governada:** capacidade de estabelecer padrões técnicos e processos de governança de dados, considerando aspectos como:
  - A gestão da linhagem dos dados.
  - A definição dos requisitos de dados de acordo com as necessidades do negócio.
  - A definição de uma estratégia de aquisição de dados.
  - A aplicação da seleção de dados para escolher dados de treinamento adequados.
  - A criação de diretrizes de anotação de dados para obter consistência com a rotulagem de dados.
  - Aumento dos dados disponíveis usando técnicas de dados sintéticos.
  - Mecanismos de limpeza dos dados.
  - A padronização e automatização de procedimento de verificação de qualidade.
- **Compartilhamento seguro de dados:** capacidade de habilitar a conectividade *real time* do fluxo de dados; de integrar dados de fontes internas e externas; de estabelecer times de segurança de dados.
- **Gerenciamento de *data warehouse*:** capacidade de pesquisa dos dados no *data warehouse*; gestão do catálogo de dados; banco de conhecimento sobre os dados corporativos.

O Capítulo 12 explora em profundidade a relação entre a governança de dados e a GIA.

15.3. Conclusão

A velocidade aumentou. A pressão aumentou. A IA potencializou os efeitos da TD. A arena competitiva está mais rápida, mais impactante, prometendo maiores resultados. Junto com isso, os riscos são maiores, os impactos e os recursos necessários para sustentar os negócios baseados em IA, também.

Os mesmos desafios enfrentados na TD estão diante das organizações que pretendem fazer da IA um diferencial competitivo, tais como lidar com a cultura, conduzir uma transformação organizacional profunda, adotar tecnologias disruptivas, estabelecer a governança de dados, desenvolver nossas habilidades na força de trabalho, entre outros. Adotar IA na organização como uma fonte de vantagem competitiva não é uma tarefa simples. Exige identificar capacidades específicas que precisam ser estabelecidas.

O modelo de capacidades de IA ajuda a organização a responder a algumas questões estratégicas fundamentais:

- Quais são os resultados esperados com a adoção de IA?
- Qual é o *mix* de capacidades de IA que podem habilitar a estratégia de negócio da organização?
- Quais são as capacidades ordinárias que estão funcionando como habilitadores ou barreiras para adoção de IA?
- Quais capacidades a organização deve desenvolver internamente e para quais ela deve buscar parcerias estratégicas?
- Qual é o *mix* de capacidades de IA que podem ser estabelecidas para gerar vantagem competitiva sustentável?
- Quais capacidades de IA são necessárias para promover a adaptação constante da organização em um ambiente dinâmico?

Não se trata de escolher uma ou duas capacidades de uma lista. É fundamental entender como elas operam em conjunto, habilitando ou dificultando a geração de valor ao responder a essas perguntas. A Figura 15.3 apresenta um mapa das capacidades de IA.

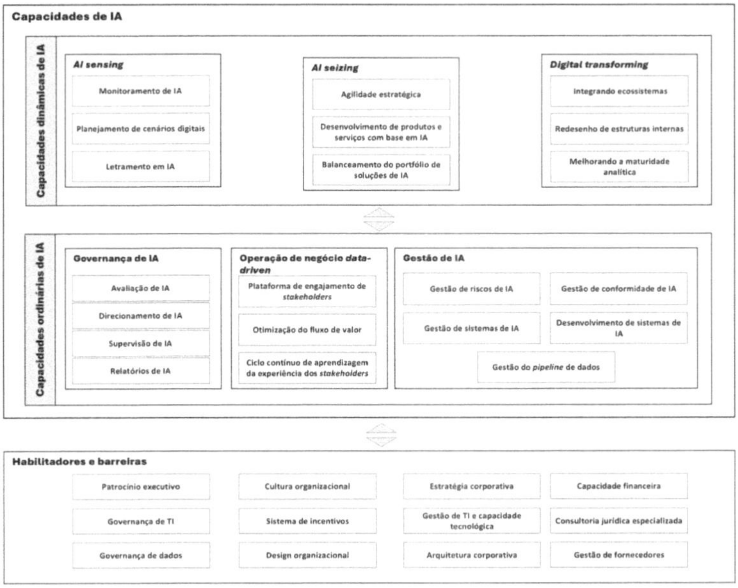

Figura 15.3. Mapa de capacidades de IA. Fonte: o autor.

O desenvolvimento de capacidades de IA não é uma decisão de curto prazo. É a decisão por trilhar um caminho de aprendizagem organizacional com foco naquilo que gera resultado de negócio e garante a sustentabilidade competitiva da organização no longo prazo. Não é uma tarefa simples, mas é o único caminho para vencer na arena competitiva das organizações baseadas em IA.

16. Governança de IA no setor público

Leonardo Leão

Neste capítulo, serão apresentadas as linhas gerais dos arranjos de governança de inteligência artificial (IA) no âmbito do setor público brasileiro. Para isso, inicia-se com uma breve contextualização sobre o advento do governo digital. Em seguida, discutem-se as estratégias e os planos atuais do setor público para emprego da IA no contexto nacional. Por fim, abordam-se os desafios relacionados à governança e ao uso responsável e ético da IA, bem como as implicações da legislação vigente.

16.1. Governo digital

Na busca pelo aumento da eficiência da administração pública, especialmente no que diz respeito à prestação de serviços à sociedade, o setor público brasileiro tem lançado mão de investimentos em pesquisa, desenvolvimento e inovação (PD&I) para a transformação de seus serviços, utilizando tecnologias inovadoras. O objetivo é aprimorar o relacionamento com a sociedade, facilitando a entrega de valor por meio da oferta de serviços públicos habilitados digitalmente.

Nesse contexto, temos dois grandes conceitos abordados amplamente no cenário mundial sendo empregados no âmbito da administração pública brasileira: (i) governo digital; e (ii) transformação digital de governo, ambos descritos a seguir:

O termo **governo digital** é definido no texto do **Decreto nº 12.069, de 21 de junho de 2024**, da seguinte forma:

> *[...] abordagem de gestão voltada para a transformação das organizações públicas, apoiada no uso de tecnologias digitais, com vistas à entrega de valor público para a sociedade, mediante o aprimoramento dos seus*

> *processos, da prestação de serviços públicos e da execução de políticas públicas. (BRASIL, 2024c).*

Já a transformação digital de governo é definida no âmbito do mesmo decreto como:

[...] utilização de tecnologias digitais para o atendimento eficiente do cidadão, a integração de serviços e de políticas públicas e a promoção da transparência, com vistas a inserir o Estado de maneira mais eficaz no ambiente digital e torná-lo mais dinâmico e próximo da população. (BRASIL, 2024c).

As iniciativas de transformação digital no âmbito dos órgãos e das entidades da administração pública federal direta, autárquica e fundacional são conduzidas em consonância com a Estratégia Federal de Governo Digital (EFGD), que define as diretrizes, instâncias de governança (comitês) e os instrumentos a serem utilizados por órgãos e entidades no planejamento de suas ações de transformação digital, como o Plano de Transformação Digital e o Plano Diretor de Tecnologia da Informação e Comunicação (BRASIL, 2024b). Elaborada para o período de 2024 a 2027, a EFGD tem os seus princípios, objetivos e iniciativas estabelecidos por meio da **Portaria SGD/MGI nº 6.618, de 25 de setembro de 2024** (BRASIL, 2024a), totalizando um conjunto de 16 objetivos e 93 iniciativas.

Já a articulação e o direcionamento das estratégias de transformação digital da administração pública na União, nos estados, no Distrito Federal e nos municípios são de responsabilidade da Estratégia Nacional de Governo Digital (ENGD). Com horizonte temporal previsto para 2024 a 2027, a ENGD estabelece um conjunto de 10 objetivos específicos e sete ações prioritárias de transformação digital (BRASIL, 2024c).

Entre as iniciativas de transformação digital já consolidadas no âmbito da administração pública brasileira, destaca-se com grande relevância a plataforma de Governo Digital do Poder Executivo Federal – **gov.br**, que atualmente conta com 4.487 serviços digitais[26] e 160 milhões de contas. A plataforma visa à centralização dos serviços públicos oferecidos pelo Poder Executivo, facilitando o acesso por meio de um mecanismo de autenticação unificado.

O governo digital brasileiro, cujos princípios, regras e instrumentos estão dispostos na **Lei nº 14.129, de 29 de março de 2021** (BRASIL, 2021a), ocupa atualmente o segundo lugar no *GovTech*[27] *Maturity Index* (GTMI), lançado pelo Banco Mundial

---

[26] Dados obtidos por meio de consulta realizada ao site <https://www.gov.br/governodigital/pt-br> em 09 de setembro de 2024.

[27] Segundo o Banco Mundial, o GovTech é uma abordagem para a modernização do setor público, a qual promove um governo simples, eficiente e transparente, com os cidadãos no centro das reformas (WBG, 2022, p. 19, tradução nossa).

(WBG, 2022). A atualização mais recente do GTMI foi realizada em 2022, abrangendo 198 economias globais e avaliando quatro grandes índices, apresentados na Tabela 16.1:

Tabela 16.1. Índices do GTMI 2022. Fonte: WBG (2022).

Índice	**Descrição**
Índice Central de Sistemas Governamentais (CGSI).	Captura os principais aspectos da abordagem governamental, incluindo nuvem governamental, estrutura de interoperabilidade e outras plataformas.
Índice de Prestação de Serviços Públicos (PSDI).	Mede a maturidade dos portais de serviços públicos *on-line*, com foco no design centrado no cidadão e na acessibilidade universal.
Índice de Engajamento Cidadão Digital (DCEI).	Mede aspectos de plataformas de participação pública, mecanismos de *feedback* dos cidadãos, dados abertos e portais governamentais abertos.
Índice de Facilitadores GovTech (GTEI).	Captura estratégias, instituições, leis e regulamentos, habilidades digitais e políticas e programas de inovação para promover a GovTech.

A transformação digital requer, entre outros fatores, o uso inteligente de informações e de tecnologias para viabilizar o desenvolvimento de serviços digitais, bem como promover inovações nos processos de gestão organizacional. Nesse sentido, as entidades da administração pública podem se beneficiar da utilização de modelos e agentes de IA, especialmente daqueles capazes de analisar o volume e a diversidade de informações disponíveis no âmbito do governo para a identificação de oportunidades de melhoria na oferta de serviços à sociedade e na formulação, implementação e fiscalização das políticas públicas. Nesse cenário, as possibilidades de aplicação da IA são inúmeras e variam conforme os desafios específicos de cada organização.

Em uma visão mais ampla, os ganhos com a adoção da IA no setor público podem ser percebidos na promoção da competitividade e no aumento da produtividade brasileira, na melhoria da qualidade de vida da população e na redução das desigualdades sociais (BRASIL, 2021b).

16.2. Estratégias e planos de IA na administração pública

A Estratégia Brasileira para a Transformação Digital (E-Digital), instituída por meio do **Decreto nº 9.319, de 21 de março de 2018**, definiu para o eixo temático de transformação digital a seguinte ação estratégica:

> *Avaliar os potenciais impactos sociais e econômicos de tecnologias digitais disruptivas, como **Inteligência Artificial e Big Data**, propondo políticas que mitiguem seus efeitos negativos ao mesmo tempo em que maximizem seus efeitos positivos (BRASIL, 2018c).*

Em atenção ao tema, o Ministério da Ciência, Tecnologia e Inovações (MCTI) desenvolveu, nos anos seguintes, estudos para elaboração da Estratégia Brasileira de Inteligência Artificial (EBIA) e, mais recentemente, do Plano Brasileiro de Inteligência Artificial (PBIA) (BRASIL, 2024d).

Nos itens a seguir, discutem-se as estratégias e os planos atuais do setor público para emprego da IA no contexto nacional.

16.2.1. Estratégia Brasileira de Inteligência Artificial (EBIA)

Com o objetivo de nortear o Estado brasileiro no desenvolvimento de ações que promovam a pesquisa, o desenvolvimento e a inovação (PD&I) de soluções em IA, bem como o seu uso consciente e ético, o MCTI desenvolveu, em 2021, a Estratégia Brasileira de Inteligência Artificial (EBIA). Ela foi instituída pela **Portaria-MCTI nº 4.617, de 6 de abril de 2021** (BRASIL, 2021c), e alterada pela **Portaria-MCTI nº 4.979, de 13 de julho de 2021** (BRASIL, 2021d).

A EBIA possui um conjunto de seis objetivos de alto nível, quais sejam:

- Contribuir para a elaboração de princípios éticos para o desenvolvimento e uso de IA responsáveis.
- Promover investimentos sustentados em pesquisa e desenvolvimento em IA.
- Remover barreiras à inovação em IA.
- Capacitar e formar profissionais para o ecossistema da IA.
- Estimular a inovação e o desenvolvimento da IA brasileira em ambiente internacional.
- Promover ambiente de cooperação entre os entes públicos e privados, a indústria e os centros de pesquisas para o desenvolvimento da IA.

As 73 ações estratégicas previstas na EBIA encontram-se organizadas por meio de nove eixos temáticos, transversais e verticais, conforme pode ser observado na Figura 16.1.

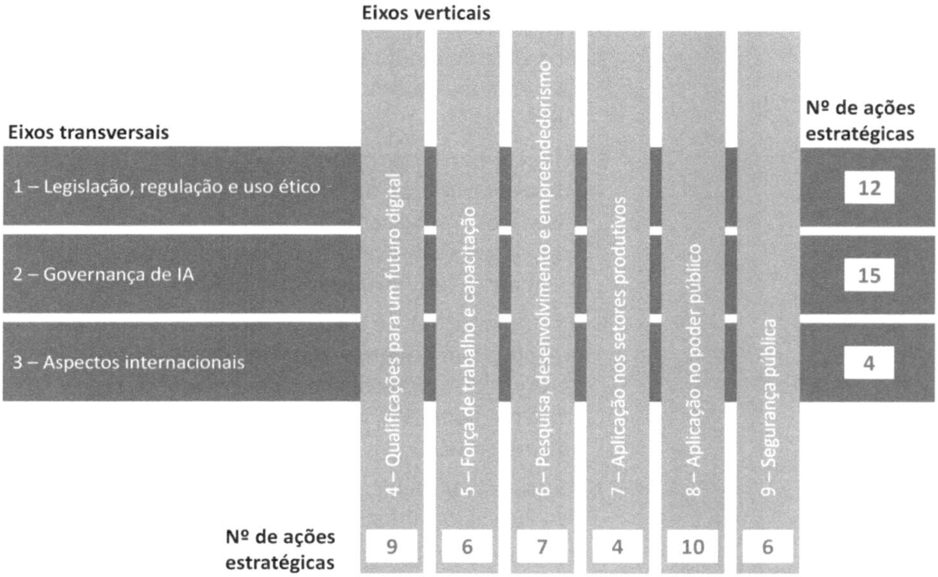

Figura 16.1. Eixos temáticos da EBIA. Fonte: adaptado de Brasil (2021b)

Nas Tabelas 16.2, 16.3 e 16.4, são apresentadas as ações estratégicas da EBIA relacionadas aos eixos temáticos (1) Legislação, regulamentação e uso ético; (2) Governança de IA; e (8) Aplicação no poder público, respectivamente. Esse recorte foi realizado devido ao alinhamento desses temas com o objetivo deste capítulo: governança de IA no setor público.

Tabela 16.2. Ações estratégicas do eixo "Legislação, regulamentação e uso ético". Fonte: adaptado de Brasil (2021b).

Objetivo do eixo	Ações estratégicas
Contribuir para a elaboração de princípios éticos para o desenvolvimento e uso responsáveis de IA.	1. Estimular a produção de IA ética financiando projetos de pesquisa que visem aplicar soluções éticas, principalmente nos campos de equidade/não discriminação (*fairness*), responsabilidade/prestação de contas (*accountability*) e transparência (*transparency*), conhecidas como a matriz FAT. 2. Estimular parcerias com corporações que estejam pesquisando soluções comerciais dessas tecnologias de IA ética. 3. Estabelecer como requisito técnico em licitações que os proponentes ofereçam soluções compatíveis com a promoção de uma IA ética (por exemplo, estabelecer que soluções de tecnologia de reconhecimento facial adquiridas por órgãos públicos possuam um percentual de falso positivo abaixo de determinado limiar).

Objetivo do eixo	Ações estratégicas
	4 Estabelecer, de maneira multissetorial, espaços para a discussão e definição de princípios éticos a serem observados na pesquisa, no desenvolvimento e no uso da IA. 5 Mapear barreiras legais e regulatórias ao desenvolvimento de IA no Brasil e identificar aspectos da legislação brasileira que possam requerer atualização, de modo a promover maior segurança jurídica para o ecossistema digital. 6 Estimular ações de transparência e de divulgação responsável quanto ao uso de sistemas de IA, e promover a observância, por tais sistemas, de direitos humanos, de valores democráticos e da diversidade. 7 Desenvolver técnicas para identificar e tratar o risco de viés algorítmico. 8 Elaborar política de controle de qualidade de dados para o treinamento de sistemas de IA. 9 Criar parâmetros sobre a intervenção humana em contextos de IA em que o resultado de uma decisão automatizada implica um alto risco de dano para o indivíduo. 10 Incentivar a exploração e o desenvolvimento de mecanismos de revisão apropriados em diferentes contextos de utilização de IA por organizações privadas e por órgãos públicos. 11 Criar e implementar melhores práticas ou códigos de conduta com relação à coleta, implantação e uso de dados, incentivando as organizações a melhorarem sua rastreabilidade, resguardando os direitos legais. 12 Promover abordagens inovadoras para a supervisão regulatória (por exemplo, *sandboxes* e hubs regulatórios).

Desenvolvimento e aplicação de soluções de IA que observem princípios éticos relacionados à transparência, à equidade e à não discriminação. Também merece destaque a criação de espaços multissetoriais para a discussão de princípios éticos e o mapeamento de barreiras legais, com o objetivo de construir um ecossistema de IA juridicamente seguro e adaptado à realidade brasileira, além do desenvolvimento de um *sandbox* regulatório[28] que permita a experimentação de tecnologias de IA sob supervisão regulatória adequada.

Tabela 16.3. Ações estratégicas do eixo "Governança de IA". Fonte: adaptado de Brasil (2021b).

Objetivo do eixo	Ações estratégicas
Estruturar um ecossistema de governança do uso da IA, tanto no setor público quanto no setor privado, de modo a incentivar a adoção e observância de critérios como: uso ético de IA, mecanismos que permitam prevenir e eliminar os vieses, algoritmos "explicáveis" ou "interpretáveis", curadoria e seleção dos dados empregados, responsabilidade e prestação de contas, dentre outros.	1. Estruturar ecossistemas de governança do uso da IA no setor público e no setor privado. 2. Incentivar o compartilhamento de dados, observada a LGPD. 3. Promover o desenvolvimento de padrões voluntários e consensuais para gerenciar os riscos associados aos aplicativos de IA. 4. Estimular que as organizações criem conselhos de revisão de dados ou comitês de ética em relação à IA. 5. Criar um observatório de IA no Brasil que possa se conectar a outros observatórios internacionais. 6. Estimular o uso de conjuntos de dados representativos para treinar e testar modelos. 7. Facilitar o acesso aos dados abertos do governo. 8. Melhorar a qualidade dos dados disponíveis, de modo a facilitar a detecção e correção de vieses algorítmicos. 9. Estimular a divulgação de códigos-fonte abertos capazes de verificar tendências discriminatórias nos conjuntos de dados e nos modelos de aprendizado de máquina. 10. Desenvolver diretrizes para a elaboração de Relatórios de Impacto de Proteção de Dados (RIPD). 11. Compartilhar os benefícios do desenvolvimento da IA na maior extensão possível e promover oportunidades iguais de desenvolvimento para diferentes regiões e indústrias. 12. Elaborar campanhas educacionais e de conscientização. 13. Estimular diálogo social com participação multissetorial.

[28] O termo *sandbox* regulatório é abordado em detalhes no item 16.3.2 – Implicações de novas legislações – deste capítulo.

Objetivo do eixo	Ações estratégicas
	14. Alavancar e incentivar práticas de accountability relacionadas à IA nas organizações. 15. Definir indicadores gerais e específicos por setores (agropecuária, financeiro, saúde etc.).

No tocante às ações estratégicas relacionadas ao eixo de governança de IA, destacam-se duas grandes linhas de atuação:

- **Governança e estrutura:** abrange a estruturação de ecossistemas de governança de IA, tanto no setor público quanto no setor privado; a criação de um observatório de IA no Brasil; e o incentivo às práticas de *accountability* relacionadas à IA nas organizações.
- **Qualidade de dados e combate a vieses:** envolve o incentivo ao compartilhamento de dados, observando a LGPD[29]; o estímulo ao uso de conjuntos de dados representativos para treinar e testar modelos de IA; a melhoria da qualidade dos dados disponíveis para facilitar a detecção e correção de vieses algorítmicos; e o incentivo às organizações para que criem conselhos de revisão de dados ou comitês de ética voltados à IA.

Tabela 16.4. Ações estratégicas do eixo "Aplicação no poder público". Fonte: adaptado de Brasil (2021c).

Objetivo do eixo	Ações estratégicas
Prestar serviços de qualidade ao cidadão.	1. Em linha com o estabelecido na Estratégia de Governo Digital, implementar recursos de IA em, no mínimo, 12 serviços públicos federais até 2022. 2. Incorporar a IA e a análise de dados nos processos de formulação de políticas públicas. 3. Implantar espaços de experimentação de dados com IA e desenvolver parcerias de PD&I voltadas para IA com instituições de ensino superior, setor privado e terceiro setor. 4. Atualizar e reavaliar processos e práticas de trabalho, em preparação para possíveis mudanças nos ambientes em que sistemas de IA forem introduzidos.

[29] Lei Geral de Proteção de Dados Pessoais – LGPD (**Lei nº 13.709, de 14 de agosto de 2018**) (BRASIL, 2018b).

Objetivo do eixo	Ações estratégicas
	5. Estabelecer mecanismos para célere apuração de denúncias e reclamações sobre violações de direitos em decisões realizadas por sistemas de IA. 7. Promover o intercâmbio de dados abertos entre entidades da administração pública e entre estas e o setor privado, sempre com respeito ao direito à proteção de dados pessoais e ao segredo comercial. 8. Realizar análise de impacto nos casos de uso da IA que afetem diretamente o cidadão ou o servidor público. 9. Estabelecer valores éticos para uso da IA na administração pública federal. 10. Estimular que os órgãos públicos promovam a conscientização do uso da IA em seu corpo técnico.

No contexto das ações estratégicas referentes ao eixo de aplicação no poder público, destaca-se o fomento à utilização de tecnologias de IA nos serviços públicos federais, em alinhamento com a Estratégia de Governo Digital (EGD) vigente no período de 2020 a 2023 (BRASIL, 2020), bem como a incorporação de IA e análise de dados nos processos de formulação de políticas públicas.

16.2.2. Plano Brasileiro de Inteligência Artificial (PBIA)

Dando continuidade à EBIA, o MCTI lançou, em meados de 2024, o Plano Brasileiro de Inteligência Artificial (PBIA) – Plano IA para o Bem de Todos –, o qual possui horizonte temporal de 2024 a 2028. Com uma proposta de investimento de R$ 23,03 bilhões, o PBIA possui o seguinte objetivo:

> *Promover o desenvolvimento, a disponibilização e o uso da inteligência artificial no Brasil, orientada à solução dos grandes desafios nacionais, sociais, econômicos, ambientais culturais, de forma a garantir a segurança e os direitos individuais e coletivos, a inclusão social, a defesa da democracia, a integridade da informação, a proteção do trabalho e dos trabalhadores, a soberania nacional e o desenvolvimento econômico sustentável da nação (BRASIL, 2024d).*

O PBIA baseia-se em um conjunto de dez premissas que orientam sua elaboração e implementação, quais sejam:

- Foco no bem-estar social: como a IA pode melhorar a vida das pessoas?
- Geração de capacidades e capacitações nacionais.
- Soberania tecnológica e de dados.
- Alinhamento estratégico com políticas governamentais, com destaque para a Nova Indústria Brasil – NIB.
- Sustentabilidade ambiental (transição ecológica).
- Valorização da diversidade.
- Cooperação internacional.
- Ética e responsabilidade no uso da IA.
- Governança participativa.
- Flexibilidade e adaptabilidade.

No que diz respeito à sua organização, o PBIA apresenta um conjunto de 31 ações de impacto imediato nas seguintes áreas: (i) saúde; (ii) agricultura; (iii) meio ambiente; (iv) indústria; (v) comércio e serviços; (vi) educação; (vii) desenvolvimento social; e (viii) gestão do serviço público. Em linhas gerais, essas ações visam ao emprego de tecnologias de IA para o aprimoramento de serviços e políticas públicas, como exemplificado pela ação de prevenção de AVC e cardiopatia em clientes de saúde suplementar, que busca reduzir o número de complicações e internações causadas por doenças do coração e AVCs.

Além das ações de impacto imediato, o PBIA promove uma série de ações estruturantes, organizadas por meio de cinco eixos temáticos, quais sejam:

- **Eixo 1 – Infraestrutura e desenvolvimento de IA:** tem como objetivo posicionar o Brasil como um líder mundial em IA, impulsionando projetos e pesquisas que melhorem substancialmente a vida dos brasileiros, com soluções inovadoras e acessíveis para os desafios do país.
- **Eixo 2 – Difusão, formação e capacitação:** tem como objetivo despertar, formar, capacitar e requalificar talentos em IA em todos os níveis, para suprir a necessidade urgente por profissionais qualificados e fomentar a compreensão crítica sobre a tecnologia em nossa sociedade.
- **Eixo 3 – IA para melhoria dos serviços públicos:** tem como objetivo tornar o Brasil um modelo global de eficiência e inovação no uso de IA no setor público, desenvolvendo soluções que melhorem significativamente a oferta e satisfação das pessoas com os serviços, com impacto no desenvolvimento e na inclusão social.

- **Eixo 4 – IA para inovação empresarial:** tem como objetivo estruturar uma robusta cadeia de valor em IA no Brasil, em apoio direto às missões da Nova Indústria Brasil (NIB), posicionando o país como polo global de desenvolvimento e uso de IA.
- **Eixo 5 – Apoio ao processo regulatório e de governança da IA:** tem como objetivo contribuir para a consolidação de um arcabouço de governança de IA no Brasil que promova a inovação, assegure o direito ao desenvolvimento, proteja os direitos humanos, a integridade da informação, os direitos autorais e os que lhe são conexos, o trabalho e os trabalhadores, e posicione o Brasil como referência em IA responsável e confiável.

À luz do recorte realizado na análise da EBIA, apresentam-se a seguir apenas as ações estruturantes do PBIA que estão alinhadas com o objetivo deste capítulo: governança de IA no setor público.

Tabela 16.5. Ações estratégicas relacionadas ao "Eixo 3 – IA para melhoria dos serviços públicos". Fonte: adaptado de Brasil (2021b).

Programa	Ação estruturante	Desafio
Núcleo de IA do governo.	Plataforma de IA do governo.	Desenvolver, treinar e executar modelos de IA para o governo.
	Prospecção e estruturação de projetos de IA.	Identificar e estruturar projetos estratégicos de IA no governo.
	Experimentação de projetos de IA no governo.	Avaliar a viabilidade e o impacto de projetos de IA antes de aplicação em larga escala.
	Monitoramento do desenvolvimento e do uso da IA.	Obter visão integrada sobre os avanços da adoção de IA no governo federal.
	Capacitação de servidores públicos em IA.	Capacitar servidores públicos federais para responder aos desafios da transformação digital e IA.
Infraestrutura nacional de dados.	Nuvem soberana	Proteger dados sigilosos, garantir a privacidade, a disponibilidade e a gestão apropriada desses dados.
	Catalogação, governança e estratégia de uso de dados.	Tratar dados públicos como ativos estratégicos para apoio na solução de grandes desafios da sociedade.

Programa	Ação estruturante	Desafio
	Integração e reúso estratégico de dados.	Promover o compartilhamento de dados para evitar duplicidade de esforços do cidadão em conformidade com a LGPD.
	Personalização dos serviços públicos.	Ampliar a oferta de conteúdo dos diversos órgãos e entidades públicas federais para os cidadãos de maneira personalizada e proativa.
	Privacidade e segurança da informação no setor público.	Garantir a privacidade e a segurança das informações dos cidadãos na prestação dos serviços públicos.
	Construção de base unificada de dados educacionais.	Facilitar a aplicação de IA na educação a partir da organização, da integração e do cruzamento de dados educacionais, e promover o acesso a dados de forma anonimizada para pesquisadores e para o público credenciado (atendimento à LGPD).
Programa de soluções de IA para serviços públicos	Soluções de IA para o governo.	Melhorar a qualidade e eficiência dos serviços públicos com uso da IA para a análise do grande volume de dados governamentais disponíveis.
	Desenvolvimento de IA para cibersegurança no governo.	Aumentar a capacidade de resposta a ataques cibernéticos através do uso de ferramentas de IA.
	Desenvolvimento de IA para aperfeiçoamento das contratações públicas.	Identificar padrões nas contratações públicas com foco em agilidade de processos, redução de custos, correção de erros e fraudes, e aumento da transparência e eficácia.
	IA para gestão dos recursos da educação.	Modernizar e otimizar a gestão, o monitoramento e a prestação de contas através da IA.
	Uso de IA para aperfeiçoar os processos de gestão de pessoas	Aumentar a eficiência operacional e de gestão dos recursos humanos.
	Uso de IA para aperfeiçoar os processos de patrimônio da União.	Melhorar a gestão e o acompanhamento dos imóveis da União, como valoração, identificação e incorporação de novos imóveis, e apoiar as operações de fiscalização dos imóveis da União.

Programa	Ação estruturante	Desafio
	Apoio ao desenvolvimento de projetos de IA nas empresas estatais.	Identificar oportunidades de desenvolvimento de projetos de IA nas empresas estatais alinhados ao alcance de objetivos de políticas públicas.
	SIPEC – Sistema Inteligente de Previsão de Extremos Climáticos	Prever e prevenir os eventos climáticos extremos e reduzir os danos causados à sociedade.

Dentre as ações observadas no âmbito do eixo temático, destacam-se, pelo seu caráter estruturante para a melhoria dos serviços públicos ofertados à sociedade, aquelas relacionadas ao desenvolvimento, ao treinamento e à execução de modelos de IA para o governo; à análise de viabilidade e impacto de projetos de IA antes da aplicação em larga escala; à catalogação, governança e estratégia de uso de dados; à promoção do compartilhamento de dados para evitar a duplicidade de esforços por parte do cidadão, em conformidade com a LGPD; à personalização dos serviços públicos; e à construção de uma base unificada de dados educacionais.

Tabela 16.6. Ações estruturantes relacionadas ao "Eixo 5 – Apoio ao processo regulatório e de governança da IA". Fonte: adaptado de Brasil (2021b).

Programa	Ação estruturante	Desafio
Programa de apoio ao aperfeiçoamento do marco regulatório para IA.	Guias brasileiros de IA responsável.	Necessidade de promoção da confiança pública na IA e adaptação dos padrões globais à realidade brasileira.
	Centro Nacional de Transparência Algorítmica e IA Confiável.	Redução dos riscos associados ao uso e desenvolvimento da IA, de forma a garantir a transparência, a integridade da informação e a confiabilidade nos sistemas de IA.
	Observatório Brasileiro de IA – OBIA[30].	Desenvolver e consolidar indicadores e base de dados para o acompanhamento do uso e desenvolvimento da IA no Brasil.
	Rede de apoio à governança da IA no Brasil.	Reduzir a dependência de atores externos em capacidades críticas para governança de dados e IA, incluindo em setores específicos.

[30] Previsto inicialmente como uma ação estratégica da EBIA, o OBIA foi lançado em agosto de 2024 (CGI. BR, 2024) e o seu portal eletrônico pode ser acessado em: <https://obia.nic.br/>.

Programa	Ação estruturante	Desafio
	Rede de apoio à participação do Brasil no debate internacional.	Ampliar e qualificar a participação do Brasil em discussões, iniciativas, planos, normativos e/ou resoluções de alcance global em IA.

Dada a importância do tema em questão, destaca-se a relevância das ações relacionadas ao desenvolvimento de guias brasileiros de IA responsável; à criação de um centro nacional para o desenvolvimento de pesquisas e estudos sobre riscos, segurança, transparência e confiabilidade da IA; e ao lançamento do Observatório Brasileiro de Inteligência Artificial – OBIA.

Em relação aos seus arranjos de governança, o Plano propõe uma estrutura de gestão e monitoramento, composta por:

- **Conselho Superior:** responsável por formular diretrizes e propostas de ações estruturantes, e harmonizar as iniciativas para o desenvolvimento da IA no Brasil. Formado pela Presidência da República, por ministérios e representantes do setor empresarial e por membros da academia e da sociedade civil.
- **Comitê Executivo:** responsável por dar suporte ao Conselho Superior, supervisionar as câmaras temáticas e pela gestão do PBIA. Formado pelos ministérios com ações no Plano e representantes do setor empresarial, da academia e da sociedade civil.
- **Câmaras Temáticas:** acompanhar a execução das ações do PBIA e apresentar soluções às demandas do Conselho Superior, que define coordenadores e instituições (privadas e públicas) participantes das Câmaras Temáticas.

Ainda em relação ao EBIA, cabe destacar que a Estratégia Federal de Governo Digital (EFGD), com horizonte temporal para 2024 a 2027, estabeleceu o seguinte objetivo e as respectivas iniciativas relacionadas ao tema (BRASIL, 2024):

- **Objetivo 6** – Fomentar o uso inteligente de dados pelos órgãos do governo:
    - **Iniciativa 6.1:** personalizar a comunicação digital em, pelo menos, 50 serviços públicos digitais, de modo que aumente a proatividade do governo na antecipação das necessidades dos cidadãos, no âmbito da Infraestrutura Nacional de Dados (IND), até 2026.

- **Iniciativa 6.2:** disponibilizar canal digital personalizado e seguro para comunicação com o cidadão, dentro da plataforma gov.br, de modo a aumentar a confiança no governo, até 2025.
- **Iniciativa 6.3:** disponibilizar plataforma de infraestrutura para desenvolvimento e implantação de modelos de inteligência artificial no Poder Executivo federal, no âmbito do Plano Brasileiro de Inteligência Artificial (PBIA), até 2026.
- **Iniciativa 6.4:** implantar um núcleo de estruturação de projetos e experimentação de soluções com inteligência artificial aplicada a políticas públicas e serviços públicos, no âmbito do Plano Brasileiro de Inteligência Artificial (PBIA), até 2025.
- **Iniciativa 6.5:** realizar, no mínimo, 20 ciclos de estruturação e experimentação de projetos com inteligência artificial, no âmbito do Plano Brasileiro de Inteligência Artificial (PBIA), até 2026.
- **Iniciativa 6.6:** publicar boas práticas de governança, avaliação de risco e ética nas soluções de inteligência artificial, no âmbito do Plano Brasileiro de Inteligência Artificial (PBIA), até 2026.
- **Iniciativa 6.7:** estabelecer orientações, padrões e modelos para adoção de IA em 10 áreas prioritárias do governo e estruturar 25 projetos de alto impacto, no âmbito do Plano Brasileiro de Inteligência Artificial (PBIA), até 2026.
- **Iniciativa 6.8:** promover o levantamento anual sobre adoção da inteligência artificial, no âmbito do Plano Brasileiro de Inteligência Artificial (PBIA), até 2026.
- **Iniciativa 6.9:** realizar a experimentação de 25 projetos em inteligência artificial por meio do Núcleo de IA, no âmbito do Plano Brasileiro de Inteligência Artificial (PBIA), até 2026.

16.3. Arranjos de governança de IA na administração pública

Em essência, os fundamentos da governança de IA na administração pública não diferem daqueles já apresentados nos capítulos desta obra. Vale destacar que a governança de TI (contexto do qual a IA faz parte) envolve, entre outros aspectos, garantir a realização de benefícios para o negócio das organizações, mediante os investimentos realizados em TIC, gerenciando os riscos que a TI representa para o negócio e mantendo-os dentro de níveis aceitáveis (apetite e tolerância ao risco).

Por se tratar de um tema novo, os arranjos de governança de IA na administração pública, como pode-se observar nas estratégias e planos de IA discutidos nos itens anteriores, ainda se encontram em fase de concepção e podem ser divididos em dois grandes eixos: estruturas e legislações.

16.3.1. Estruturas

As estruturas para a governança de IA, de caráter geral no âmbito da administração pública, têm como objetivo criar espaços para a discussão do uso ético e responsável da IA no cenário nacional, fomentar o desenvolvimento de legislações relacionadas ao tema, além de promover o monitoramento do uso e desenvolvimento de IA no Brasil.

Dentre as estruturas já implementadas, destaca-se o recente lançamento do Observatório Brasileiro de IA (OBIA), realizado em agosto de 2024, cuja missão é consolidar e disseminar o conhecimento sobre os impactos da IA na sociedade.

16.3.2. Implicações de novas legislações

Do ponto de vista da legislação aplicável ao desenvolvimento e uso de tecnologias de IA no cenário nacional, incluindo questões de responsabilização (*accountability*), emprego ético e responsável, e a observância aos normativos vigentes, como a Lei Geral de Proteção de Dados Pessoais (LGPD), o debate gira em torno da criação de uma regulamentação específica para o tema da IA.

Nessa esteira, tramita no Senado Federal o **Projeto de Lei nº 2338, de 2023** ("PL da IA"), o qual dispõe sobre o uso de inteligência artificial, estabelecendo normas gerais de caráter nacional para o desenvolvimento, a implementação e o uso responsável de sistemas de IA no Brasil (SENADO FEDERAL, 2023).

Além de estabelecer a necessidade de avaliação dos riscos dos sistemas de IA a serem contratados por órgãos e entidades da administração pública, o Projeto de Lei nº 2338/2023 prevê, como um dos mecanismos de supervisão e fiscalização, a criação de uma autoridade competente, a ser designada pelo Poder Executivo, responsável pela implementação e fiscalização da lei proposta – à luz do que foi implementado com a Autoridade Nacional de Proteção de Dados (ANPD) para fins da fiscalização da LGPD.

Seguindo uma tendência mundial de regulamentação de tecnologias emergentes, o Projeto de Lei nº 2338/2023 prevê a criação de ambiente regulatório experimental para inovação em IA (*sandbox* regulatório).

Em linhas gerais, os *sandboxes* regulatórios permitem que as organizações experimentem produtos, serviços ou modelos de negócios inovadores (neste caso, tecnologias de IA) sob a supervisão de um regulador por um período determinado. Isso promove o aprendizado tanto para as empresas quanto para o governo em termos de inovação, além de possibilitar o aprimoramento da legislação (MADIEGA; DE POL, 2022).

No segundo semestre de 2023, a ANPD, em colaboração com o Banco de Desenvolvimento da América Latina e Caribe (CAF), abriu uma consulta à sociedade brasileira com vistas a coletar subsídios para elaboração de um *sandbox* regulatório sobre IA e proteção de dados no Brasil. O empreendimento foi realizado por meio da **Plataforma Participa + Brasil** e relatado no documento *Consulta à Sociedade: Sandbox Regulatório de Inteligência Artificial e Proteção de Dados no Brasil* (BRASIL, 2023b).

Por fim, verifica-se que o desafio atual é equilibrar o grau de regulamentação proposto pela legislação em tramitação no Congresso Brasileiro com a necessidade de se abrir espaço para inovações no cenário nacional, especialmente no uso de tecnologias de IA. Isso inclui a reutilização de dados governamentais para aprimorar a oferta de serviços públicos personalizados à sociedade, bem como para a formulação e fiscalização de políticas públicas eficazes e eficientes.

17. As normas ISO relativas à governança da IA

Gianni Ricciardi

A implementação da governança da inteligência artificial (GIA) é responsabilidade do corpo diretivo da organização, que deve definir a visão da governança a ser implementada, os objetivos e as deliberações em termos de meios para que a GIA seja implementada.

Um passo importante é a determinação do escopo a ser implementado. Em empresas maduras, em que as demais instâncias de governança já estão vigentes, a GIA pode ser implementada como complemento às demais instâncias de governança, porém, em empresas que ainda não implementaram as outras instâncias de governança, pode ser necessário expandir o escopo para implementar as bases sobre as quais a GIA será implementada.

A IA apresenta dois comportamentos distintos que requerem abordagens específicas em termos de governança:

- A IA como tecnologia da informação.
- A IA como agente que toma decisões corporativas.

A IA, enquanto tecnologia, deve ser governada conforme a governança de TI, a governança de dados e a governança da segurança da informação vigentes na organização.

A IA, enquanto atriz que toma decisões corporativas, deve ser governada conforme a governança corporativa e a GIA vigentes na organização.

Todas as instâncias de governança devem atestar a conformidade das práticas.

A ABNT publica os padrões internacionais para as instâncias de governança relacionadas à GIA:

- ABNT NBR ISO 37000:2022 — Governança de organizações — Orientações
- ABNT NBR ISO 37301:2021 — Sistemas de gestão de *compliance* — Requisitos com orientações para uso
- ABNT NBR ISO/IEC 27014:2021 — Segurança da informação, segurança cibernética e proteção da privacidade — Governança da segurança da informação
- ISO/IEC 38500:2024 — *Information technology — Governance of IT for the organization*
- ABNT NBR ISO/IEC 38505-1:2020 — Tecnologia da Informação — Governança da TI — Parte 1: Aplicação da ABNT NBR ISO/IEC 38500 à governança de dados
- ABNT NBR ISO/IEC 38507:2023 — Tecnologia da informação — Governança de TI — Implicações de governança do uso de inteligência artificial pelas organizações

A governança corporativa consiste de princípios, diretrizes e comportamentos que todas as pessoas da organização precisam seguir e prestar contas em termos da gestão e utilização dos recursos sobre os quais têm autoridade e/ou responsabilidade. A organização também estabelece um sistema de *compliance* para fazer a aferição e reportar o grau de conformidade com que os princípios, as diretrizes e os padrões deliberados pela governança são atendidos pelos colaboradores, fornecedores, clientes e demais atores que possuam autoridade e/ou responsabilidade sobre a gestão ou uso dos recursos da organização.

A IA, enquanto atriz que toma decisões na organização, está sujeita aos mesmos princípios, diretrizes e padrões da governança corporativa. Assim como existem consequências para quem toma decisões sobre a gestão e o uso dos recursos corporativos, para toda decisão de IA deve ter um ser humano que será responsabilizado pelas suas consequências. As atribuições de responsabilidades devem ser feitas nos níveis adequados em termos da decisão de implementação, forma de implementação, gestão, uso e controle da IA, de forma que a IA, em seus diferentes estágios, tenha responsáveis a ela associados para responderem pelas consequências das decisões e interações da IA com os sistemas, processos, colaboradores, clientes, fornecedores, governos e demais partes interessadas.

A governança da segurança da informação está dentro do contexto da governança corporativa e trata da integridade e disponibilidade dos dados para a tomada de decisões, assim como o tratamento de riscos cibernéticos e proteção da privacidade.

Os modelos da IA podem alterar os significados das informações ao produzir informações derivadas e assim pôr em risco a tomada de decisão que um ser humano ou que outra IA irá tomar. As conexões utilizadas para coleta ou distribuição das informações pela IA também constituem fontes de riscos corporativos se forem acessadas por criminosos. A IA deve ser adquirida, implementada, gerida e utilizada em conformidade com a governança da segurança da informação vigente na empresa, e possivelmente será necessário implementar novos controles para tratar os contextos das IAs utilizadas pela organização.

A governança da TI está dentro do contexto da governança corporativa como uma especialização para a sua aplicação na pesquisa, no provimento e na gestão dos insumos computacionais utilizados pela organização. A nova versão da ISO/IEC 38500 descreve como cada princípio da governança corporativa se aplica ao contexto da governança da TI.

A IA é provida por meio de recursos computacionais como programas, banco de dados, servidores, dispositivos, *links* de comunicações, integrações com outros sistemas, dentre outros recursos computacionais que devem ser gerenciados, providos e controlados em conformidade com a governança de TI vigente na organização.

A governança de dados está dentro do contexto da governança da TI, como uma especialização em termos do tratamento do ciclo de vida dos dados na organização, desde a origem, o processamento, a guarda, a disponibilização, o uso e o descarte. A IA consome muitos dados no treinamento dos modelos, nas entradas de requisições dos usuários, nas documentações fornecidas durante o uso, assim como gera muitos dados como resultado de suas análises e decisões. A utilização dos dados pela IA deve ser feita em conformidade com a governança de dados vigente na organização.

A GIA faz parte da família da ISO/IEC 38500, que trata o contexto da governança da TI, em função dos aspectos da IA como insumo computacional, porém a IA como tomadora de decisões precisa atestar conformidade com as diversas instâncias de governança da organização, conforme ilustrado na Figura 17.1.

Figura 17.1. Contextos das governanças relacionadas à IA. Fonte: o autor.

Neste capítulo será detalhada a GIA, sendo que as demais instâncias de governança mencionadas e o sistema de gestão de *compliance* devem ser considerados, pois são importantes para uma GIA efetiva e integrada.

17.1. A IA como tecnologia da informação

O primeiro passo é ter a GIA como tecnologia da informação (TI), para que seja adquirida, implementada, sustentada e utilizada em conformidade com a boa governança dos insumos computacionais da organização.

A GIA como TI segue os padrões para gestão, operação e uso dos demais insumos computacionais. A governança do uso da TI é definida na **ISO/IEC 38500:2024 — *Information technology — Governance of IT for the organization***, que fornece três ferramentas para uma boa governança da TI (ISO, 2024):

- Princípios para a governança da TI, para dar dinamismo ao uso responsável e estratégico da TI.
- Modelo para a governança da TI, que mostra as principais interações para as tomadas de decisões e responsabilidades para todos os aspectos do uso da TI.
- *Framework* de governança da TI, que descreve elementos e arranjos organizacionais para assegurar que as ações críticas da governança da TI sejam consideradas e aplicadas.

A ISO 38500 tem por público-alvo o corpo diretivo, ou a alta administração, da organização, uma vez que são os responsáveis e os responsabilizados pelo uso da TI na organização e as suas consequências (ISO, 2024).

17.1.1. Princípios para a governança da tecnologia da informação

É papel do corpo diretivo assegurar que os princípios da Governança Corporativa sejam aplicados à TI de forma a serem estabelecidos, promovidos e cobrados dos colaboradores e fornecedores da organização. **ABNT NBR ISO 37000 — Governança de organizações — Orientações** (ABNT, 2022) **estabelece 11 princípios para obter desempenho eficaz, administração responsável e comportamento ético.**

A Figura 17.2 apresenta uma visão desses 11 princípios da governança de organizações.

Figura 17.2. Princípios da governança. Fonte: adaptado de ABNT (2022).

A norma ISO 38500 detalha as implicações desses princípios para o uso da TI, assim como os resultados esperados da aplicação de cada princípio[31].

- **Propósito.** Considerar como a TI, atual e futura, habilita a organização para atingir seu propósito (ISO, 2024).
- **Geração de valor.** O papel da TI na geração de valor deve ser estabelecido e comunicado em termos de novos produtos, eficiência, redução de custos, qualidade, diferenciação etc. (ISO, 2024).

[31] Neste capítulo será apresentado apenas um resumo do que é descrito na norma (ISO, 2024), sendo que maiores detalhes devem ser obtidos no texto da norma.

- **Estratégia.** A estratégia da TI precisa estar alinhada com a estratégia da organização, considerando aspectos como custos, cibersegurança, provimento dos recursos, com particular atenção para as oportunidades e ameaças relacionadas às novas tecnologias (ISO, 2024).
- **Supervisão.** O corpo diretivo deve assegurar que políticas e padrões estejam estabelecidos, comunicados e que a conformidade seja aferida. O corpo diretivo deve supervisionar todo o ciclo de vida das tecnologias, desde a adoção de novas tecnologias, o provisionamento dos recursos computacionais e a retirada de tecnologias e dados obsoletos (ISO, 2024).
- **Responsabilização.** O corpo diretivo deve assegurar que as responsabilidades e responsabilizações pelo provimento e uso da TI sejam claros para maximizar os benefícios e minimizar os riscos. O corpo diretivo deve assegurar que pessoas possuam competência adequada para suportar as intenções estratégicas relacionadas à TI. A responsabilização pela governança da TI é do corpo diretivo, ainda que tenha sido delegada (ISO, 2024).
- **Engajamento das partes interessadas.** O uso da TI pela organização precisa estar alinhado com os requisitos das partes interessadas; implementações, operações e suporte devem atender a tais expectativas. As partes interessadas podem ser organizações, clientes, colaboradores, fornecedores, reguladores etc. O corpo diretivo deve promover uma cultura organizacional orientada a atingir os objetivos estratégicos, particularmente os que envolvem mudanças (ISO, 2024).
- **Liderança.** O corpo diretivo deve assegurar, em toda a organização, liderança ética no uso da TI, alinhada com os valores da empresa. O corpo diretivo deve estabelecer o proposito, o modelo de geração de valor e os valores para atingir os objetivos da TI e assegurar a satisfação das partes interessadas. As competências devem ser continuamente melhoradas, avaliadas e supervisionadas para assegurar o desempenho da TI (ISO, 2024).
- **Dados e decisões.** Fornecer dados para a tomada de decisões por máquinas e pessoas é um dos objetivos primários da TI. O papel dos dados na geração de valor deve ser claro e alinhado com a estratégia em termos de objetivos, governança e proteção dos dados, estratégias para os ativos de dados, obrigações e restrições de uso, considerações de direitos e divulgações, dentre outros

aspectos estratégicos (ISO, 2024).

- **Governança do Risco.** A governança do risco é crítica para a efetividade da governança e gestão do uso da TI. O corpo diretivo deve assegurar que os riscos associados à TI são identificados e gerenciados conforme a abordagem de tratamento de riscos da organização (ISO, 2024).
- **Responsabilidade Social.** O corpo diretivo deve assegurar que a organização pratica a responsabilidade legal e é sensível para antecipar expectativas da comunidade, interna e externa, incluindo necessidades de transparência da tomada de decisão e impactos da disponibilidade de serviços *on-line* essenciais (ISO, 2024).
- **Viabilidade e desempenho no tempo.** O corpo diretivo deve compreender as funções críticas da TI para a resiliência da organização e responder por meio de uma boa governança com o provisionamento de serviços de TI gerenciados e resilientes. O corpo diretivo deve minimizar impactos negativos do uso da TI nos sistemas natural, social e econômico em que a organização opera (ISO, 2024).

17.1.2. Modelo para a governança da tecnologia da informação

O modelo de governança da TI proposto na ISO 38500 é uma abordagem contínua em que a alta administração deve (ISO, 2024):

- engajar as partes interessadas;
- obter os requisitos;
- avaliar a melhor opção de provimento;
- deliberar políticas, direcionamentos e recursos para que o gerenciamento da TI providencie o atendimento das demandas;
- monitorar o andamento do que foi deliberado, avaliando eventuais ajustes;
- reiniciar o ciclo.

A Figura 17.3 mostra uma visão de um Modelo para a Governança da TI adaptado da proposta da ISO 38500.

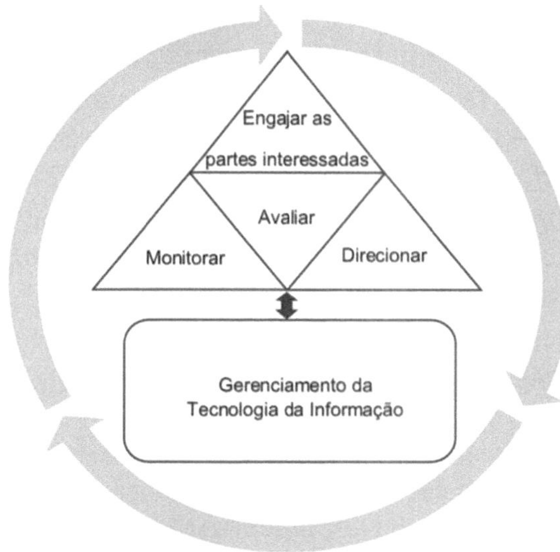

Figura 17.3. Modelo para a governança de TI. Fonte: adaptado de ISO (2024).

A ISO 38500 trata especificamente da governança da TI, sendo que o gerenciamento da TI é tratado em outras normas ISO específicas. A família de normas ISO 38500 contempla um guia de implementação, detalhamento do *framework*, detalhamento da aplicação dos princípios na governança da TI e o guia para a avaliação da governança da TI, além de especializações da governança em temas específicos como investimentos, dados, plataformas de serviços compartilhados, responsabilidade social e a GIA, conforme apresentadas no catálogo da ABNT e no site da ISO:

- ISO/IEC TS 38501:2015 — *Information technology — Governance of IT — Implementation guide*
- ISO/IEC TR 38502:2017 — *Information technology — Governance of IT — Framework and model*
- ISO/IEC 38503:2022 — *Information technology — Governance of IT — Assessment of the governance of IT*
- ISO/IEC TR 38504:2016 — *Governance of information technology — Guidance for principles-based standards in the governance of information technology*
- ABNT NBR ISO/IEC 38505-1:2020 — Tecnologia da Informação — Governança da TI — Parte 1: Aplicação da ABNT NBR ISO/IEC 38500 à Governança de Dados
- ISO/IEC 38506:2020 — *Information technology — Governance of IT — Application of ISO/IEC 38500 to the governance of IT enabled investments*

- ABNT NBR ISO/IEC 38507:2023 — Tecnologia da informação — Governança de TI — Implicações de governança do uso de inteligência artificial pelas organizações
- ISO/IEC TS 38508:2024 — *Information technology — Governance of IT — Governance implications of the use of a shared digital service platform among ecosystem organizations*
- ISO/IEC AWI TR 38509 — *Information Technology — Governance of IT – Responsible governance for social inclusion (under development)*

17.1.3. *Framework* para a governança da TI

O *framework* de governança apresentado na ISO 38500 estabelece uma sequência de atividades para o estabelecimento e a manutenção de políticas, estruturas, comportamentos e mecanismos de responsabilização requeridos para que o modelo de governança atenda às expectativas das partes interessadas.

Cada elemento do *framework* é detalhado na norma. De forma simplificada, pode-se entender como sendo a definição da direção, a providência das capacidades requeridas, o estabelecimento de políticas, a delegação de responsabilidades, o estabelecimento e acompanhamento de expectativas de desempenho, e a responsabilização pela governança e *compliance* da TI.

A Figura 17.4 apresenta uma visão do *framework* para a governança de TI proposto pela ISO 38500.

Figura 17.4. *Framework* para a governança de TI. Fonte: adaptado de ISO (2024).

As atividades referentes ao gerenciamento da TI são tratadas em normas de gerenciamento específicas.

17.2. IA como agente tomador de decisões

A especialização da ISO 38500 para a GIA trata das "implicações de governança do uso de inteligência artificial pelas organizações" (ABNT, 2023).

A Figura 17.5 ilustra as implicações da governança do uso da IA, de acordo com a ISO 38507.

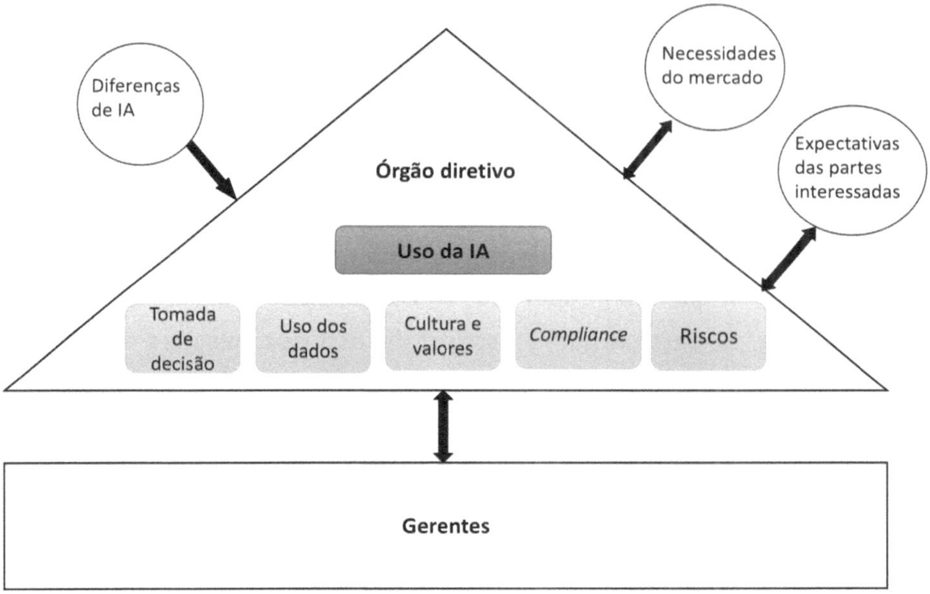

Figura 17.5. Implicações de governança do uso da IA. Fonte: adaptado de ABNT (2023).

A manutenção da governança, assim como a responsabilidade e responsabilização do corpo diretivo, é explicitada na norma:

- **Manutenção da governança ao introduzir a IA**. Partindo do princípio de que a governança já exista na organização, o corpo diretivo deve avaliar e providenciar direcionamento para tratar os impactos da introdução da IA. Direcionamentos em termos de riscos para as partes interessadas, responsabilização das decisões tomadas pela IA, transparência das decisões da IA, dependência de fornecedores, requalificação do pessoal, dentre outros aspectos (ABNT, 2023).
- **Manutenção da responsabilização ao introduzir a IA**. O corpo diretivo é responsável e responsabilizado pelas decisões tomadas em toda a organização, independentemente se foram tomadas por pessoas ou pela IA, podendo sofrer penalidades, remoção do cargo

ou reparação legal. É importante garantir que as práticas sejam adequadas para os usos da IA, com aprimoramentos nas atividades de direção, supervisão, avaliação e prestação de contas, além dos direcionamentos para a capacitação e o provimento adequado dos sistemas de IA (ABNT, 2023).

A norma detalha diversas adequações necessárias da governança para o uso da IA, dentre as quais (ABNT, 2023):

- Diferenciar os sistemas de IA de outras tecnologias da informação em função da capacidade de aprendizado e tomada de decisão.
- Entender os componentes do sistema de IA e seu ecossistema, conforme descrito na ISO 22989.
- Considerar a governança em todo o ciclo de vida da IA, da concepção ao descarte, conforme descrito na ISO 22989.
- Aumentar a supervisão de *compliance*.
- Supervisionar o escopo de uso por pessoas autorizadas e qualificadas.
- Identificar e tratar os impactos nas partes interessadas.
- Determinar os requisitos legais ou obrigações decorrentes do uso da IA.
- Alinhar o uso da IA aos objetivos da organização.
- Alinhar o uso da IA à cultura e aos valores da organização.
- Assegurar que o contexto de uso seja compatível com o problema tratado.
- Examinar o risco adicional do uso da IA para a organização.
- Estabelecer políticas para o uso da IA.
- Estabelecer a governança da tomada de decisões relativas à IA, de forma que humanos sejam responsáveis e responsabilizados pelas consequências.
- Assegurar a governança do uso de dados em termos de valor, risco e restrições, conforme a ISO 38505.
- Estabelecer processos apropriados para validar a conformidade das saídas da IA.
- Definir os impactos da IA no *compliance* da organização, podendo estender a política de *compliance*.
- Reavaliar o apetite pelo risco da organização em função do uso da IA.

- Aprimorar a gestão dos riscos para os aspectos referentes à utilização da IA e estabelecer os controles adequados para trazer o risco para dentro do apetite ao risco da organização.

17.3. Sistema de gestão da IA

A norma ABNT NBR ISO/IEC 42001:2024 Tecnologia da informação — Inteligência artificial — Sistema de gestão apresenta os requisitos que podem ser utilizados para a estruturação e implementação do gerenciamento da IA ou para a aferição do gerenciamento da IA vigente na organização.

O sistema de gestão de IA proposto na norma é estruturado em seis blocos, resumidos a seguir, sendo que na norma são detalhados os requisitos que devem ser implementados e ter sua conformidade atestada para o atendimento da norma. Por ser uma norma de requisitos, é possível obter a certificação ISO/IEC 42001 da organização por meio de uma certificadora credenciada.

Estrutura do sistema de gestão de IA (ABNT, 2024):

- **Liderança**
    - Liderança e comprometimento
    - Política de IA
    - Papéis, responsabilidades e autoridades
- **Planejamento**
    - Ações para abordar riscos e oportunidades
    - Avaliação de riscos de IA
    - Tratamento de riscos de IA
    - Avaliação de impacto do sistema de IA
    - Objetivos de IA e planejamento para alcançá-los
    - Planejamento de mudanças
- **Apoio**
    - Recursos
    - Competência
    - Conscientização
    - Comunicação

  - Informação documentada
  - Criação e atualização de informação documentada
  - Controle de informação documentada
- **Operação**
  - Planejamento e controle operacionais
  - Avaliação de riscos de IA
  - Tratamento de risco de IA
  - Avaliação de impacto do sistema de IA
- **Avaliação de desempenho**
  - Monitoramento, medição, análise e avaliação
  - Auditoria interna
  - Programa de auditoria interna
  - Análise crítica pela direção
  - Entradas da análise crítica pela direção
  - Resultados da análise crítica pela direção
- **Melhoria**
  - Melhoria contínua
  - Não conformidade e ação corretiva

A implementação do sistema de gestão da IA pode ser estruturada conforme as etapas apresentadas, sem perder de vista que se trata de um sistema interligado que, uma vez implementado, segue com um processo contínuo de gestão da IA na organização, conforme ilustra a Figura 17.6.

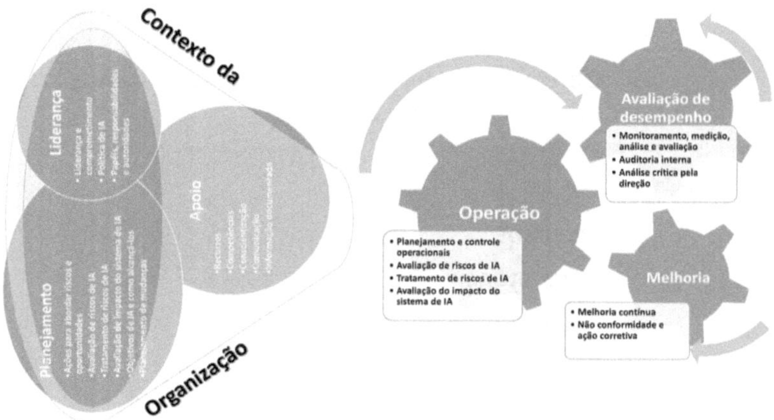

Figura 17.6. Relação dos elementos da ISO 42001. Fonte: adaptado de ABNT (2024).

A norma apresenta quatro anexos que auxiliam na implementação e no controle do sistema de gestão de IA:

- **Anexo A (normativo) – Objetivos de controle e controle de referência.** Para cada uma das categorias a seguir, são listados diversos controles:
    - Políticas relacionadas à IA
    - Organização interna
    - Recursos para os sistemas de IA
    - Avaliação dos impactos dos sistemas de IA
    - Ciclo de vida do sistema de IA
    - Dados para sistemas de IA
    - Informações para as partes interessadas em sistemas de IA
    - Uso de sistemas de IA
    - Relacionamento com clientes e terceiros
- **Anexo B (normativo) – Orientações para implementação de controles de IA.** Detalha o que convém que seja feito pela organização para implementar cada controle (ABNT, 2024).
- **Anexo C (informativo) – Objetivos organizacionais potenciais e fontes de risco relacionados à IA.** Lista uma série de objetivos, fontes de riscos e descrições que podem ser considerados para que a organização determine seus próprios objetivos e riscos relevantes (ABNT, 2024).
- **Anexo D (informativo) – Uso de sistema de gestão de IA entre domínios ou setores.** Assim como a GIA se relaciona com outras governanças, a gestão de IA também se relaciona com outras normas de gestão, como ISO 27001 — Segurança da informação, segurança cibernética e proteção à privacidade — Sistemas de gestão da segurança da informação, ISO 9001 — Sistemas de gestão da qualidade, ISO 22000 — Sistemas de gestão da segurança de alimentos, ISO 13485 — Produtos para saúde — Sistemas de gestão da qualidade — Requisitos para fins regulamentares, ISO 20000 — Tecnologia da informação — Gestão de serviço, dentre outras.

A norma ISO 42001 também pode ser utilizada na contratação de empresas que prestam serviços de IA, tanto pela contratante, solicitando a certificação ou avaliação de conformidade do fornecedor, quanto pela contratada para atestar a capacidade de gestão da IA ofertada, seja como diferencial competitivo, seja como atendimento à legislação vigente. Conforme a lei nº 8.078, Código de Defesa do Consumidor, é prática abusiva "IX – colocar, no mercado de consumo, qualquer produto ou serviço em desacordo com as normas expedidas pelos órgãos oficiais competentes, ou, se normas específicas não existirem, pela Associação Brasileira de Normas Técnicas – ABNT (MINISTÉRIO DA JUSTIÇA, 2013).

18. Modelos internacionais relacionados com IA

Aguinaldo Aragon Fernandes

Há vários modelos disponibilizados no mercado focando nos aspectos éticos e de riscos relativos à IA. Esses modelos são fontes de *frameworks* que podem ser adaptados para qualquer organização.

Foram selecionados alguns desses *frameworks* a serem relatados em função de sua representatividade e qualidade do conteúdo. Eles são:

a) NIST – *Artificial Intelligence Risk Management Framework* (AI RMF 1.0).
b) BSA – *AI Bias Risk Management Framework*.
c) Alan Turing Institute – *Process-Based Governance (PBG) Framework*.

18.1. NIST – *Artificial Intelligence Risk Management Framework* (AI RMF)

18.1.1. Finalidade

Conforme orientado pelo *National Artificial Intelligence Initiative Act* de 2020[32] (P.L. 116-283), o objetivo do AI RMF é oferecer um recurso para as organizações que projetam, desenvolvem, implantam ou usam sistemas de IA para ajudar a gerenciar os muitos riscos da IA e promover o desenvolvimento e uso confiáveis e responsáveis de sistemas de IA.

[32] Esta lei norte-americana organiza as responsabilidades pela IA nos órgãos do governo federal, sendo que o NIST (*National Institute of Standard Technology*) ficou com a responsabilidade de estruturar um *framework* de riscos de IA. NIST é um órgão subordinado à secretaria do comércio dos EUA.

O AI RMF foi projetado para equipar organizações e indivíduos – denominados de atores de IA – com abordagens que aumentem a confiabilidade dos sistemas de IA e ajudem a promover o design, o desenvolvimento, a implantação e o uso responsáveis de sistemas de IA ao longo do tempo (NIST, 2023).

18.1.2. Estrutura

O *framework* AI RMF é apresentado em duas partes.

- **Parte 1 – Informação de Fundamentos.** Nesta parte são apresentados os fundamentos da gestão de riscos e conceitos como a importância da gestão de riscos; medição do risco; tolerância ao risco, priorização do risco; integração com o risco corporativo; riscos de IA; e IA confiável.
- **Parte 2 – Núcleo e Perfis.** Nesta parte é apresentado o núcleo do *framework*. O núcleo é composto por quatro funções: *Govern* (Governar), *Map* (Mapear), *Measure* (Medir) e *Manage* (Gerenciar). Cada uma dessas funções de alto nível é dividida em categorias e subcategorias, que, por sua vez, são subdivididas em ações e resultados específicos. Ações não constituem uma lista de verificação nem são necessariamente um conjunto ordenado de etapas.

A Figura 18.1 apresenta o núcleo do AI RMF.

Figura 18.1. Núcleo do AI RMF. Fonte: adaptado de NIST (2023).

A Figura 18.2 apresenta um resumo das categorias contidas pela função "Governar", conforme preconizado pelo modelo AI RMF.

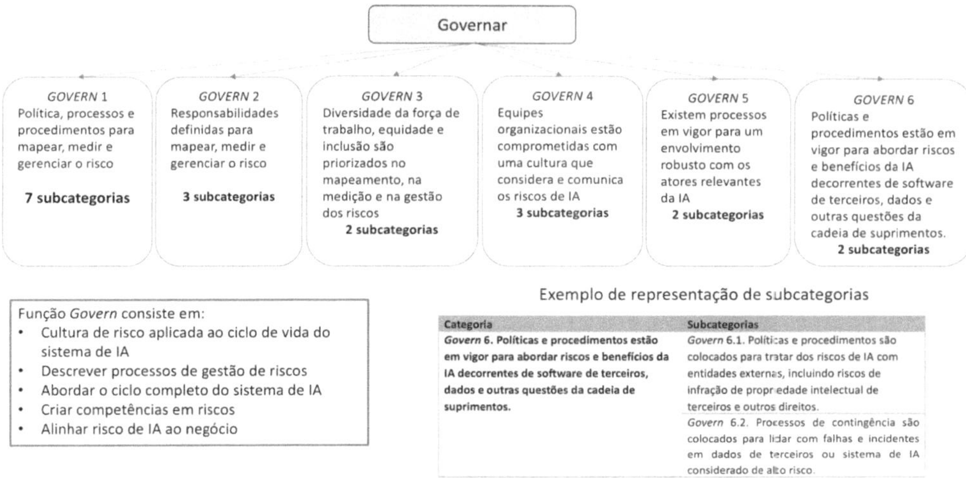

Figura 18.2. Resumo da função "Governar". Fonte: adaptado de NIST (2023).

A seguir, o resumo das demais funções.

A Figura 18.3 apresenta um resumo da função "Mapear".

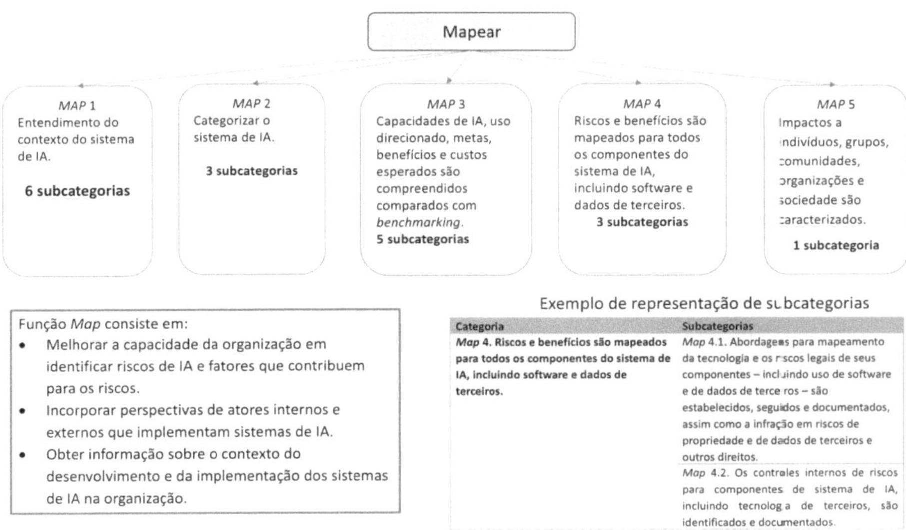

Figura 18.3. Resumo da função "Mapear". Fonte: adaptado de NIST (2023).

A Figura 18.4 ilustra o resumo da função "Medir".

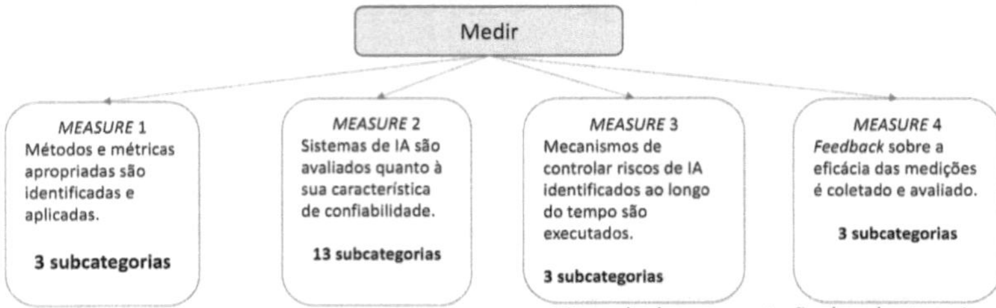

A função *Measure* consiste em:

- Medir os riscos de IA.
- Identificar riscos emergentes.
- Medir a confiabilidade da IA.
- Verificar os sistemas de IA.

Exemplo de representação de subcategorias

Categoria	Subcategorias
***Measure* 3. Mecanismos de controlar riscos de IA identificados ao longo do tempo são executados.**	*Measure* 3.1. Abordagens, pessoal e documentação são estabelecidos para, regularmente, identificar e controlar riscos existentes, não antecipados e emergentes sobre IA, com base em fatores tais como o desempenho esperado e realizado em contextos de implementação.
	Measure 3.2. Abordagens de controle de risco em contextos onde os riscos de IA são difíceis de serem avaliados usando as técnicas atuais disponíveis ou onde métricas não estão disponíveis.
	Measure 3.3. Processos de *feedback* para que usuários finais e comunidades impactadas possam comunicar problemas e apelar sobre os resultados do sistema de IA são estabelecidos e integrados às métricas de avaliação do sistema.

Figura 18.4. Resumo da função "Medir". Fonte: adaptado de NIST (2023).

A Figura 18.5 ilustra o resumo da função "Gerenciar".

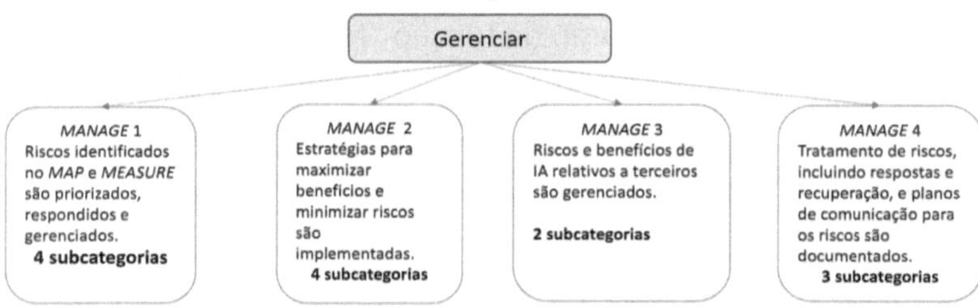

A função *Manage* consiste em:

- Alocar recursos para mapear e medir riscos regularmente.
- Tratar os riscos priorizados.
- Avaliar riscos emergentes.
- Gerenciar a implantação de sistemas de IA.

Exemplo de representação de subcategorias

Categoria	Subcategoria
***Manage* 3.** Riscos e benefícios de IA relativos a terceiros são gerenciados	*Manage* 3.1. Riscos e benefícios de recursos de terceiros são regularmente monitorados, e os controles sobre os riscos são monitorados e documentados.
	Manage 3.2. Modelos pré-treinados que são usados para desenvolvimento são monitorados como parte do monitoramento regular de sistemas de IA.

Figura 18.5. Resumo da função "Gerenciar". Fonte: adaptado de NIST (2023).

18.2. BSA – *AI Bias Risk Management Framework*

18.2.1. Finalidade

Este modelo foi desenvolvido pela The Software Alliance[33].

O *AI Bias Risk Management Framework* tem por finalidades (BSA, 2021):

- Apoiar avaliações de impacto para identificar e mitigar riscos potenciais que possam surgir ao longo do ciclo de vida do sistema de IA.
- Ser uma ferramenta flexível que as organizações podem usar para melhorar a confiança em seus sistemas de IA através de processos de gestão de riscos que promovam a justiça, a transparência e a responsabilização.
- Estabelecer a estrutura, processos e salvaguardas para implementar um programa de gestão de riscos.
- Identificar práticas existentes, ferramentas e recursos que as partes interessadas podem usar para mitigar riscos específicos de viés em sistemas de IA que possam surgir ao longo do seu ciclo de vida.

18.2.2. Estrutura

Para o *framework*, viés de IA se refere a sistemas de IA que sistematicamente e injustificadamente produzem resultados menos favoráveis, injustos ou prejudiciais a membros de grupos demográficos específicos.

O *framework* define os tipos de viés por etapa do ciclo de vida do sistema de IA.

A Tabela 18.1 apresenta os principais vieses.

Tabela 18.1. Viés no ciclo de vida do sistema de IA. Fonte: o autor.

Etapa do ciclo de vida	Viés
Design	**Viés na formulação do problema:** inadequação da solução para o problema a ser resolvido.
	Viés histórico: oriundo dos dados usados para treinar o sistema.
	Viés de amostragem: amostra não representa a população ou grupo de usuários do sistema de IA.

[33] <https://www.bsa.org/>.

Etapa do ciclo de vida	Viés
	Viés de rotulação: rotulação de dados para o algoritmo compreender os padrões e a classificação dos dados de entrada.
Desenvolvimento	**Viés de *proxy*:** causado pela inclusão de variável adicional no modelo de forma a criar um viés. Exemplo: empréstimo para compra de uma marca de *laptop* está relacionado com raça ou local de moradia, mas a pessoa tem um bom crédito. O que importa é o *credit score* e não a raça.
	Viés agregado: agregação pode surgir se o modelo falhar em considerar diferenças entre subgrupos que impactam na exatidão do sistema.
Deployment, monitoração e interação	**Viés de *deployment*:** pode surgir quando um modelo não consegue generalizar de forma confiável além dos dados com os quais foi treinado, seja porque o modelo foi superajustado no momento do treinamento (ou seja, o modelo de previsão aprendeu tantos detalhes sobre os dados de treinamento que não consegue fazer generalizações precisas sobre outras entradas de dados) ou por causa do desvio de conceito (ou seja, a degradação do desempenho foi causada por uma mudança no relacionamento entre a variável de destino e os dados de treinamento).
	Viés de uso indevido: pode surgir quando um sistema ou recurso de IA criado para uma finalidade é usado de maneira inesperada ou não intencional.

O *framework* identifica as melhores práticas para mitigar riscos de viés de IA em todo o ciclo de vida do sistema. Ele é organizado em:

- **Funções**, que denotam atividades fundamentais de gerenciamento de risco de IA em seu nível mais alto, dividindo-as entre avaliação de impacto e melhores práticas de mitigação de risco.
- **Categorias**, que definem as atividades e os processos necessários para executar as funções em cada fase do ciclo de vida de IA. Em outras palavras, as categorias definem as etapas para executar uma avaliação de impacto e identificar as melhores práticas de mitigação de risco correspondentes que podem ser usadas para gerenciar riscos associados.

- **Declarações de diagnóstico**, que definem as ações discretas que devem ser tomadas para executar as categorias. Elas fornecem um conjunto de resultados que ajudam a dar suporte à obtenção dos resultados em cada categoria.
- **Comentários sobre implementação**, que fornecem informações adicionais para alcançar os resultados descritos nas declarações de diagnóstico.
- **Ferramentas e recursos**, que identificam uma gama de orientação externa e *kits* de ferramentas que as partes interessadas podem usar para mitigar os riscos de viés associados a cada fase do ciclo de vida da IA. As ferramentas e os recursos específicos identificados na estrutura não são exaustivos e são destacados para fins informativos.

Para cada fase do ciclo de vida esses elementos são apresentados em forma de uma tabela, conforme o exemplo apresentado na Tabela 18.2.

Tabela 18.2. Exemplo da representação do *AI Bias Risk Management Framework*. Fonte: adaptado de BSA (2021).

Design			
Função	Categoria	Declaração do diagnóstico	Comentários sobre implementação
Concepção do projeto			
Avaliação de impacto	Identificação e documentação de objetivos e suposições	Documentar a finalidade do sistema de IA	Qual o propósito do sistema? Qual problema resolve? Qual o usuário do sistema? Quais os possíveis usos indevidos?
		Definir claramente os efeitos intencionados do modelo.	
		Definir claramente casos de uso e o contexto no qual o sistema será implementado.	

18.3. Alan Turing Institute – *Process-Based Governance* (PBG) *Framework*

18.3.1. Finalidade

O Programa de Políticas Públicas do Alan Turing Institute[34] foi criado em maio de 2018 com o objetivo de desenvolver pesquisas, ferramentas e técnicas que ajudem os governos a inovar com tecnologias intensivas em dados e melhorar a qualidade de vida das pessoas.

Em 2019, o Programa de Políticas Públicas do Instituto Alan Turing, em colaboração com o Escritório de Inteligência Artificial do Reino Unido e o Serviço Digital do Governo, publicou o guia oficial do setor público do governo do Reino Unido sobre ética e segurança de IA. Esse documento fornece orientação completa sobre como aplicar princípios de ética e segurança de IA no design, no desenvolvimento e na implementação de sistemas algorítmicos no setor público. Ele fornece uma estrutura de governança projetada para auxiliar equipes de projetos de IA a garantir que as tecnologias de IA que eles constroem, adquirem ou usam sejam éticas, seguras e responsáveis.

Em 2021, a Estratégia Nacional de IA do Reino Unido recomendou como uma "ação-chave" a atualização e expansão dessa orientação original. De 2021 a 2023, com o apoio do financiamento do Escritório de IA e do Conselho de Pesquisa em Engenharia e Ciências Físicas, bem como com a assistência de vários órgãos do setor público, foi feita uma atualização e expansão. O resultado é o *AI Ethics and Governance in Practice*, uma série personalizada de oito livros de exercícios e uma futura plataforma digital projetada para equipar o setor público com ferramentas, treinamento e suporte para adotar a chamada Estrutura de Governança Baseada em Processos (*Process-Based Governance* – PBG) para executar projetos alinhados com práticas de ponta em inovação de IA responsável e confiável (LESLIE *et al.*, 2023).

O PBG é apresentado em oito *workbooks*, quais sejam:

- ***AI Ethics and Governance in Practice – An Introduction***: este *workbook* introduz o *framework* e discorre sobre conceitos de IA

[34] <https://www.turing.ac.uk/>.

(LESLIE *et al.*, 2023a).

- ***AI Sustainability in Practice Part One***: este *workbook* foca nas questões de engajamento das partes interessadas no projeto de IA e mostra como implementar um dos elementos do modelo chamado de *SUM Values*, o qual veremos mais adiante (LESLIE *et al.*, 2023b).
- ***AI Sustainability in Practice Part Two – Sustainability Throughout the AI Workflow***: este *workbook* apresenta a segunda parte sobre sustentabilidade, focando na avaliação de impacto por parte das partes interessadas e como implementar no ciclo de vida do sistema de IA (LESLIE *et al.*, 2023c).
- ***AI Fairness in Practice***: este *workbook* introduz o tema de justiça em sistemas de IA e foca em igualdade e não discriminação. Explica o que significa justiça em dados, aplicação, desenvolvimento do modelo, métricas, implementação do sistema e justiça no ecossistema (LESLIE *et al.*, 2023d).
- ***Responsible Data Stewardship in Practice***: este *workbook* explica o que significa uma administração de dados responsável, discute os principais componentes e como pôr em prática (LESLIE *et al.*, 2024a).
- ***AI Safety in Practice***: este *workbook* discute as questões de segurança do sistema de IA, explica cada um dos objetivos de segurança e como colocar em prática (LESLIE *et al.*, 2024b).
- ***AI Transparency and Explainability in Practice***: este *workbook* trata da capacidade de explicar os resultados do sistema de IA. Introduz conceitos sobre transparência, discorrendo sobre os seus princípios, tipos de explicações e como colocar em prática (LESLIE *et al.*, 2024c).
- ***AI Accountability in Practice***: por fim, este *workbook* define o que é responsabilização, explica os tipos de responsabilização e como colocar em prática. Além do mais, mostra como a responsabilização pode ser verificada e rastreada ao longo do ciclo de vida do projeto (LESLIE *et al.*, 2024d).

Esses livros são usados para treinamento, sendo um livro do instrutor e outro do participante. Os livros apresentam os principais conceitos e têm atividades para serem executadas, conforme apregoa o *framework*.

18.3.2. Estrutura

O *framework* apresenta uma abordagem sociotécnica para sistema de IA e é composto de três níveis, conforme a Figura 18.6.

Os elementos principais do *framework* são:

- No nível 1:
    - **O *framework* CARE and Act** é aplicado para projetos de inovação e emprega métodos oriundos de *Responsible Research and Innovation* (LESLIE, 2020) aplicados a projetos de pesquisa e desenvolvimento. Este *framework* abrange:
        - **Considerar o contexto** onde a solução será desenvolvida.
        - **Antecipar impactos** que a solução possa causar.
        - **Refletir sobre propósitos, posicionamentos e poder**, motivadores do projeto, questões de capacidade de escrutínio e poder entre o time do projeto e a comunidade.
        - **Engajar de forma inclusiva**, permitindo diálogo, debates e revisões por pares.
        - **Agir de forma transparente e responsável**, produzir pesquisas e resultados que são cientificamente e eticamente responsáveis com boa documentação, autoavaliações e governança.

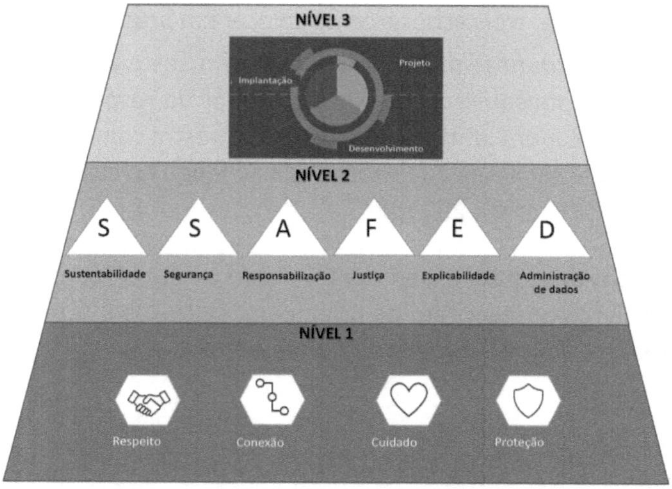

Figura 18.6. *Framework Process Based Governance*. Fonte: adaptado de Leslie *et al.* (2023a).

- *SUM Values*: são um conjunto de valores éticos destinados a fornecer diretrizes normativas gerais e motivações morais para pensar sobre os aspectos sociais e éticos dos projetos de IA e estabelecer seus impactos potenciais, bem como sua permissibilidade ética. São eles:
    - Respeito à dignidade das pessoas.
    - Interação honesta e aberta entre as pessoas.
    - Proteger os valores sociais, a justiça e o interesse público.
    - Cuidado para o bem-estar de cada um e de todos.

- No nível 2:
    - **Princípios SSAFE-D:** os princípios SSAFE-D são um conjunto de objetivos acionáveis que fornecem ferramentas para garantir que os projetos de IA sejam mitigadores de preconceitos, não discriminatórios e justos, e que salvaguardem a confiança pública em sua capacidade de fornecer inovação de IA segura, sustentável, responsável, transparente e confiável. A Figura 18.7 apresenta os objetivos de cada princípio.

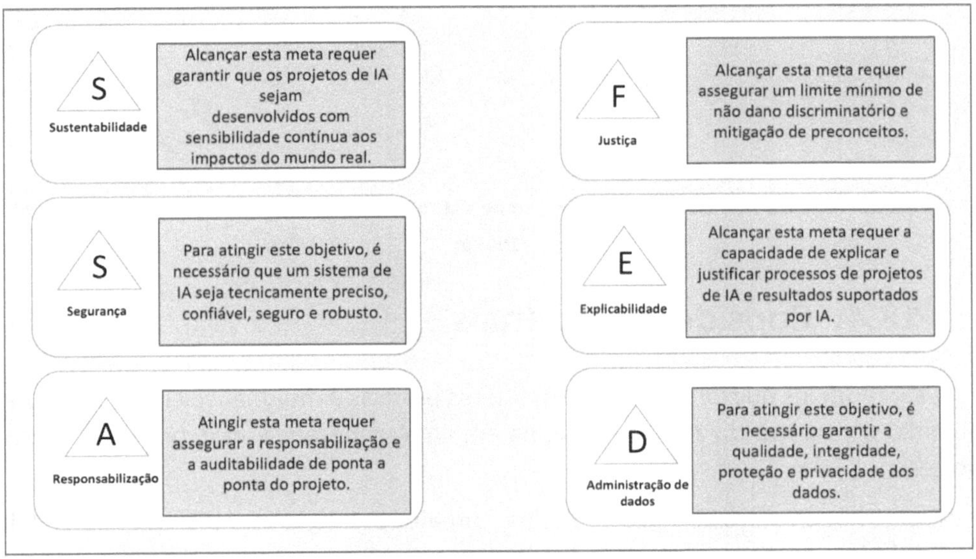

Figura 18.7. Objetivos dos princípios de IA ética e confiável. Fonte: adaptado de Leslie *et al.* (2023a).

- No nível 3:
    - **Um ciclo de vida para projetos de IA:** para o *framework*, projetos de IA são inovações. A interação do ser humano no ciclo de vida traz questões de aplicação de princípios éticos e de objetivos que devem ser operacionalizados ao longo do ciclo de vida. Portanto, oferecer um modelo de ciclo de vida foi com a intenção de demonstrar a ação de governança visando uma IA ética e transparente.

A Figura 18.8 apresenta o ciclo de vida proposto pelo *framework*.

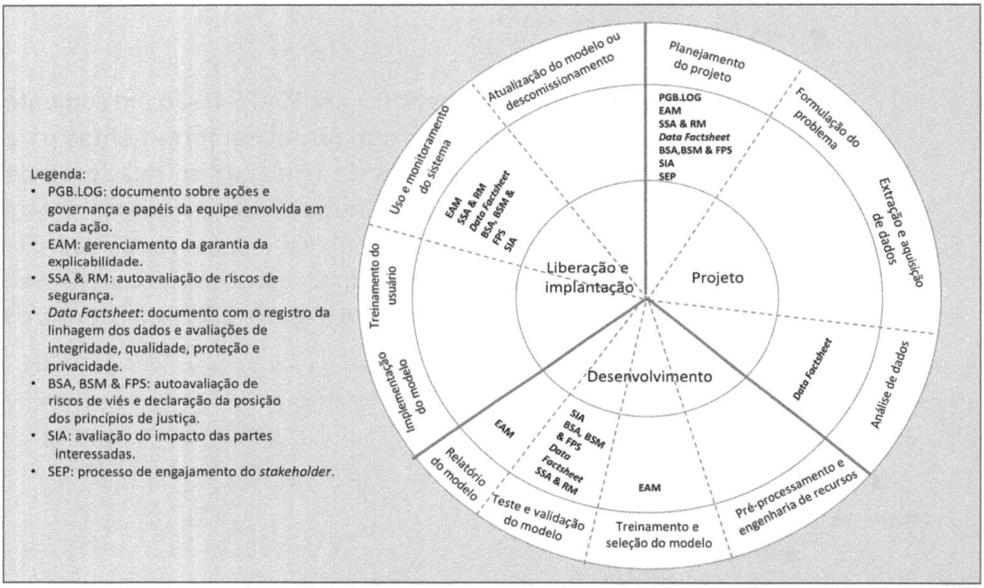

Figura 18.8. Ciclo de vida de desenvolvimento de sistemas de IA. Fonte: adaptado de Leslie *et al.* (2023a).

18.4. Considerações finais

Usar modelos ou *frameworks* de melhores práticas é muito auspicioso, pois pode eliminar o começar do zero – e hoje, na era na IA generativa, nem pensar começar do zero.

Esses modelos provêm de entidades com alto prestígio mundial quando se fala em melhores práticas para a gestão de riscos de IA e para obter sistemas éticos e confiáveis.

Não se espera de uma organização que pegue esses *frameworks* e os implemente por inteiro. Toda organização tem contexto e cultura próprios, que devem ser respeitados para a implementação desses instrumentos.

De qualquer forma, há muito material de fonte confiável de que você, leitor, pode usufruir para evoluir e avançar na gestão de riscos de IA e na implementação de um programa, em sua organização, de IA responsável.

19. Como implementar a governança de IA

Aguinaldo Aragon Fernandes
Vladimir Ferraz de Abreu

Ainda é tudo muito novo quando estamos falando em IA.

Há muitas abordagens práticas de implementação, começando pela GenAI ou usando parceiros externos que já tenham algum produto pronto para uso.

A implementação da IA em uma organização tem que ser considerada uma inovação. Para tanto, algumas condições devem estar satisfeitas inicialmente.

A governança começa pelas práticas da direção. É o ponto de partida de tudo, porque às vezes a inovação aparece em um movimento de baixo para cima e a organização tem que capturá-la e encaminhá-la para ter aderência aos objetivos de negócio.

Em organizações com governança corporativa estabelecida, podemos enxergar as práticas de governança da IA como se fossem uma peça de um Lego encaixável. Ou seja, temos que complementar com o que já existe e funciona. Esse cenário seria o perfeito, já que a cultura não precisa ser alterada.

19.1. Habilitadores e fatores críticos de sucesso

Independentemente da natureza da inovação, alguns habilitadores fundamentais para a implementação das práticas da governança da IA são:

- **Apoio da liderança:** ela é imprescindível, pois a alta administração precisa comprar a ideia. O apoio tem que ser com atos e não retórica.

- **O executivo campeão:** é aquele que faz acontecer, que cumpre a missão, tem trânsito na alta administração e é reconhecido por todos.
- **Equipe de implementação:** equipe coordenada pelo executivo campeão. Geralmente é o pessoal de governança corporativa, de riscos e *compliance* que deve ser envolvido. Ainda tem o pessoal de tecnologia e inovação para participar, pois eles terão que construir ou adaptar as práticas para desenvolvimento de sistemas de IA, controle de qualidade, sustentação de sistemas de IA, monitoramento etc.
- **Recursos:** verbas estipuladas para a implementação da governança de IA.

Outros fatores-chave de sucesso são:

- **Ampla colaboração interdepartamental:** no caso da implementação da governança de IA, a colaboração interdepartamental é chave, pois vários processos, interesses e expertises devem convergir para um resultado.
- **Uma boa estratégia de implementação:** a estratégia nos diz quais são os passos de implementação. Por exemplo: começar pequeno em um ambiente de experimentação e ir avançando na medida em que sistemas de IA de alto risco começam a ser desenvolvidos.
- **Um bom planejamento do programa/projeto**: prevendo fases, etapas, resultados, entregáveis, aderência à estratégia de implementação, responsabilidades, instrumentos de gestão, riscos, qualidade, gerenciamento do escopo, recursos, estratégia de engajamento etc.
- **Uma boa gestão do programa/projeto:** é essencial ter capacidade de liderar, motivar e dar as competências necessárias para todos os envolvidos.
- **O engajamento das partes afetadas e interessadas:** é um trabalho importante por parte da gestão do projeto engajar as partes interessadas. É problemático se não houver esse engajamento.
- **Conscientização eficiente:** uma comunicação eficiente é muito importante para trazer todos para a mesma linha de ação e entendimento.
- **Mudança organizacional ativa:** dependendo do contexto, é importante realizar uma mudança organizacional e de cultura. Em

organizações que não possuem uma governança corporativa mais estruturada, uma mudança de cultura é necessária.

- **Capacidades técnicas:** para construir as práticas de governança e de gestão e desenvolvimento de soluções a organização necessita de capacidades de gestão e técnicas que podem ser desenvolvidas ou adquiridas de terceiros como serviço contratado.
- **Ambiente de inovação:** o uso da IA começa com experimentações e busca e descoberta de aplicação nos processos de negócio da organização. No começo é importante separar o que é inovação do que é uma esteira de produção de sistemas de IA. A estratégia de implementação da governança pode seguir a estratégia de inovação.

Sem a gestão dos habilitadores-chave e os fatores críticos de sucesso, a implementação da governança de IA é bem dificultada. O projeto tem que ser institucional e ter a atenção apropriada do *board*.

19.2. Adaptar é preciso

No Capítulo 7 deste livro, ressaltamos as implicações da governança de IA nas governanças de dados e de TI, mostrando as interdependências existentes entre elas. Nesta seção, vamos trazer a importância do mantra "adapte e adote", muito utilizado na época do surgimento dos *frameworks* de governança de TI, também no contexto da governança de IA.

Voltando um pouco no tempo, ao longo da década de 2010, a governança de TI tradicional precisou ser adaptada para atender aos requisitos da transformação digital, que trouxe junto todo um contexto tecnológico e de inovação abrangendo os métodos ágeis, a integração com a tecnologia da automação, a Indústria 4.0, a elevação da importância da gestão e da governança de dados, entre outros elementos. Fernandes, Diniz e Abreu (2019) trouxeram, na época, uma abordagem adaptativa denominada "Modelo de Governança Digital 4.0", ilustrada na figura a seguir:

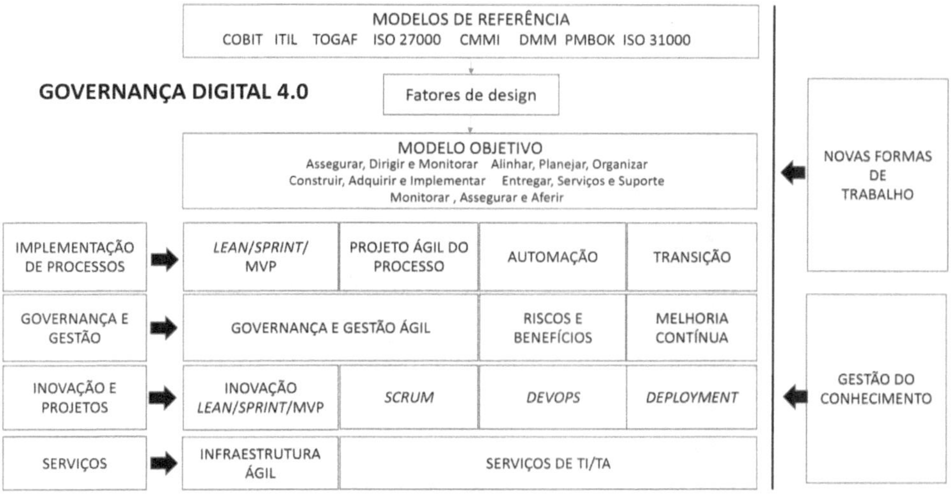

Figura 19.1. Modelo de Governança Digital 4.0. Fonte: Fernandes, Diniz e Abreu (2019).

Neste modelo, Fernandes, Diniz e Abreu (2019) afirmam que cada organização deve definir o seu próprio modelo de governança digital a partir de modelos de referência existentes, adaptados a partir de uma série de fatores, entre os quais as características e a **estratégia** da própria organização, a adoção de métodos ágeis e de uma filosofia *Lean*, o modelo de serviços de TI existente, o uso intensivo da terceirização de serviços, a disponibilização de novas formas de trabalho como *digital workplaces* e a necessidade de uma gestão do conhecimento bem estruturada e implantada.

Anteriormente, Pereira e da Silva (2012) já haviam elencado um conjunto de "fatores de contingência" com influência relevante para a implementação adaptativa de modelos de governança de TI nas organizações, que incluía a cultura e a estrutura organizacionais, o tamanho da organização, o segmento de indústria a que pertence, a região onde está localizada, o nível de maturidade na gestão da TI, o grau de conscientização ética, confiança e cooperação internos e, finalmente, o **alinhamento estratégico** entre a TI e a dinâmica dos negócios. Os fatores de design[35] introduzidos pelo COBIT® 2019 (ISACA, 2019) são um bom instrumento para direcionar a implantação da governança adaptativa de TI.

Nesse ponto, é importante passarmos a você, leitor, a nossa visão, como autores, do que significa a expressão "**governança adaptativa**", seja ela aplicada no âmbito

[35] Fatores de design podem influenciar o desenho do sistema de governança de uma organização, posicionando-o para maior sucesso na utilização da I&T. Entre esses fatores, figuram a estratégia da organização, o seu perfil de risco, seu tamanho e os requisitos de *compliance* (ISACA, 2019).

corporativo, de TI, de dados ou de IA. A governança adaptativa é uma forma de implementar um modelo de governança, em que:

- O objetivo é assegurar a **geração de valor** e a **minimização de riscos** para a empresa e seus clientes, no momento presente e com visão holística.
- A forma de adoção e implementação depende totalmente do **contexto atual** da empresa.
- Pode ser **baseada em práticas internas ou não**, mas que **façam sentido** para a empresa e para quem vai executar.
- O que é novo tem que ser implementado em um conceito de **MVP** (Produto Mínimo Viável).
- Na sua execução, pode haver a necessidade de **pivotar**. À medida que surjam novos desafios, o modelo deve se **adaptar** ao novo momento, com **novas práticas**.
- Assegurar o direcionamento, por exemplo, por ações de **retrospectiva**.

O Capítulo 5 deste livro trouxe a importância de aplicar uma abordagem adaptativa à implementação da governança corporativa, em relação aos modelos de melhores práticas existentes, a partir de fatores como a natureza e os riscos específicos de cada negócio, o meio ambiente, os interesses e as expectativas das várias partes interessadas, promovendo uma governança responsável, ética e alinhada à **estratégia** da organização.

Trazendo o assunto para o cenário da governança de IA, propósito deste livro, dado que ela possui fortes interações com a governança de TI, há várias referências que consideram a abordagem adaptativa como uma prática não somente recomendada, mas condicionante para que a implantação da governança de IA seja ética, responsável e confiável, mas também viável e inclusiva para organizações de diferentes portes.

Em Taeihagh (2021), é feita uma coletânea de percepções acerca do que deve ser e quais características a governança adaptativa de IA deve ter. Descentralização da governança, migração do modelo de comando e controle para ajuste e melhoria de políticas e regulações conforme o conhecimento aumenta, identificação antecipada de riscos dos sistemas de IA e revisões regulares desses riscos, flexibilidade para aplicação a localidades e culturas distintas, uso de *sandboxes* regulatórios para testar os sistemas inovadores em relação à responsabilidade e à confiabilidade são alguns exemplos de requisitos utilizáveis em modelos de governança adaptativa de IA mencionados pelo autor. Ainda segundo Taeihagh (2021), entre os desafios multifacetados da governança de IA encontram-se "as novas abordagens de governança para IA, a construção de políticas e capacidades, a exploração de desafios jurídicos e regulamentares da IA e da robótica, além de questões pendentes e lacunas que requerem atenção".

Reuel e Undheim (2024) propõem um *framework* de governança adaptativa de IA composto por seis atividades gerais[36]:

- Compartilhar as melhores práticas (lições aprendidas, casos de sucesso, ideias inovadoras) para fomentar o aprendizado coletivo sobre a governança de IA.
- Promover colaboração para viabilizar o desenvolvimento e a implantação responsável das práticas de IA.
- Usar as práticas de governança adaptativa de IA desenvolvidas colaborativamente nas etapas anteriores.
- Monitorar a efetividade dessas práticas e identificar oportunidades de melhoria.
- Manter todas as partes interessadas devidamente informadas sobre realizações, preocupações e oportunidades na governança de IA.
- Adaptar novamente a abordagem com base nos aprendizados e nas situações de mudança.

Uma outra contribuição de Reuel e Undheim (2024) diz respeito às desvantagens da adoção de uma governança adaptativa de IA, que não é isenta de riscos e limitações, tais como:

- **Supervisão insuficiente**, gerando a preocupação de que não seja diligente o bastante na identificação e mitigação dos riscos inerentes à IA (o que poderia ser tratado com estruturas de supervisão em camadas e/ou revisões independentes da análise de impacto).
- Métodos adaptativos priorizam a rapidez e a agilidade, o que, por vezes, pode ser feito em **detrimento de uma análise aprofundada**, o que pode levar a subestimar ou ignorar questões críticas (pode ser tratado pela inclusão de etapas de análise aprofundada e consulta pública nos ciclos ágeis para garantir o desenvolvimento de políticas abrangentes).

---

[36] Esse *framework* também possui cinco atividades específicas, que são direcionadas a *stakeholders* em um nível muito alto (governo, indústria, academia, sociedade civil, cidadãos), cuja inclusão neste capítulo não foi considerada necessária pelos autores.

- **Incerteza regulamentar**, a ambiguidade e imprevisibilidade comuns que as empresas enfrentam devido a regulamentos em evolução ou pouco claros que governam o desenvolvimento de aplicações de IA (poderia ser tratado pelo uso de *sandboxes* para avaliar o impacto e a efetividade da implementação de novas políticas em ambientes controlados e pela implementação das novas regulações e regras em etapas, dando à empresa um prazo para adaptação).
- Presença de **interesses privados** refletidos excessivamente nas iniciativas regulatórias e de governança.

No Capítulo 6 deste livro, no qual definimos governança de IA, vimos que as práticas de governança de IA se agrupam em quatro grandes domínios, e que a sua implantação é bastante influenciada por uma série de fatores, tais como:

- **Direção:** influenciada pelas políticas, pelo alinhamento com a **estratégia da organização**, pelo apetite ao risco, pela capacitação de pessoas e pela adoção de princípios éticos do uso de IA.
- **Supervisão:** influenciada pelo alinhamento com o negócio, pelo processo de gestão de riscos, pela conformidade com as regulações legais e infralegais, pelas diferenças entre modelos de IA e pelo ciclo de vida dos sistemas de IA.
- **Avaliação:** influenciada pelo portfólio dos projetos de IA e pelos resultados das práticas de supervisão.
- **Relatórios:** influenciados pelas expectativas das partes interessadas (internas e externas) e pelos requisitos de IA confiável e responsável.

19.3. Diretrizes para implementação de uma governança adaptativa de IA

Corroborando as referências teóricas citadas, acredita-se que uma implementação eficaz da governança de IA precise ser feita de forma adaptativa, que dependerá da **estratégia** de cada organização, assim como do seu **apetite a riscos** e do seu grau de **maturidade** na utilização da inteligência artificial.

Quanto à estratégia, os objetivos corporativos devem ser os direcionadores principais das decisões relacionadas aos passos da organização na sua jornada de IA, incluindo aqueles responsáveis por definir quais sistemas de IA serão desenvolvidos e quais riscos a organização está disposta a correr.

Por essa razão, apresentaremos nesta seção dois modelos de requisitos de implementação de governança de IA, sendo o primeiro deles focado na **classificação dos riscos de IA**, utilizando como modelos o EU AI Act (2024), a legislação europeia para IA, e o PL nº 2338/2023 (SENADO FEDERAL, 2023), em tramitação no Congresso Nacional, e o segundo tendo como pano de fundo um **modelo de maturidade de IA** proposto por Alsheibani, Messom e Cheung (2019). Em ambos os modelos, mostraremos nossa visão acerca do grau de adaptação que cada uma das práticas de governança de IA precisará ter para atender aos requisitos do nível de risco ou maturidade almejado.

19.3.1. Implantando a governança de IA com base nos riscos de IA

O PL nº 2338/2023 (SENADO FEDERAL, 2023) enfoca sistemas de IA que possuem perfis de risco **Excessivo** e **Alto**, enquanto o EU AI Act (2024) define sistemas de IA com perfis de risco **Inaceitável**, **Elevado**, **Baixo** ou **Mínimo**. A figura a seguir, adaptada de uma figura do Capítulo 9 deste livro, mostra os principais requisitos mencionados em ambas as regulações:

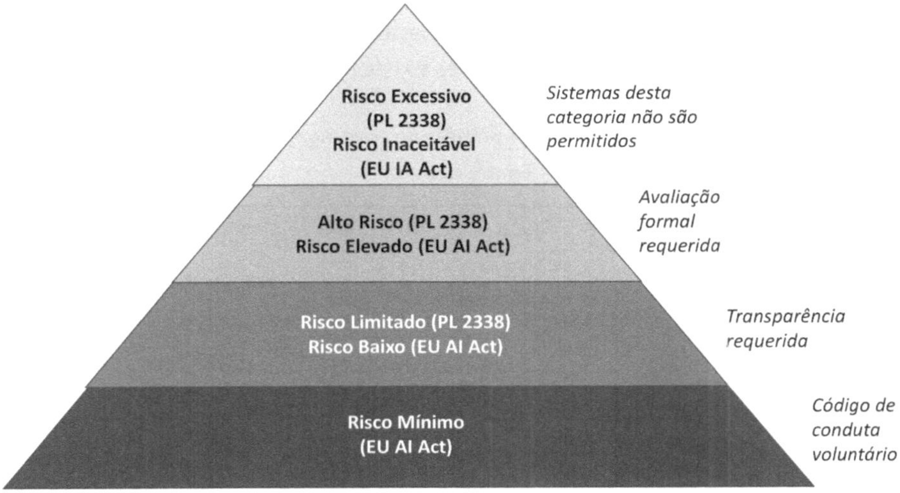

Figura 19.2. Perfis de riscos de IA mencionados nas regulações. Fonte: adaptado de Senado Federal (2023) e EU AI Act (2024).

Para clarificar essa classificação de riscos de IA, trazemos novamente a explicação sobre os tipos de sistemas de IA que se encaixam em cada grau de risco, já detalhada no Capítulo 9 deste livro:

- **Sistemas de IA de risco mínimo**, que são a maioria dos sistemas, tais como jogos *on-line* suportados por IA, filtros de *spam*, dentre outros.
- **Sistemas de IA de risco limitado ou baixo** são sistemas sobre os quais o usuário tem que ser informado que está interagindo com uma IA, podendo tomar a decisão de seguir com a interação ou parar. Como exemplos podem ser relacionados *chatbots* e sistemas que geram *deepfakes* e conteúdo sintético.
- **Sistemas de IA de risco alto ou elevado** têm impacto significativo nas chances de vida do usuário, na sua segurança e nos direitos fundamentais.
- **Sistemas de IA de risco excessivo ou inaceitável** demonstram uma ameaça clara e imediata ao usuário em termos de sua segurança, meios de subsistência e aos seus direitos fundamentais. No caso da União Europeia, sistemas de *score* social baseados em reconhecimento facial, sistemas de assistente de voz que encorajam comportamento perigoso e identificação biométrica em espaços públicos são exemplos de sistemas inaceitáveis.

A tabela a seguir mostra, em nossa visão, o grau de adaptação que cada uma das práticas de governança de IA precisará ter para atender aos requisitos de cada perfil de risco previsto nas principais regulações existentes.

Tabela 19.1. Requisitos de adaptação das práticas de governança de IA para cada perfil de risco. Fonte: os autores.

Práticas de governança de IA	Risco mínimo	Risco baixo/ limitado	Risco alto/elevado	Risco excessivo/ inaceitável
Direção				
- Princípios	Elaboração voluntária de Código de Conduta, Manifesto e Declaração de Propósito em relação à IA.		Obrigatoriedade do código de conduta, do manifesto e da declaração de propósito relativos à IA.	Como diretriz, não é permitido desenvolver aplicações com risco excessivo/ inaceitável.

Práticas de governança de IA	Risco mínimo	Risco baixo/ limitado	Risco alto/elevado	Risco excessivo/ inaceitável
- Estratégia	Associar o início da jornada de IA a uma abordagem de *open innovation*, prevendo o uso de *sandbox* para testar produtos de IA em um ambiente controlado.		Forte abordagem de gestão dos riscos de IA, de controle e inspeções de qualidade no meio e no final do processo de desenvolvimento.	
- Políticas	Estender as políticas existentes da empresa (*compliance*, cultura e valores) para o uso da IA e a incorporação de princípios de governança de tomada de decisão e do uso de dados.		Maior foco nas políticas de gestão de riscos da IA e na supervisão da governança de IA. Assegurar que os usuários sejam informados que estão interagindo com uma IA.	
- Alocação de recursos	Possibilidade de buscar recursos para um programa de inovação aberta, por exemplo, via entidades de fomento.		Definição de gestores dos recursos e capacidades necessárias à IA. Medição do custo total de propriedade dos sistemas de IA.	
- Requisitos	Foco nos requisitos mais básicos, tais como privacidade e governança de dados; diversidade, não discriminação e equidade e bem-estar social e ambiental.		Foco maior nos requisitos críticos, tais como ação e supervisão humana, solidez técnica e segurança, transparência, responsabilização e vias de recurso.	

<table>
<tr><th>Práticas de governança de IA</th><th>Risco mínimo</th><th>Risco baixo/ limitado</th><th>Risco alto/elevado</th><th>Risco excessivo/ inaceitável</th></tr>
<tr><td>Supervisão</td><td colspan="2"></td><td></td><td></td></tr>
<tr><td>- Valor</td><td colspan="2">Deve-se verificar o retorno de valor do sistema de IA, frente ao previsto no respectivo business case, levando em consideração que alguns desenvolvimentos poderão ser feitos via programa de inovação.</td><td>Os benefícios esperados para o negócio com o sistema de IA devem ser avaliados de forma ampla e continuada, podendo inclusive fomentar ajustes no roadmap de desenvolvimento.</td><td rowspan="4">Como diretriz, não é permitido desenvolver aplicações com risco excessivo/ inaceitável.</td></tr>
<tr><td>- Apetite ao risco</td><td colspan="2">Assegurar que a monitoração dos riscos mantenha o apetite ao risco em níveis mais baixos, escalando hierarquicamente caso a tendência aponte para o aumento dessa métrica.</td><td>Monitoramento constante dos riscos de IA pertinentes aos sistemas de IA implementados e em desenvolvimento, notadamente dos que já apresentam perfil de risco alto ou elevado.</td></tr>
<tr><td>- Políticas</td><td colspan="2">Verificação do cumprimento das políticas estabelecidas no âmbito do domínio de Direção, que já façam parte do modus operandi da organização.</td><td>Verificação do cumprimento de todas as políticas de IA estabelecidas para a empresa.</td></tr>
<tr><td>- Uso da IA</td><td colspan="2">Foco nas práticas de ciclo de vida e processo de desenvolvimento/ sustentação, governança de TI, treinamento, gestão de projetos e recursos e inovação, para verificar se estão sendo bem conduzidas.</td><td>Adicionalmente, foco nas práticas de governança de dados, escolha e teste de modelos, explicabilidade dos algoritmos e gestão dos riscos de sistemas de IA.</td></tr>
</table>

<table>
<tr><th>Práticas de governança de IA</th><th>Risco mínimo</th><th>Risco baixo/ limitado</th><th>Risco alto/elevado</th><th>Risco excessivo/ inaceitável</th></tr>
<tr><td>- Recursos</td><td colspan="3">As práticas de gestão de recursos devem ser conduzidas, qualquer que seja o nível de risco dos sistemas de IA existentes, por uma questão de gestão operacional do projeto.</td><td rowspan="2"></td></tr>
<tr><td>- Progresso da estratégia</td><td colspan="3">A avaliação do progresso de cada projeto para o portfólio dá uma visão de como estão as iniciativas de IA para, se necessário, pivotar o direcionamento.</td></tr>
<tr><td>Avaliação</td><td colspan="3"></td><td></td></tr>
<tr><td>- Resultados</td><td colspan="3">A avaliação dos resultados de cada projeto para o portfólio é aplicável a todos os níveis de riscos de projetos. No caso de um perfil de risco mais baixo, a divulgação será mais operacional; em graus de risco maiores, a divulgação deve ser realizada formalmente para a alta direção e até nos relatórios empresariais de conhecimento público.</td><td rowspan="3">Como diretriz, não é permitido desenvolver aplicações com risco excessivo/ inaceitável.</td></tr>
<tr><td>- Sistema de governança</td><td colspan="2">A avaliação do sistema de governança deve focar aspectos relativos à velocidade de implementação e tomada de decisão, e às responsabilidades assumidas para a resolução de algum incidente.</td><td>Para os sistemas de grau de risco alto ou elevado, a avaliação do sistema de IA deve incluir, necessariamente, a gestão de riscos e uma análise crítica pela alta direção.</td></tr>
<tr><td>- Ameaças e oportunidades</td><td colspan="2">Todas as ameaças devem ser analisadas, por menores que sejam, e ações devem ser tomadas, por exemplo, para evitar que elas aumentem o perfil de risco da empresa para IA.</td><td>A análise de ameaças novas (assim como as antigas não debeladas) é crucial para a governança de IA dos sistemas de risco alto/ elevado, notadamente quando envolver mudança na legislação e entrada de novos produtos e novas tecnologias adotadas.</td></tr>
</table>

<table>
<tr><th>Práticas de governança de IA</th><th>Risco mínimo</th><th>Risco baixo/ limitado</th><th>Risco alto/elevado</th><th>Risco excessivo/ inaceitável</th></tr>
<tr><td>- Decisões</td><td colspan="2">A avaliação das decisões por meio de revisões e retrospectiva final é recomendada para avaliação de lições aprendidas e melhoria contínua dos processos de desenvolvimento e sustentação do sistema de IA.</td><td>Revisões ao longo do projeto e retrospectiva final devem ser mandatórios nos projetos de desenvolvimento de sistemas de IA de risco alto ou elevado, assim como periodicamente, ao longo da operação de sustentação desses sistemas.</td><td></td></tr>
<tr><td>Relatórios</td><td colspan="3"></td><td></td></tr>
<tr><td>- Relatórios internos</td><td colspan="3">O intuito desta prática é comunicar o que existe e o que está acontecendo em termos de IA na organização, qualquer que seja o grau de risco atual do sistema.</td><td rowspan="2">Como diretriz, não é permitido desenvolver aplicações com risco excessivo/ inaceitável.</td></tr>
<tr><td>- Relatórios externos</td><td colspan="2">Prática desejável, mas não mandatória para sistemas de IA de risco baixo/limitado.</td><td>Prática mandatória para organizações com este perfil de risco, ou que desejem desenvolver sistemas de IA de risco alto ou elevado, para demonstrar que a IA está sendo desenvolvida e utilizada de forma confiável e responsável.</td></tr>
</table>

19.3.2. Implantando a governança de IA com base na maturidade da organização

Modelos de maturidade são utilizados largamente no mercado para auxiliar as organizações a avaliarem o quanto seus processos, práticas e capacidades estão desenvolvidos e funcionando de maneira eficaz.

No contexto da TI, há modelos de maturidade bastante conhecidos para gestão e governança de TI, como os associados a *frameworks* como o COBIT®, a ITIL®, o CMMI®, entre outros. Modelos como esses fornecem um caminho claro e objetivo para a melhoria contínua da qualidade das operações de TI, de forma alinhada aos objetivos estratégicos da empresa, e facilitam muito o gerenciamento dos riscos, a busca da conformidade com as regulações e o *benchmarking* com outras operações similares.

Especializando a discussão para o contexto da IA, trazemos para este livro uma abordagem bastante consistente para o desenvolvimento de um modelo de maturidade para IA (AIMM), proposta por Alsheibani, Messom e Cheung (2019). Essa abordagem define quatro dimensões/características que representam o conceito de maturidade (funções de IA, estrutura de dados, pessoas e organização) e as combina com cinco níveis de maturidade (1 – inicial, 2 – em avaliação, 3 – determinado, 4 – gerenciado, 5 – em otimização). A tabela a seguir mostra a relação entre as dimensões e os níveis de maturidade, conforme esse modelo.

Tabela 19.2. Modelo de maturidade de IA. Fonte: adaptado de Alsheibani, Messom e Cheung (2019).

Nível de maturidade	Funções de IA	Estrutura de dados	Pessoas	Organização
Nível 1– Inicial	A função de IA é muito limitada ou inexistente e não há planos.	Estrutura de dados regular; não existem dados para treinar a IA.	Competências regulares de TI; não há ainda competências necessárias para avaliar, criar e implementar soluções de IA.	Não há nenhum caso de negócio relacionado à IA; a estrutura existente é utilizada informalmente.
Nível 2 – Em avaliação	Tecnologia para descoberta de IA.	Integração da utilização atual da IA aos dados necessários para treinar a IA.	Formação no domínio da IA; avaliação das infraestruturas existentes no domínio da IA.	Estratégia inicial de IA da organização; para cada aplicação de IA, tem uma proporção de valor definida.

Nível de maturidade	Funções de IA	Estrutura de dados	Pessoas	Organização
Nível 3 – Determinado	A jornada de IA está em uma fase avançada; definição da infraestrutura necessária para prosseguir com a implementação da IA.	Os dados de IA personalizados são introduzidos; existem dados padronizados.	Apoio ativo à gestão; os recursos são fornecidos, formação das equipes em IA.	A organização tem procedimentos operacionais normalizados que abrangem cenários de IA; a gestão da mudança é introduzida.
Nível 4 – Gerenciado	O processo de IA é definido em toda a organização.	A ciência de dados atua de forma adequada para apoiar a tomada de decisões críticas para o negócio utilizando a IA.	A IA está sendo utilizada plenamente, para que os colaboradores sejam mais produtivos.	A IA tem um valor bem definido para a organização e há apoio total da alta direção.
Nível 5 – Em otimização	Adoção e padronização total da infraestrutura para IA.	Análise proativa dos dados; os dados estão disponíveis em tempo real.	Os colaboradores estão engajados; liderança centralizada.	As funções, responsabilidades e autoridades estão claramente definidas em cada projeto de IA; cultura de IA madura.

Considerando esses níveis, podemos afirmar que todas as organizações, qualquer que seja o seu tamanho ou segmento de mercado, ao iniciarem sua jornada de IA, estão necessariamente no nível 1 de maturidade.

Nota: uma vez que essa proposição de modelo ainda é teórica, recomenda-se que cada organização avalie a viabilidade de seguir um modelo de maturidade alinhado a essas definições ou prosseguir com um modelo focado na avaliação de riscos e impactos de cada sistema de IA que for colocado em desenvolvimento.

Importante: mesmo que o foco esteja na evolução da maturidade de IA da empresa, o grau de rigor na adoção e implementação das práticas de governança de IA deve estar vinculado ao direcionamento estratégico da empresa e ao grau de risco dos sistemas de IA que forem desenvolvidos. Isso poderá fazer, por exemplo, com que determinadas práticas precisem ser implementadas na íntegra desde o início da escalada do modelo de maturidade.

A tabela a seguir mostra, em nossa visão, o grau de adaptação que cada uma das práticas de governança de IA precisará ter para atender aos requisitos de cada nível de maturidade previsto nesse modelo.

Tabela 19.3. Requisitos de adaptação das práticas de governança de IA para cada nível de maturidade da IA. Fonte: os autores.

<table>
<tr><th>Práticas de governança de IA</th><th>Nível 2 – Em avaliação</th><th>Nível 3 – Determinado</th><th>Nível 4 – Gerenciado</th><th>Nível 5 – Em otimização</th></tr>
<tr><td>Direção</td><td></td><td></td><td></td><td></td></tr>
<tr><td>- Princípios</td><td>Código de conduta, manifesto e declaração de propósito em relação à IA em uma versão preliminar.</td><td colspan="2">Obrigatoriedade do código de conduta, do manifesto e da declaração de propósito relativos à IA.</td><td rowspan="2">Adoção plena das práticas do domínio de Direção.</td></tr>
<tr><td>- Estratégia</td><td>Associar o início da jornada de IA a uma abordagem de open innovation, prevendo o uso de sandbox para testar produtos de IA em um ambiente controlado.</td><td colspan="2">Forte abordagem de gestão dos riscos de IA, de controle e inspeções de qualidade no meio e no final do processo de desenvolvimento.</td></tr>
</table>

Práticas de governança de IA	Nível 2 – Em avaliação	Nível 3 – Determinado	Nível 4 – Gerenciado	Nível 5 – Em otimização
- Políticas	Estender as políticas existentes da empresa (*compliance*, cultura e valores) para o uso da IA e a incorporação de princípios de governança de tomada de decisão e do uso de dados.	Maior foco nas políticas de gestão de riscos da IA e na supervisão da governança de IA. Assegurar que os usuários sejam informados que estão interagindo com uma IA.		
- Alocação de recursos	Possibilidade de buscar recursos para um programa de inovação aberta, por exemplo, via entidades de fomento. Definição de gestores dos recursos e das capacidades necessárias à IA.	Medição do custo total de propriedade dos sistemas.		
- Requisitos	Foco nos requisitos mais básicos, tais como ação e supervisão humana; privacidade e governança de dados; diversidade, não discriminação e equidade e bem-estar social e ambiental.	Foco maior nos requisitos críticos, tais como ação e supervisão humanas, solidez técnica e segurança, transparência, responsabilização e vias de recurso.		

<table>
<tr><th>Práticas de governança de IA</th><th>Nível 2 – Em avaliação</th><th>Nível 3 – Determinado</th><th>Nível 4 – Gerenciado</th><th>Nível 5 – Em otimização</th></tr>
<tr><td>Supervisão</td><td colspan="3"></td><td></td></tr>
<tr><td>- Valor</td><td colspan="3">Os benefícios esperados para o negócio com o sistema de IA devem ser avaliados de forma ampla e continuada, podendo inclusive fomentar ajustes no roadmap de desenvolvimento.</td><td rowspan="4">Adoção plena das práticas do domínio de Supervisão.</td></tr>
<tr><td>- Apetite ao risco</td><td colspan="3">Monitoramento constante dos riscos de IA pertinentes aos sistemas de IA implementados e em desenvolvimento, notadamente dos que já apresentam perfil de risco alto ou elevado.</td></tr>
<tr><td>- Políticas</td><td>Verificação do cumprimento das políticas existentes da empresa que foram complementadas ou criadas para o uso da IA.</td><td colspan="2">Verificação do cumprimento das políticas de gestão de riscos da IA, de supervisão da governança de IA, de comunicação interna e externa e de IA confiável e responsável.</td></tr>
<tr><td>- Uso da IA</td><td>Foco nas práticas de ciclo de vida e processo de desenvolvimento/ sustentação, governança de TI, treinamento, gestão de projetos e recursos e inovação, que estiverem sendo conduzidas em cada projeto de sistema de IA.</td><td colspan="2">Adicionalmente, foco nas práticas de governança de dados, escolha e teste de modelos, explicabilidade dos algoritmos e gestão dos riscos de sistemas de IA, para verificar se estão sendo bem conduzidas, no âmbito de todos os projetos de sistemas de IA, de forma integrada.</td></tr>
<tr><td>- Recursos</td><td colspan="3">As práticas de gestão de recursos devem ser conduzidas, qualquer que seja o nível de maturidade de IA da organização, por uma questão de gestão operacional dos projetos.</td><td></td></tr>
</table>

<table>
<tr><th>Práticas de governança de IA</th><th>Nível 2 – Em avaliação</th><th>Nível 3 – Determinado</th><th>Nível 4 – Gerenciado</th><th>Nível 5 – Em otimização</th></tr>
<tr><td>- Progresso da estratégia</td><td colspan="3">A avaliação do progresso de cada projeto para o portfólio dá uma visão de como estão as iniciativas de IA para, se necessário, pivotar o direcionamento. Isso independe do nível de maturidade de IA da organização.</td><td></td></tr>
<tr><td>Avaliação</td><td colspan="3"></td><td></td></tr>
<tr><td>- Resultados</td><td colspan="3">A avaliação dos resultados de cada projeto para o portfólio deve acontecer independentemente do nível de maturidade de IA da organização. No caso de um perfil de risco mais baixo, a divulgação será mais operacional; em graus de risco maiores, a divulgação deve ser realizada formalmente para a alta direção e até nos relatórios empresariais de conhecimento público.</td><td rowspan="4">Adoção plena das práticas do domínio de Avaliação.</td></tr>
<tr><td>- Sistema de governança</td><td>A avaliação do sistema de governança deve focar aspectos relativos à velocidade de implementação e tomada de decisão, e às responsabilidades assumidas com a resolução de algum incidente.</td><td colspan="2">Independentemente do grau de maturidade de IA da organização, para os sistemas de grau de risco alto ou elevado, a avaliação do sistema de IA deve incluir, necessariamente, a gestão de riscos e uma análise crítica pela alta direção.</td></tr>
<tr><td>- Ameaças e oportunidades</td><td colspan="3">Todas as ameaças devem ser analisadas, por menores que sejam, e ações devem tomadas, por exemplo, para evitar que elas aumentem o perfil de risco da empresa para IA, e para avaliar situações de mudança na legislação e entrada de novos produtos e novas tecnologias adotadas.</td></tr>
<tr><td>- Decisões</td><td colspan="3">Independentemente do grau de maturidade de IA da organização, é altamente importante que revisões ao longo do projeto e retrospectiva final sejam requisitos mandatórios nos projetos de desenvolvimento de sistemas de IA de risco alto ou elevado, assim como periodicamente, ao longo da operação de sustentação desses sistemas.</td></tr>
</table>

Práticas de governança de IA	Nível 2 – Em avaliação	Nível 3 – Determinado	Nível 4 – Gerenciado	Nível 5 – Em otimização
Relatórios				
- Relatórios internos	Comunicar internamente o que existe e o que está acontecendo em termos de IA na organização é uma prática mandatória, qualquer que seja o nível de maturidade atual, por uma questão de gestão operacional dos projetos.			Adoção plena das práticas do domínio de Relatórios.
- Relatórios externos	Independentemente do nível de maturidade atual, caso a empresa desenvolva sistemas de IA de risco alto ou elevado, deve haver uma comunicação acessível publicamente, para demonstrar que a IA está sendo desenvolvida e utilizada de forma confiável e responsável.			

19.4. Um modelo de implementação

A Figura 19.3 apresenta um modelo genérico do ciclo de implementação da Governança de IA.

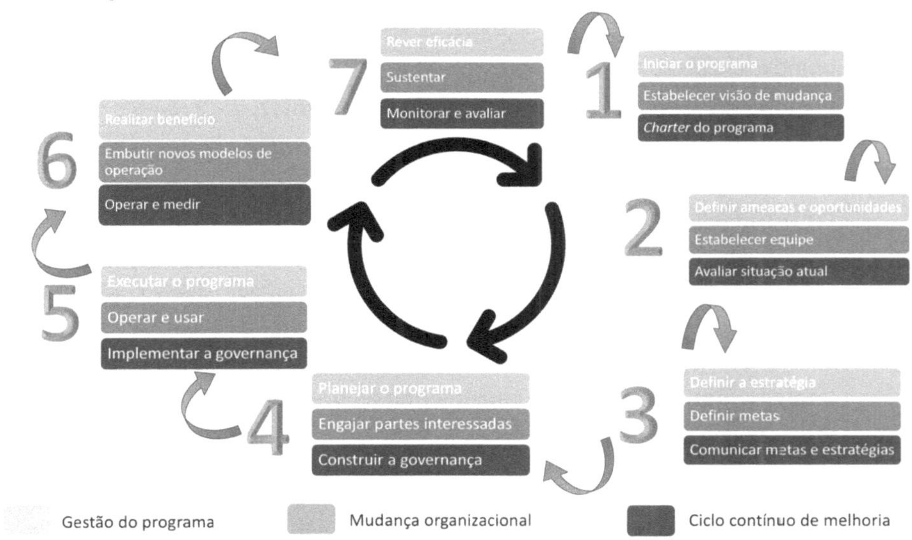

Figura 19.3. Modelo genérico de implementação da governança de IA. Fonte: os autores.

Na tabela a seguir, descrevemos cada fase de implementação deste modelo.

Tabela 19.4. Descrição de cada etapa do modelo de implementação. Fonte: os autores.

Fase	Camadas
1	**Iniciar o programa/projeto:** dar início oficial ao programa comunicando as partes interessadas. **Estabelecer visão da mudança:** *board* determina a sua visão para uso da IA na organização. ***Charter* do programa:** documento com nome do gestor do programa, objetivos e benefícios do programa.
2	**Definir ameaças e oportunidades:** identificar as áreas onde há oportunidades de uso da IA e as ameaças. **Estabelecer equipe:** determinar a equipe multidisciplinar do projeto e designá-los com a colaboração das gerências. **Avaliar situação atual:** avaliar riscos, oportunidades, situação de governança e do ciclo de desenvolvimento de sistemas de IA, projetos em andamento, capacitações, serviços, infra e recursos alocados.
3	**Definir a estratégia:** definir a estratégia de implementação para se chegar na visão pretendida. **Definir metas:** definir as metas pretendidas dentro de um horizonte de tempo definido pelo *board*. **Comunicar metas e estratégia:** *board* comunica formalmente as metas, os objetivos, a visão e a estratégia.
4	**Planejar o programa:** elaborar o plano do programa e dos projetos. **Engajar partes interessadas:** engajar desde o *kick-off* do programa/projeto as partes interessadas e envolvidas. **Construir a governança:** começar a desenhar e construir as práticas de governança de IA.
5	**Executar o programa:** executar os projetos ou iniciativas relativas às práticas de governança e gestão. **Operar e usar:** operar e usar a governança, gerar resultados, entregáveis etc. **Implementar a governança:** implementar a governança no dia a dia da organização, na rotina normal.
6	**Realizar benefício:** avaliar os benefícios realizados em relação aos benefícios esperados. **Embutir novos modelos de operação:** executar ajustes no modelo de governança. **Operar e medir:** levantar os indicadores de valor.
7	**Rever eficácia:** avaliar eficácia do sistema de governança de IA. **Sustentar:** manter as práticas da governança da IA. **Monitorar e avaliar:** monitorar riscos, indicadores de valor, oportunidades e ameaças e propor melhorias no sistema de governança da IA.

É importante observar que podemos desenvolver e entregar por partes, por exemplo, começando por definir o código de conduta ou os requisitos não funcionais da IA ética e responsável.

Um outro ponto importante a ser considerado é que o ciclo de sete fases desse modelo de implementação da governança de IA deve ser utilizado em combinação com as estratégias de adoção de uma governança adaptativa de IA descritas anteriormente:

- No caso da **adaptação baseada no perfil de risco** da empresa, o ciclo de sete fases deve ser reiniciado a cada vez que a organização decidir desenvolver ou adquirir um sistema de IA que, segundo a avaliação de impacto, estiver localizado em um grau de risco maior do que o perfil de risco atual da organização.
- No caso da **adaptação baseada em um modelo de maturidade de IA**, o ciclo de sete fases deve ser reiniciado pelo menos a cada vez que a organização intencionar elevar o seu grau de maturidade de IA.

19.5. Monitoramento e cerimônias

Nossa experiência tem identificado algumas dificuldades que as organizações enfrentam ao começarem a implementar práticas de governança e gestão.

Geralmente, alguns elementos são faltantes para o comissionamento da prática, como, por exemplo:

- Responsabilidades por incorporar a prática no dia a dia.
- A não participação de quem irá executar a prática faz com que os indivíduos não percebam valor do que está sendo implementado.
- Plano de transição e *go-live*. Há muita dificuldade para engajar, por exemplo, o pessoal que configura ferramentas para apoiar as práticas.
- Comunicação deficiente com todos os envolvidos.
- Noção de prioridade. Às vezes quem irá executar e usar a prática não sabe se aquilo é prioritário ou não.
- Dificuldade de abandonar práticas atuais.

O que propomos é a criação de cerimônias ao longo do ciclo desenho-projeto-implantação-*go live*, nos mesmos moldes das cerimônias de retrospectiva usadas pelo *framework Scrum*.

Cerimônias com o engajamento de todos, inclusive com indivíduos da alta administração, para certificar que todos conheçam as suas responsabilidades e o que é esperado de cada um, podem ser feitas em cada fase.

Acreditamos que o comissionamento para implementar a prática deve ter uma cerimônia, de forma que a responsabilidade pela sua execução fique clara e inequívoca. Deve ser uma cerimônia formal.

Outros princípios dos métodos ágeis também podem ser implementados, tais como o *Backlog* do Produto (que são as práticas), as *Sprints* para cada fase ou etapas de construção das práticas, assim como os conceitos de pronto para começar e pronto para entregar[37].

---

[37] Em inglês, respectivamente, tais conceitos são conhecidos no mundo ágil como "DoR – *Definition of Ready*" e "DoD – *Definition of Done*".

Apêndice 1. Casos de uso de tecnologias emergentes em empresas brasileiras

(Fonte: ChatGPT 3.5 em 27 jul. 2024).

1. Mineração

- **Equipamentos autônomos de mineração:**
  - Empresas como Rio Tinto e BHP utilizam caminhões autônomos para transportar minério dentro das minas. Esses caminhões são controlados remotamente e podem operar 24 horas por dia sem a necessidade de motoristas humanos.
  - Máquinas autônomas são usadas para perfurar rochas de maneira mais precisa e eficiente. Elas são controladas por sistemas de computador que seguem planos de perfuração detalhados.
- **Drones:**
  - Drones são usados para mapear áreas de mineração, realizar levantamentos topográficos e inspecionar infraestrutura. Eles podem alcançar áreas perigosas ou de difícil acesso, melhorando a segurança dos trabalhadores.
  - Drones podem monitorar a qualidade do ar e da água ao redor das minas, ajudando a garantir conformidade ambiental.
- **Sistemas de controle e monitoramento remoto:**
  - Empresas mineradoras têm centros de controle centralizados onde operadores monitoram e controlam

equipamentos de mineração em locais distantes. Isso reduz a necessidade de pessoal nas minas e melhora a segurança.

   - Sensores IoT (internet das coisas) instalados em equipamentos de mineração coletam dados em tempo real sobre o desempenho das máquinas e condições operacionais. Esses dados são usados para manutenção preditiva e otimização de processos.

- **Automação de processos de beneficiamento:**
   - Processos de britagem, moagem e flotação podem ser automatizados para aumentar a eficiência e reduzir o desperdício. Sistemas de controle avançados ajustam automaticamente os parâmetros operacionais para otimizar a produção.
- ***Shuttles* e trens subterrâneos automatizados:**
   - Veículos automatizados são usados para transportar minério e materiais dentro de minas subterrâneas. Isso melhora a eficiência e reduz a exposição dos trabalhadores a ambientes perigosos.
- **Robótica para manutenção e reparos:**
   - Robôs são usados para inspecionar e realizar reparos em equipamentos de mineração, reduzindo o tempo de inatividade e melhorando a segurança dos trabalhadores.

2. Siderurgia

- **IA e aprendizado de máquina:**
   - A Gerdau tem utilizado IA e aprendizado de máquina para otimizar processos de produção, como a previsão de falhas em equipamentos e a melhoria na qualidade do aço. Algoritmos analisam grandes volumes de dados operacionais para identificar padrões e sugerir ações preventivas.
   - A Usiminas implementou sistemas baseados em IA para otimizar o consumo de energia e matérias-primas, além de melhorar a eficiência dos fornos de produção de aço.
- **Internet das coisas (IoT):**
   - A CSN utiliza sensores IoT para monitorar em tempo real o desempenho de equipamentos e processos de produção.

Esses sensores fornecem dados que ajudam na manutenção preditiva e na otimização da produção.

- A ArcelorMittal Brasil implementou soluções de IoT para monitorar a integridade estrutural de suas instalações, detectar vazamentos de gás e monitorar a qualidade do ar e da água nas proximidades das suas plantas.

- ***Big data* e *analytics*:**
  - Embora seja mais conhecida pela mineração, a Vale também tem operações siderúrgicas e utiliza *big data* para analisar dados de produção e logística, otimizando a cadeia de suprimentos e reduzindo custos.
  - A Gerdau utiliza análises avançadas de dados para melhorar a eficiência operacional, prever demandas de mercado e ajustar a produção de acordo com as necessidades dos clientes.
- **Automação e robótica:**
  - A Ternium Brasil utiliza robôs para realizar tarefas perigosas e repetitivas, como a movimentação de materiais e a inspeção de produtos acabados, aumentando a segurança e a eficiência.
  - A ArcelorMittal Brasil implementou sistemas automatizados para controle de qualidade e inspeção de produtos, garantindo consistência e reduzindo defeitos.
- **Realidade Aumentada (AR) e Realidade Virtual (VR):**
  - A Usiminas usa AR e VR para treinar operadores e técnicos, simulando ambientes de trabalho e operações complexas, o que melhora a capacitação e a segurança dos funcionários.
  - A Gerdau tem utilizado AR para auxiliar na manutenção de equipamentos, permitindo que técnicos visualizem instruções e informações sobre as máquinas em tempo real.
- **Tecnologias de *blockchain*:**
  - A CSN está explorando o uso de *blockchain* para rastrear a cadeia de suprimentos, garantindo a transparência e a autenticidade das matérias-primas e dos produtos finais.

3. Seguradoras

- **IA e aprendizado de máquina:**
  - A Porto Seguro utiliza IA para análise preditiva de risco e precificação dinâmica de seguros. Algoritmos de aprendizado de máquina ajudam a avaliar perfis de clientes e prever a probabilidade de sinistros, ajustando os preços das apólices em tempo real.
  - A Bradesco Seguros implementou *chatbots* baseados em IA para atendimento ao cliente, oferecendo respostas rápidas a consultas, agilizando processos de sinistros e orientando sobre produtos e serviços.
- ***Big data* e *analytics*:**
  - A SulAmérica utiliza *big data* para segmentação de clientes e personalização de ofertas. A análise de dados permite identificar padrões de comportamento e preferências, oferecendo produtos mais adequados às necessidades dos clientes.
  - A Allianz Seguros usa *analytics* avançado para otimizar a detecção de fraudes. Análises de grandes volumes de dados ajudam a identificar atividades suspeitas e reduzir perdas por fraudes.
- **Internet das coisas (IoT):**
  - A Porto Seguro implementou dispositivos IoT de automóveis, como rastreadores e sensores telemáticos, para monitorar o comportamento de direção dos clientes. Esses dados são usados para oferecer descontos em apólices para motoristas cautelosos.
  - A Mapfre utiliza dispositivos IoT para monitorar propriedades seguradas, detectando problemas como vazamentos de água ou incêndios em tempo real, permitindo uma resposta rápida e minimizando danos.
- ***Blockchain*:**
  - A BB Seguros está explorando o uso de *blockchain* para a gestão de contratos de seguros, garantindo maior transparência e segurança nas transações. A tecnologia permite a criação de contratos inteligentes (*smart contracts*) que automatizam processos como o pagamento de sinistros.

- A Zurich Seguros investiga o uso de *blockchain* para rastreamento e validação de documentos, melhorando a eficiência e reduzindo fraudes.

- **Automação de Processos Robóticos (RPA):**
  - A Tokio Marine Seguradora implementou RPA para automatizar tarefas repetitivas e administrativas, como processamento de sinistros e emissão de apólices. Isso libera os funcionários para se concentrarem em atividades de maior valor agregado.
  - A Itaú Seguros usa RPA para otimizar a gestão de documentos e melhorar a eficiência operacional, reduzindo o tempo de resposta para os clientes.

- **Telemedicina e tecnologias de saúde:**
  - A SulAmérica oferece serviços de telemedicina para seus segurados, permitindo consultas médicas à distância. A adoção dessa tecnologia foi acelerada pela pandemia de COVID-19, oferecendo maior comodidade e segurança aos clientes.
  - A Bradesco Saúde implementou plataformas digitais para monitoramento remoto de pacientes com doenças crônicas, proporcionando acompanhamento contínuo e melhorando a qualidade do atendimento.

4. Bancos

- **IA e aprendizado de máquina:**
  - O Bradesco utiliza IA com sua assistente virtual BIA (Bradesco Inteligência Artificial), que ajuda os clientes com consultas sobre saldos, extratos, transferências e outras operações bancárias. A BIA também está integrada com serviços de atendimento ao cliente para resolver dúvidas e problemas de maneira eficiente.
  - O Itaú Unibanco emprega IA para análise de crédito e detecção de fraudes. Algoritmos de aprendizado de máquina analisam dados de transações para identificar padrões suspeitos e prevenir atividades fraudulentas.

- ***Big data* e *analytics*:**
  - O Banco do Brasil utiliza *big data* para personalizar ofertas de produtos e serviços aos clientes, com base em seu comportamento e histórico de transações. A análise avançada de dados permite uma melhor segmentação e campanhas de marketing mais eficazes.
  - O Santander Brasil implementa *analytics* para otimizar a gestão de riscos e a precificação de produtos financeiros. A análise de grandes volumes de dados ajuda a prever tendências de mercado e ajustar estratégias de investimento.
- ***Blockchain*:**
  - O Itaú Unibanco está explorando o uso de *blockchain* para melhorar a transparência e segurança das transações financeiras. A tecnologia é utilizada em projetos de financiamento de comércio exterior, proporcionando maior confiabilidade nas operações internacionais.
  - O Bradesco participa de consórcios para desenvolver soluções baseadas em *blockchain*, visando a simplificação e automação de processos, como a compensação de pagamentos e a autenticação de documentos.
- **Automação de Processos Robóticos (RPA):**
  - A Caixa Econômica Federal utiliza RPA para automatizar tarefas repetitivas e administrativas, como a verificação de documentos e o processamento de empréstimos. Isso aumenta a eficiência operacional e reduz o tempo de resposta para os clientes.
  - O Santander Brasil implementou RPA para otimizar processos de *back office*, liberando os funcionários para se concentrarem em atividades de maior valor agregado e melhorando a qualidade do serviço ao cliente.
- **Internet das Coisas (IoT):**
  - O Banco do Brasil explora o uso de IoT em projetos de segurança, como a instalação de sensores em agências bancárias para monitorar condições ambientais e detectar atividades suspeitas. Isso ajuda a prevenir incidentes e garantir a segurança dos clientes e funcionários.

- **Tecnologias de pagamento digital:**
    - Um dos pioneiros no uso de tecnologias digitais no setor bancário, o Nubank oferece um aplicativo móvel avançado que permite aos clientes gerenciar suas contas e realizar pagamentos e transferências de maneira fácil e segura. A empresa também utiliza tecnologias de reconhecimento facial e biometria para autenticação.
    - O Banco Inter adota pagamentos digitais e carteiras eletrônicas para facilitar transações sem contato, oferecendo ao usuário uma experiência moderna e segura.
- ***Chatbots* e assistentes virtuais:**
    - O Bradesco oferece um assistente virtual chamado "BIA Next" que ajuda os clientes com dúvidas e operações bancárias diretamente pelo aplicativo do banco. O assistente usa IA para fornecer respostas rápidas e precisas.
    - O Banco Original utiliza *chatbots* em suas plataformas digitais para atendimento ao cliente, facilitando o acesso a informações sobre produtos e serviços, além de resolver problemas comuns de maneira ágil.

5. **Agronegócio**

- **Previsão de safras:**
    - A Agrosmart utiliza IA para analisar dados climáticos, de solo e de plantio e prever rendimentos de safra com maior precisão. Isso ajuda no planejamento de suas colheitas e na tomada de decisões informadas sobre o manejo de suas culturas.
- **Monitoramento de culturas:**
    - A empresa Solinftec utiliza IA em combinação com sensores e drones para monitorar a saúde das plantas em tempo real. A IA analisa imagens de satélite e dados de drones para identificar pragas, doenças e deficiências nutricionais precocemente, permitindo intervenções rápidas e precisas.

- **Gestão de irrigação:**
  - A Netafim utiliza IA para otimizar sistemas de irrigação, ajustando automaticamente a quantidade de água fornecida com base nas condições do solo e nas necessidades das plantas. Isso não só economiza água, como melhora a saúde das culturas.
- **Agricultura de precisão:**
  - A John Deere implementa IA em suas máquinas agrícolas para realizar operações de plantio, fertilização e colheita com alta precisão. Sensores e algoritmos de IA ajudam a otimizar a aplicação de insumos, reduzindo desperdícios e aumentando a produtividade.
- **Detecção e controle de pragas:**
  - A Agronow usa IA para analisar dados de imagens e prever surtos de pragas. Isso permite medidas de controle de pragas mais eficazes e diminui os danos às culturas, necessitando de menos pesticidas.
- **Análise de dados climáticos:**
  - A Climatempo utiliza IA para fornecer previsões meteorológicas hiperlocais e análises climáticas para agricultores. Isso ajuda os produtores a planejar suas atividades agrícolas de acordo com as condições climáticas previstas, reduzindo riscos e maximizando a eficiência.
- **Gerenciamento de solo:**
  - A Strider oferece uma plataforma que utiliza IA para analisar dados de solo e recomendar práticas de manejo específicas. A IA ajuda a entender melhor a fertilidade do solo e a implementar práticas que otimizem a saúde do solo a longo prazo.
- **Automação de máquinas agrícolas:**
  - A Jacto desenvolveu pulverizadores autônomos que utilizam IA para navegar pelos campos e aplicar produtos fitossanitários de maneira precisa. Isso melhora a eficiência e reduz a exposição dos trabalhadores a produtos químicos.

- **Análise de mercado e preços:**
  - A E-Agro utiliza IA para analisar tendências de mercado e preços agrícolas, ajudando os produtores a tomar decisões informadas sobre quando e onde vender seus produtos para maximizar os lucros.
- ***Blockchain* para rastreabilidade:**
  - A AgriDigital implementa IA em combinação com *blockchain* para rastrear produtos agrícolas desde a fazenda até o consumidor final. Isso melhora a transparência e a confiança dos consumidores.

Apêndice 2. Um caso de uso da execução do processo de risco

Para melhor compreensão do processo de risco, segue um caso de uso.

Cenário hipotético: sistema de IA irá interagir com personas de várias faixas etárias. O sistema permitirá transações financeiras. A organização não possui experiência com esse tipo de aplicação, apesar de ter contratado pessoal especializado no mercado. Entretanto, um processo de ciclo de vida será seguido. Há um processo de gerenciamento de riscos corporativo que será adaptado para o risco de sistemas de IA.

Etapa 1 – Planejar o processo

- **Etapas a serem seguidas:** conforme o processo padrão de gerenciamento de riscos.
- **Recursos necessários:** dois analistas de riscos, equipe de *Dev*, gestor do desenvolvimento, gestor de riscos, unidades-fim da organização.
- **Estratégia de engajamento:** palestras, riscos de IA, apresentações.
- **Responsabilidades:** pessoal do *Dev* segue o processo e os controles internos. Pessoal de risco deve executar o gerenciamento de riscos de IA. Gestores decidem sobre estratégia, apetite e tolerância ao risco.
- **Pontos de análise crítica:** término da etapa de *business case*, início e término de cada etapa prevista pelo ciclo de vida.
- **A cadência do processo:** conforme os pontos de análise crítica definidos pelo cronograma do projeto.
- **Cronograma:** de acordo com o ciclo de vida do desenvolvimento.
- **Necessidades de capacitação:** capacitação da primeira e segunda linhas em processo de gerenciamento de riscos, técnicas e métodos, ciclo de vida do processo de desenvolvimento e controles internos.
- **Forma de relato:** conforme o padrão adotado pelo processo de riscos corporativo.

Nota: a equipe de riscos identificou que a organização precisa estabelecer princípios éticos e requisitos de IA confiável devido à natureza do sistema a ser desenvolvido. Parte-se do pressuposto de que antes de começar o projeto esses temas sejam endereçados.

Etapa 2 – Avaliar impacto e valor

- **Classe do sistema:** sistema de alto risco com implicações éticas que requerem requisitos de IA confiável.
- **Legislação:** forte legislação de *compliance*, principalmente nos EUA e na Europa. Legislação vem sendo tratada no Congresso Brasileiro.
- **Impacto do sistema:** previsto em pessoas, organizações, mercado financeiro e na organização, por se tratar de um novo negócio.
- **Princípios éticos e requisitos a serem adotados:** conforme legislação europeia.
- **Valor:** estratégico para o negócio, um novo modelo de negócio que representará 30% do faturamento em dois anos.

Etapa 3 – Identificar os riscos do sistema de IA

- **Tolerância e apetite:** a administração tem apetite mediano e média tolerância. Acredita-se que a janela de oportunidade no mercado é de dois anos. Após esse prazo é difícil introduzir um sistema de IA competitivo. O orçamento previsto consegue ter uma tolerância de até 30%. Acima de 50% afeta a capacidade financeira e de sustentabilidade da organização.
- **Critérios de dimensionamento do risco:** para a avaliação qualitativa do risco, se aplicam os critérios explanados conforme a tabela a seguir.

Probabilidade	Declaração de incerteza	Avaliação
> 80%	Altamente provável	5
61-80%	Provável, tem grandes chances	4
41-60%	Provável, temos dúvidas	3
21-40%	Pouco provável, pouca chance de acontecer	2
1-20%	Muito improvável, chances mínimas	1

Impacto	Critério de impacto	Escala
Muito baixo	Os riscos possuem consequências pouco significativas	1
Baixo	Os riscos possuem consequências reversíveis em curto e médio prazos com custos pouco significativos	2
Moderado	Os riscos possuem consequências reversíveis com custos moderados	3
Alto	Os riscos possuem consequências reversíveis em curto e médio prazos com custos altos	4
Muito alto	Os riscos possuem consequências irreversíveis com custos inviáveis.	5

Para avaliação quantitativa do risco utiliza-se a probabilidade de ocorrência do risco *versus* o valor de perda identificado. Neste caso hipotético, seria o valor do faturamento adicional que seria realizado com o sistema de IA.

O dimensionamento do risco é dado multiplicando-se ambas as escalas de probabilidade e impacto.

Riscos identificados: os riscos identificados a partir do cenário são (vamos trabalhar com pelo menos dois riscos para o exemplo):

Riscos identificados	Descrição
Inexistência de um código de conduta.	Ausência de princípios éticos e de IA confiável para serem aplicados no ciclo de vida do sistema de IA.
Vulnerabilidades na rede	A rede tem vulnerabilidades que podem ser usadas para invasão nos servidores dedicados ao desenvolvimento de IA, podendo ocorrer desde a alteração de parâmetros do sistema até o roubo do modelo. As principais vulnerabilidades são senha fraca, má configuração da rede e falta de segregação.

Etapa 4 – Estabelecer o perfil do risco

Perfil do risco:

Riscos	Perfil
Inexistência de um código de conduta.	**Ator:** alta administração, gestor de risco corporativo e legislador. **Tipo de ameaça:** falha interna e requisitos externos. **Evento:** execução errada. **Ativo/recurso:** processos, informação. **Tempo:** risco não pode durar. Início do projeto muito próximo.
Vulnerabilidades na rede.	**Ator:** gestor de TI, gestor de segurança da informação, funcionário interno e terceirizado. **Tipo de ameaça:** maliciosa, acidental, falha. **Evento:** interrupção, roubo, destruição, sequestro. **Ativo/recurso:** servidores, procedimentos, ferramentas de segurança da informação, política de senhas, arquitetura e topologia da rede. **Tempo:** duração média de invasão é desconhecida. Há detecção tempo depois de o evento ocorrer.

Etapa 5 – Avaliar o risco qualitativamente e quantitativamente

Avaliar o risco qualitativamente

Riscos	Probabilidade	Impacto	Ranking do risco
Inexistência de um código de conduta	**100%**	**Alto**	**1 (20)**
Vulnerabilidades na rede	**80%**	**Moderado**	**2 (15)**

Avaliar quantitativamente

30% do faturamento em dois anos significa a perda total pela inexistência do código de conduta e de 80% do adicional de faturamento que os 30% representam.

Etapa 6 – Elaborar a matriz de risco

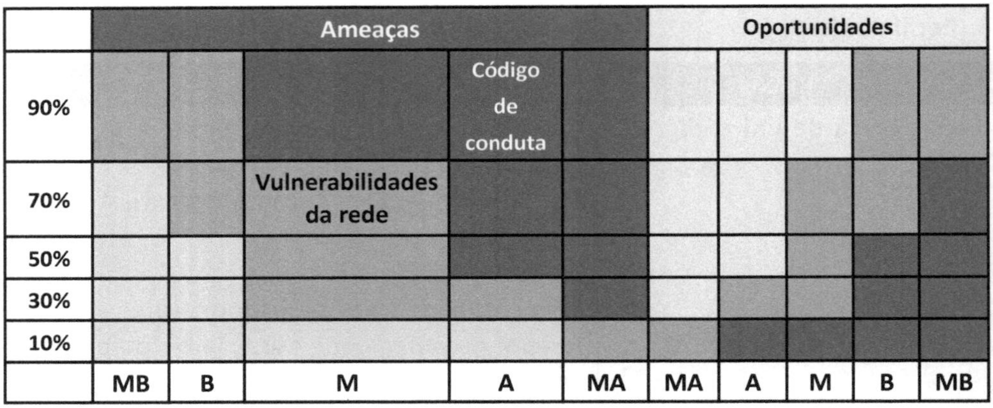

Etapa 7 – Determinar a estratégia em relação ao risco

Riscos	Estratégia a ser adotada
Inexistência de um código de conduta	Remover a fonte de risco
Vulnerabilidades na rede	Remover a fonte de risco

Etapa 8 – Determinar as respostas aos riscos

Riscos	Estratégia	Respostas
Inexistência de um código de conduta	Remover a fonte de risco	Elaborar o código de conduta
Vulnerabilidades na rede	Remover a fonte de risco	Segregar a rede Alterar o processo de gerenciamento de senha Implantar monitoramento ativo sobre a rede

Etapa 9 – Monitoramento e análise crítica

O monitoramento pode ser feito através de KRIs.

KRI	Alerta do risco potencial
Completude do código de ética	O código não está completo, impactando na definição de requisitos de ética e IA responsável a serem incorporados no sistema de IA.
Eventos de invasão	Seu aumento é um indicativo do risco de acesso à rede, criando uma vulnerabilidade para assegurar a segurança dos dados e do modelo do sistema de IA.

Etapa 10 – Melhoria contínua do processo

Melhoria no processo de gestão de riscos de sistemas de IA: os critérios de riscos podem incorporar matrizes GUT (Gravidade, Urgência e Tempo) para auxiliar na definição de prioridades de resolução de causas-raízes que afetam o risco.

Referências bibliográficas

ABBAS, H. What is Artificial Intelligence. **IEEE Transactions on Artificial Intelligence**, vol. 2, n. 2, Apr. 2021.

ABNT. ABNT NBR ISO/IEC 38507:2023 — Tecnologia da informação — Governança de TI — Implicações de governança do uso de inteligência artificial pelas organizações. Rio de Janeiro: Associação Brasileira de Normas Técnicas, 2023.

ABNT. NBR ISO 31000:2018 – Gestão de Riscos: Princípios e Diretrizes. Rio de Janeiro: Associação Brasileira de Normas Técnicas, 2018.

ABNT. NBR ISO 37000:2022 — Governança de organizações — Orientações. Rio de Janeiro: Associação Brasileira de Normas Técnicas, 2022.

ABNT. NBR ISO/IEC 23894:2023 — Inteligência Artificial — Orientações sobre gestão de riscos. Rio de Janeiro: Associação Brasileira de Normas Técnicas, 2023.

ABNT. NBR ISO/IEC 38507:2023 — Tecnologia da informação — Governança de TI — Implicações de governança do uso de inteligência artificial pelas organizações. Rio de Janeiro: Associação Brasileira de Normas Técnicas, 2023.

ABNT. NBR ISO/IEC 42001:2024 — Tecnologia da informação — Inteligência artificial — Sistema de gestão. Rio de Janeiro: Associação Brasileira de Normas Técnicas, 2024.

AKKIRAJU, R. *et al*. Characterizing machine learning processes: A maturity framework. *In*: 18th International Conference, Business Process Management, 18., September 13-18, 2020, Seville, Spain, **Proceedings...** Springer International Publishing, 2020, p. 17-31.

ALBINO, R. D. **Digital transformation:** an overview of the phenomenon based on a dynamic capabilities framework. 2021. 185f. Tese (Doutorado em Administração) – Faculdade de Economia, Administração e Contabilidade, Universidade de São Paulo, São Paulo, 2021.

ALDOSERI, A.; Al-KHALIFA, K.N.; HAMOUDA, A.M. Re-Thinking Data Strategy and Integration for Artificial Intelligence: Concepts, Opportunities, and Challenges. **Applied Sciences**, vol. 13, n. 12, 2023.

ALEMANY, C.; GURUMURTHY, A. Governance of data and artificial intelligence. *In*: GLOBAL CIVIL SOCIETY REPORT. **Spotlight on Sustainable Development 2019.** Disponível em: <https://www.2030spotlight.org/sites/default/files/spot2019/Spotlight_Innenteil_2019_web_gesamt.pdf>. Acesso em: 15 out. 2024.

ALQUDAH, M. A. Towards the governance of government data using artificial intelligence. **International Journal of Advanced Research in Engineering & Management (IJAREM)**, vol. 7, p. 1-10, 2021. Disponível em: <https://ssrn.com/abstract=3992303>. Acesso em: 15 out. 2024.

ALSHEIBANI, S.; MESSOM, C.; CHEUNG, Y. Towards an Artificial Intelligence Maturity Model: From Science Fiction to Business Facts. *In*: 23rd PACIS 2019, Pacific Asia Conference on information Systems, 23., 2019, China. **Proceedings...** AIS Electronic Library, 2019.

ALVES, A. Reflexões filosóficas sobre inteligência artificial. **Revista Paranaense de Filosofia**, vol. 3, n. 1, p. 129-145, 2023.

ALZUBAIDI, L. *et al*. Towards Risk-Free Trustworthy Artificial Intelligence: Significance and Requirements. **International Journal of Intelligent Systems**, Oct. 26, 2023, Article ID 4459198, 41p. Disponível em: <https://doi.org/10.1155/2023/4459198>. Acesso em: 05 nov. 2024.

ARIGBABU, A. T. *et al*. Data Governance in AI – Enabled Healthcare Systems: A Case of the Project Nightingale. **Asian Journal of Research in Computer Science**, vol. 17, n. 5, p.85-107, Mar. 2024.

ASHTON, K. That 'Internet of Things' Thing. **RFID Journal**, June 22, 2009.

ÅSTRÖM, J.; REIM, W.; PARIDA, V. Value creation and value capture for AI business model innovation: a three-phase process framework. **Review of Managerial Science**, vol. 16, p. 2111–2133, 2022. Disponível em: <https://doi.org/10.1007/s11846-022-00521-z>. Acesso em: 14 out. 2024.

BARNEY, J. B.; HESTERLY, W. S. **Strategic management and competitive advantage:** concepts and cases. 6.ed. New York, NY: Pearson, 2019.

BCG. CEO's Guide to Maximizing Value Potential from AI in 2024: Introduction. **Boston Consulting Group**, July 2024.

BIRKSTEDT, T. *et al*. AI governance: themes, knowledge gaps and future agendas. **Internet Research**, vol. 33 n. 7, 2023, p. 133-167. Disponível em: <http://doi.org/10.1108/INTR-01-2022-0042>. Acesso em: 11 out. 2024.

BOJESSON, C.; FUNDIN, A. Exploring microfoundations of dynamic capabilities – challenges, barriers and enablers of organizational change. **Journal of Organizational Change Management**, vol. 34, n. 1, 2021, p. 206-222. Disponível em: <http://doi.org/10.1108/jocm-02-2020-0060>. Acesso em: 16 out. 2024.

BRASIL. **Consulta à Sociedade – Sandbox Regulatório de Inteligência Artificial e Proteção de Dados no Brasil.** Brasília: Autoridade Nacional de Proteção de Dados (ANPD), 2023b.

BRASIL. **Decreto nº 10.332, de 28 de abril de 2020.** Institui a Estratégia de Governo Digital para o período de 2020 a 2022, no âmbito dos órgãos e das entidades da administração pública federal direta, autárquica e fundacional e dá outras providências. Brasília: Presidência da República, 2020.

BRASIL. **Decreto nº 12.069, de 21 de junho de 2024.** Dispõe sobre a Estratégia Nacional de Governo Digital e a Rede Nacional de Governo Digital – Rede Gov.br e institui a Estratégia Nacional de Governo Digital para o período de 2024 a 2027. Brasília: Presidência da República, 2024c.

BRASIL. **Decreto nº 12.198, de 24 de setembro de 2024.** Institui a Estratégia Federal de Governo Digital para o período de 2024 a 2027 e a Infraestrutura Nacional de Dados, no âmbito dos órgãos e das entidades da administração pública federal direta, autárquica e fundacional. Brasília: Presidência da República, 2024b.

BRASIL. **Decreto nº 9.319, de 21 de março de 2018.** Institui o Sistema Nacional para a Transformação Digital e estabelece a estrutura de governança para a implantação da Estratégia Brasileira para a Transformação Digital. Brasília: Presidência da República, 2018c.

BRASIL. **Estratégia Brasileira de Inteligência Artificial (EBIA).** Brasília: Ministério da Ciência, Tecnologia e Inovações, junho 2021b.

BRASIL. **Estratégia Brasileira para a Transformação Digital – E-Digital.** Brasília: Ministério da Ciência, Tecnologia e Inovações, 2018a.

BRASIL. **Lei nº 13.709, de 14 de agosto de 2018.** Lei Geral de Proteção de Dados Pessoais (LGPD). Brasília: Presidência da República, 2018b.

BRASIL. **Lei nº 14.129, de 29 de março de 2021.** Dispõe sobre princípios, regras e instrumentos para o Governo Digital e para o aumento da eficiência pública e altera a Lei nº 7.116, de 29 de agosto de 1983, a Lei nº 12.527, de 18 de novembro de 2011 (Lei de Acesso à Informação), a Lei nº 12.682, de 9 de julho de 2012, e a Lei nº 13.460, de 26 de junho de 2017. Brasília: Presidência da República, 2021a.

BRASIL. **Plano Brasileiro de Inteligência Artificial (PBIA) 2024-2028.** Brasília: Ministério da Ciência, Tecnologia e Inovações, 2024d.

BRASIL. **Portaria SGD/MGI nº 6.618, de 25 de setembro de 2024.** Estabelece os princípios, os objetivos e as iniciativas para o alcance da Estratégia Federal de Governo Digital para o período de 2024 a 2027, no âmbito dos órgãos e das entidades da administração pública federal direta, autárquica e fundacional. Brasília: Secretaria de Governo Digital (SDG), Ministério da Gestão e da Inovação em Serviços Públicos (MGI), 2024a.

BRASIL. **Portaria-MCTI nº 4.617, de 6 de abril de 2021.** Institui a Estratégia Brasileira de Inteligência Artificial e seus eixos temáticos. Brasília: Ministério da Ciência, Tecnologia e Inovações, 2021c.

BRASIL. **Portaria-MCTI nº 4.979, de 13 de julho de 2021.** Altera o Anexo da Portaria-MCTI nº 4.617, de 6 de abril de 2021, que institui a Estratégia Brasileira de Inteligência Artificial e seus eixos temáticos. Brasília: Ministério da Ciência, Tecnologia e Inovações, 2021d.

BSA. **Confronting Bias:** BSA's Framework to Build Trust in AI. The Software Alliance, 2021. Disponível em: <https://www.bsa.org/files/reports/2021bsaaibias.pdf>. Acesso em: 31 out. 2024.

CAFFERATA, P.; DIAS, Y. B. 65% das empresas usam Gen AI no mundo; líderes apontam caminhos para obter retorno financeiro. **McKinsey & Company**, 17 jul. 2024. Disponível em: <https://www.mckinsey.com.br/our-insights/all-insights/65-das-empresas-usam-gen-ai-no-mundo>. Acesso em: 10 out. 2024.

CAFFERATA, P.; MAYOL, F. Gen-AI: a geração de trabalhadores que emerge com a inteligência artificial generativa. **McKinsey & Company**, 05 abr. 2024. Disponível em: <https://www.mckinsey.com.br/our-insights/all-insights/a-geracao-de-trabalhadores-que-emerge-com-a-inteligencia-artificial-generativa>. Acesso em: 10 out. 2024.

CASELI, H. M.; NUNES, M. G. V. (orgs.). **Processamento de Linguagem Natural:** conceitos, técnicas e aplicações em português. 2.ed. São Carlos: BPLN, 2024. Disponível em: <https://brasileiraspln.com/livro-pln/>. Acesso em: 10 out. 2024.

CASTRO, F. Agile Goal Setting with OKR – Objectives and Key Results. **InfoQ**, Aug. 28, 2015. Disponível em: <https://www.infoq.com/articles/agile-goals-okr>. Acesso em: 14 out. 2024.

CATH, C. Governing Artificial Intelligence: Ethical, legal and technical opportunities and challenges. **Philosophical Transactions of the Royal Society A: Mathematical, Physical and Engineering Sciences**, vol. 376, n. 2133, 28 Nov. 2018.

CGI.BR. **Observatório Brasileiro de Inteligência Artificial realiza seminário aberto ao público.** 13 ago. 2024. Disponível em: <https://www.cgi.br/noticia/releases/observatorio-brasileiro-de-inteligencia-artificial-realiza-seminario-aberto-ao-publico/>. Acesso em: 16 out. 2024.

CHANIAS, S. Mastering digital transformation: the path of a financial services provider towards a digital transformation strategy. *In*: 25th European Conference on Information Systems (ECIS), 25., June 5, 2017, Guimarães, Portugal. **Proceedings...**

ISBN 978-989-20-7655-3 Research Papers. Disponível em: <http://aisel.aisnet.org/ecis2017_rp/2>. Acesso em: 15 out. 2024.

CHANIAS, S.; MYERS, M. D.; HESS, T. Digital transformation strategy making in pre-digital organizations: The case of a financial services provider. **The Journal of Strategic Information Systems**, vol. 28, n. 1, p. 17-33, 2019.

CHEATHAM, B.; JAVANMARDIAN, K.; SAMANDARI, H. Confronting the Risks of Artificial Intelligence. **McKinsey Quarterly**, Apr. 2019.

CHEN, H.; CHIANG, R. H.; STOREY, V. C. Business Intelligence and Analytics: From Big Data to Big Impact. **MIS Quarterly**, 2012.

CHUI, M. *et al*. The economic potential of generative AI: the next productivity frontier. **McKinsey and Company**, June 14, 2023.

COMISSÃO EUROPEIA. **Orientações éticas para uma IA de confiança.** 08 abr. 2019. Atualizado em 31 jan. 2024.

COMISSÃO EUROPEIA. **Proposta de Regulamento do Parlamento Europeu e do Conselho que estabelece regras harmonizadas em matéria de Inteligência Artificial (Regulamento Inteligência Artificial) e que altera determinados atos legislativos da União.** Bruxelas, 21 abr. 2021.

COSTA, I. *et al*. The degree of contribution of digital transformation technology on company sustainability areas. **Sustainability, Multidisciplinary Digital Publishing Institute**, vol. 14, n. 1, p. 462, 2022.

COSTA, Thiago. L. R. S. **Framework de transformação digital de organizações de crédito imobiliário baseado em capacidades dinâmicas.** 2022. 223f. Dissertação (Programa *Stricto Sensu* em Governança, Tecnologia e Inovação) – Escola de Educação, Tecnologia e Comunicação, Universidade Católica de Brasília, Brasília, 2022.

DA SILVA, T. Visão computacional e racismo algorítmico: branquitude e opacidade no aprendizado de máquina. **Revista da Associação Brasileira de Pesquisadores/as Negros/as (ABPN)**, vol. 12, n. 31, 2020.

DAMA. **The DAMA Data Management Body of Knowledge (DAMA DMBOK).** Data Management International, 2009.

DASGUPTA, A.; GILL, A.; HUSSAIN, F. A conceptual framework for data governance in IoT-enabled digital IS ecosystems. *In*: 8th International Conference on Data Science, Technology and Applications (DATA 2019), 8., 2019, s.l. **Proceedings...** SciTePress, 2019, p. 209-216.

DATABRICKS. **A Compact Guide to Large Language Models.** 2023.

DE OLIVEIRA FORNASIER, M.; CAMARGO, G.; CASSOL, L. Mídias sociais e democracia: A influência das aplicações da Inteligência Artificial nas redes sociais e seu impacto no debate democrático. **Caderno de Relações Internacionais**, vol. 12, n. 23, 2021.

DE OLIVEIRA, C; VEIGA, J. P.; COZMAN, F. G. Regulação da Inteligência Artificial: Qual Modelo Adotar? **Computação Brasil**, n. 47, p. 28-31, 2022.

DE SILVA, D. ALAHAKOON, D. An artificial intelligence life cycle: from conception to production. **Patterns**, vol. 3, n. 6, 100489, June 10, 2022. Disponível em: <https://doi.org/10.1016/j.patter.2022.100489>. Acesso em: 11 out. 2024.

DIENER, F.; ŠPACEK, M. Digital Transformation in Banking: A Managerial Perspective on Barriers to Change. **Sustainability**, vol. 13, n. 4, 2021. Disponível em: <https://doi.org/10.3390/su13042032>. Acesso em: 16 out. 2024.

DIXON-FYLE, S. *et al*. Diversity matters even more: the case for holistic impact. **McKinsey & Company**, Dec. 5, 2023. Disponível em: <https://www.mckinsey.com/featured-insights/diversity-and-inclusion/diversity-matters-even-more-the-case-for-holistic-impact>. Acesso em: 11 out. 2024.

DURSO, S. O. Reflexões sobre a aplicação da inteligência artificial na educação e seus impactos para a atuação docente. Resenha Avaliativa. **Educ. rev.**, n. 40, 2024. Disponível em: <https://doi.org/10.1590/0102-469847980>. Acesso em: 10 out. 2024.

ECGI. Site. Disponível em: <https://www.ecgi.global/>. Acesso em: 11 out. 2024.

EISENHARDT, K. M.; MARTIN, J. A. Dynamic capabilities: what are they? **Strategic Management Journal**, vol. 21, n. 10/11, p. 1105-1121, 2000.

EITEL-PORTER, R. Beyond the promise: implementing ethical AI. **AI Ethics**, vol. 1, p. 73-80, 2021. Disponível em: <https://doi.org/10.1007/s43681-020-00011-6>. Acesso em: 11 out. 2024.

ELLISON, O. A. **The A.I-Driven Organization:** strategies for success. E-book, 2024.

ENHOLM, I. *et al*. Artificial Intelligence and Business Value: A Literature Review. **Information Systems Frontiers**, vol. 24, p. 1709-1734, 2022.

EU AI ACT. **The EU AI Act.** 2024. Disponível em: <https://www.euaiact.com/>. Acesso em: 16 out. 2024.

EUROPEAN UNION. **Proposal for a Regulation of the European Parliament and of the Council laying down harmonised rules on artificial intelligence (Artificial Intelligence Act) and amending certain Union legislative acts.** Brussels, 26 Jan. 2024.

FARAGO, F. E. **Capacidades Dinâmicas, Capacidades Financeiras e Agilidade Organizacional:** a incerteza na crise econômica brasileira. 2019. 250f. Dissertação (Mestrado em Administração) – Universidade Federal do Paraná, Curitiba, 2019.

FERNANDES, A. A. **Corporate Digital Transformation:** what you must know about strategy planning and leading. Kindle edition, 2020.

FERNANDES, A. A.; ABREU, V. F. **Gerenciamento de Riscos de Inteligência Artificial.** São Paulo: Conceptus, 2024.

FERNANDES, A. A.; DINIZ, J. L.; ABREU, V. F. (orgs.). **Governança Digital 4.0.** Rio de Janeiro: Brasport, 2019.

FLORIDI, L. The Method of Levels of Abstraction. **Minds and Machines**, vol. 18, n. 3, 2008.

FOSS, N. J.; PEDERSEN, T. Microfoundations in strategy research. **Strategic Management Journal**, vol. 37, n. 13, E22-E34, Dec. 2016. Disponível em: <https://doi.org/10.1002/smj.2362>. Acesso em: 16 out. 2024.

FREY, C. B.; OSBORNE, M. Generative AI and the future of work: A reappraisal. **The Brown Journal of World Affairs**, vol. 30, n. 1, Fall/Winter, 2023.

GAIVORONSKAYA, Y. V. *et al.* Typology of Risks and Threats caused by Digitalization. **Revista Turismo: Estudos e Práticas**, vol. 5, 2020.

GEORGIEVA, I. *et al.* From AI ethics principles to data science practice: a reflection and a gap analysis based on recent frameworks and practical experience. **AI and Ethics**, vol. 2, p. 697-711, 2022. Disponível em: <https://link.springer.com/article/10.1007/s43681-021-00127-3>. Acesso em: 11 out. 2024.

GILBERT, A. Workday AI Biased Against Black, Older Applicants, Suit Says (1). **Bloomberg Law**, Feb. 22, 2023. Disponível em: <https://news.bloomberglaw.com/daily-labor-report/workday-ai-biased-against-black-disabled-applicants-suit-says>. Acesso em: 05 nov. 2024.

GILL, A. S.; GERMANN, S. Conceptual and normative approaches to AI governance for a global digital ecosystem supportive of the UN Sustainable Development Goals (SDGs). **AI and Ethics**, vol. 2, n. 2, p. 293-301, 2022.

GOLDMAN SACHS. **Generative AI could raise global GDP by 7%.** Apr. 5, 2023. Disponível em: <https://www.goldmansachs.com/intelligence/pages/generative-ai-could-raise-global-gdp-by-7-percent.html>. Acesso em: 10 out. 2024.

GONÇALVES, A.; TORRE, L.; MELO, P. V. Inteligência artificial, algoritmos e media: diálogos de pesquisa. In: GONÇALVES, A.; TORRE, L.; MELO, P. V. (eds.). **Inteligência Artificial e Algoritmos.** Covilhã, Portugal: LabCom, 2024, p. 31.

GRÖGER, C. There is no AI without data. **Communications of the ACM**, vol. 64, n. 11, p. 98-108, 2021.

HAENLEIN, M.; HUANG, M-H.; KAPLAN, A. Guest Editorial: Business Ethics in the Era of Artificial Intelligence. **Journal of Business Ethics**, vol. 178, 2022. Disponível em: <https://doi.org/10.1007/s10551-022-05060-x>. Acesso em: 05 nov. 2024.

HAI. **Artificial Intelligence Index Report 2024.** Stanford, CA: Stanford University, Human-Centered Artificial Intelligence. Disponível em: <https://aiindex.stanford.edu/wp-content/uploads/2024/05/HAI_AI-Index-Report-2024.pdf>. Acesso em: 15 out. 2024.

HELFAT, C. E.; PETERAF, M. A. Managerial cognitive capabilities and the microfoundations of dynamic capabilities. **Strategic Management Journal**, vol. 36, n. 6, p. 831-850, 2015.

HESS, T. *et al*. Options for formulating a digital transformation strategy. **MIS Quarterly Executive**, vol. 15, n. 2, June 2016.

HOHMA, E.; LÜTGE, C. From trustworthy principles to a trustworthy development process: The need and elements of trusted development of AI systems. **AI**, 4, p. 904-926, 2023.

HULKKONEN, H. **The Use of AI and Related Technologies in Business:** mapping the possibilities and risks. (Bachelor's thesis) — Aalto University: School of Business, Information and Service Management, 2021. Disponível em: <https://aaltodoc.aalto.fi/server/api/core/bitstreams/8154b072-c1ef-496a-99f5-9646e60b617d/content>. Acesso em: 05 nov. 2024.

IAPP. **Global AI Law and Policy Tracker.** Last updated: Feb. 2024. Disponível em: <https://iapp.org/resources/article/global-ai-legislation-tracker/>. Acesso em: 15 out. 2024.

IBGC. **Código das Melhores Práticas de Governança Corporativa.** 6.ed. São Paulo: Instituto Brasileiro de Governança Corporativa, 2023. <https://conhecimento.ibgc.org.br/Paginas/Publicacao.aspx?PubId=24640>

IFC. **Corporate Governance Manual.** Feb. 26, 2014. Disponível em: <https://www.ifc.org/en/insights-reports/2014/ifc-corporate-governance-manual>. Acesso em: 11 out. 2024.

INSTITUTE OF DIRECTORS IN SOUTHERN AFRICA. **King IV Report.** Disponível em: <https://www.iodsa.co.za/page/king-iv>. Acesso em: 11 out. 2024.

ISACA. **COBIT 2019 Framework:** governance and management objectives. Rolling Meadows, IL: ISACA, 2019.

ISACA. **COBIT 5:** a business framework for the governance and management of enterprise IT. Rolling Meadows, IL: ISACA 2012.

ISO. ISO/IEC 22894:2023 – Information technology — Artificial intelligence — Guidance on risk management. Geneva: International Organization for Standardization, 2023.

ISO. ISO/IEC 22989:2022 — Information technology — Artificial intelligence — Artificial intelligence concepts and terminology. Geneva: International Organization for Standardization, 2022.

ISO. ISO/IEC 38500:2024 — Information technology — Governance of IT for the organization. Geneva: International Organization for Standardization, 2024.

JACOBBI, V. Researchers explore potential for AI to predict patients' pain management support needs after surgery. **Mayo Clinic**, July 23, 2024. Disponível em: <https://newsnetwork.mayoclinic.org/discussion/ai-helps-predict-patient-need-for-opioid-refills-after-surgery/>. Acesso em: 05 nov. 2024.

JANSSEN, M. *et al*. Data Governance: organizing data for trustworthy Artificial Intelligence. **Government Information Quarterly**, vol. 37, n. 3, July 2020.

JORZIK, P. *et al*. AI-driven business model innovation: A systematic review and research agenda. **Journal of Business Research**, 182, 114764, 2024.

JP MORGAN. **AI and Model Risk Governance.** May 29, 2023. Disponível em: <https://www.jpmorgan.com/technology/news/ai-and-model-risk-governance>. Acesso em: 05 nov. 2024.

KANYING, T.; THAMMABOOSADEE, S.; CHUCKPAIWONG, R. Formulating Analytical Governance Frameworks: An Integration of Data and AI Governance Approaches. *In*: 13th International Conference on Advances in Information Technology (IAIT '23), 13., 2023, s.l. **Proceedings...** Association for Computing Machinery, 2023.

KARIMI, J.; WALTER, Z. The Role of Dynamic Capabilities in Responding to Digital Disruption: A Factor-Based Study of the Newspaper Industry. **Journal of Management Information Systems**, vol. 32, n. 1, p. 39-81, 2015. Disponível em: <http://doi.org/10.1080/07421222.2015.1029380>. Acesso em: 15 out. 2024.

KNIGHT, M. Data Governance and AI Governance: where do they intersect? **Dataversity**, June 18, 2024. Disponível em: <https://www.dataversity.net/data-governance-and-ai-governance-where-do-they-intersect/>. Acesso em: 15 out. 2024.

KONLECHNER, S.; MÜLLER, B.; GÜTTEL, W. H. A dynamic capabilities perspective on managing technological change: a review, framework and research agenda. **International Journal of Technology Management**, vol. 76, n. 3-4, p. 188-213, 2018.

KRAUS, S. *et al*. Digital transformation in business and management research: An overview of the current status quo. **International Journal of Information Management**, vol. 63, p. 102466, 2022. Disponível em: <https://doi.org/10.1016/j.ijinfomgt.2021.102466>. Acesso em: 08 nov. 2024.

KRUEL, C. SAD Strategy for Disruption. StartSe University. Material de treinamento, set. 2022.

LAFLEY, A. G.; MARTIN, R. L. **Jogar para vencer:** como a estratégia realmente funciona. Rio de Janeiro: Alta Books, 2019.

LAFLEY, A. G.; MARTIN, R. L. **Playing to Win:** how strategy really works. Boston, MA: Harvard Business Review Press, 2013.

LEE, H.-K. Rethinking creativity: creative industries, AI and everyday creativity. **Media, Culture & Society**, vol. 44, n. 3, p. 016344372210770, 07 Mar. 2022.

LESLIE, D. *et al*. **AI Accountability in Practice.** The Alan Turing Institute, 2024d.

LESLIE, D. *et al*. **AI Ethics and Governance in Practice:** an introduction. The Alan Turing Institute, 2023a.

LESLIE, D. *et al*. **AI Explainability in Practice.** The Alan Turing Institute, 2024c.

LESLIE, D. *et al*. **AI Fairness in Practice.** The Alan Turing Institute, 2023d.

LESLIE, D. *et al*. **AI Safety in Practice.** The Alan Turing Institute, 2024b.

LESLIE, D. *et al*. **AI Sustainability in Practice Part One:** Foundations for Sustainable AI Projects. The Alan Turing Institute, 2023b.

LESLIE, D. *et al*. **AI Sustainability in Practice Part Two:** Sustainability Throughout the AI Workflow. The Alan Turing Institute, 2023c.

LESLIE, D. *et al*. **Responsible Data Stewardship in Practice.** The Alan Turing Institute, 2024a.

LESLIE, D. Tackling COVID-19 Through Responsible AI Innovation: Five Steps in the Right Direction. **Harvard Data Science Review (Special Issue 1)**, 2020. Disponível em: <https://doi.org/10.1162/99608f92.4bb9d7a>. Acesso em: 15 out. 2024.

LESLIE, D. Understanding artificial intelligence ethics and safety: a guide for the responsible design and implementation of AI systems in the public sector. **Zenodo**, 2019. Disponível em: <https://doi.org/10.5281/zenodo.3240529>. Acesso em: 05 nov. 2024.

LUDEMIR, T. B.; BRAGA, A. P.; CARVALHO, A. C. P. L. F. **Redes neurais artificiais:** teoria e aplicações. Rio de Janeiro: LTC, p. 17, 2000.

MACHADO, A. O. B. **A inteligência artificial generativa como novo agente disruptor de mercado.** 2023. 77f. Trabalho de Conclusão de Curso (Bacharelado em Ciências Econômicas) – Faculdade de Economia da Universidade Federal da Bahia, Salvador, 2023.

MADIEGA, T.; DE POL, A. L. V. Artificial intelligence act and regulatory sandboxes. Briefing. **European Parliamentary Research Service**, June 2022.

MÄNTYMÄKI, M. *et al*. Defining organizational AI governance. **AI and Ethics**, vol. 2, p. 603-609, 2022. Disponível em: <https://doi.org/10.1007/s43681-022-00143-x>. Acesso em: 11 out. 2024.

MÄNTYMÄKI, M. *et al*. Putting AI Ethics into Practice: The Hourglass Model of Organizational AI. **arXiv:2206.00335**. 2023. Disponível em: <https://doi.org/10.48550/arXiv.2206.00335>. Acesso em: 11 out. 2024.

MARTINS, H.; CAFFERATA, P.; DIAS, Y. B. O que CEOs devem saber hoje sobre inteligência artificial generativa para começar a agir. **McKinsey & Company**, 19 jun. 2023. Disponível em: <https://www.mckinsey.com/br/our-insights/all-insights/o-que-ceos-devem-saber-sobre-inteligencia-artificial-generativa>. Acesso em: 10 out. 2024.

MCCARTHY, J. **What is Artificial Intelligence?** Revised Nov. 12, 2007. Disponível em: <https://www-formal.stanford.edu/jmc/whatisai/whatisai.html>. Acesso em: 10 out. 2024.

MIKALEF, P.; CONBOY, K.; KROGSTIE, J. Artificial intelligence as an enabler of B2B marketing: A dynamic capabilities micro-foundations approach. **Industrial Marketing Management**, vol. 98, p. 80-92, 2021.

MIKALEF, P.; GUPTA, P. M. Artificial Intelligence Capability: Conceptualization, measurement calibration, and empirical study on its impact on organizational creativity and firm performance. **Information & Management**, vol. 58, n. 3, Apr. 2021. Disponível em: <https://doi.org/10.1016/j.im.2021.103434>. Acesso em: 14 out. 2024.

MINISTÉRIO DA CIÊNCIA, TECNOLOGIA E INOVAÇÃO. **IA para o Bem de Todos:** proposta de Plano Brasileiro de Inteligência Artificial 2024-2028. 29 jul. 2024.

MINISTÉRIO DA JUSTIÇA. **Código de proteção e defesa do consumidor.** Nova edição revista, atualizada e ampliada com os Decretos nº 7.962, de 15 de março de 2013 e nº 7.963, de 15 de março de 2013. Brasília: Ministério da Justiça, 2013. Disponível em: <https://www.gov.br/mj/pt-br/assuntos/seus-direitos/consumidor/Anexos/cdc-portugues-2013.pdf>. Acesso em: 16 out. 2024.

MIT TECHNOLOGY REVIEW INSIGHTS. **The great acceleration:** CIO perspectives on generative AI. Patrocinado por Databricks. July 18, 2023. Disponível em: <https://www.technologyreview.com/2023/07/18/1076423/the-great-acceleration-cio-perspectives-on-generative-ai/>. Acesso em: 10 out. 2024.

MORLEY, J. *et al*. From what to how: an initial review of publicly available AI ethics tools, methods and research to translate principles into practices. **Sci. Eng. Ethics**, vol. 26, p. 2141-2168, 2020. Disponível em: <https://doi.org/10.1007/s11948-019-00165-5>. Acesso em: 11 out. 2024.

MOUGAYAR, W. **The Business Blockchain:** promise, practice, and application of the next internet technology. Hoboken, NJ: John Wiley & Sons, 2016.

NIST. **Artificial Intelligence Risk Management Framework (AI RMF 1.0).** National Institute of Standard Technology, Jan. 2023. Disponível em: <https://doi.org/10.6028/NIST.AI.100-1>. Acesso em: 10 out. 2024.

NTOUTSI, E. *et al*. Bias in Data-driven Artificial Intelligence systems: An Introductory Survey. **WIREs Data Mining and Knowledge Discovery**, vol. 10, n. 3, 03 Feb. 2020.

OECD. **Princípios de Governação Corporativa do G20/OCDE 2023.** 11 jul. 2024. Disponível em: <https://www.oecd.org/pt/publications/principios-de-governacao-corporativa-do-g20-ocde-2023_58478f0f-pt.html>. Acesso em: 11 out. 2024.

OOI, K. B. *et al*. The Potential of Generative Artificial Intelligence Across Disciplines: Perspectives and Future Directions. **Journal of Computer Information Systems**, 1-32, 2023.Disponível em: <https://doi.org/10.1080/08874417.2023.2261010>. Acesso em: 10 out. 2024.

OSENI, A. *et al*. Security and Privacy for Artificial Intelligence: Opportunities and Challenges. **J. ACM**, vol. 37, n. 4, Aug. 2020.

OSTERWALDER, A. *et al*. **The invincible company:** how to constantly reinvent your organization with inspiration from the world's best business models. Hoboken, NJ: John Wiley & Sons, 2020.

PAGALLO, U.; CASANOVAS, P.; MADELIN, R. The middle-out approach: assessing models of legal governance in data protection, artificial intelligence, and the Web of Data. **Theory and Practice of Legislation**, vol. 7, n. 1, p. 1-25, 2019.

PAPAGIANNIDIS, E. *et al*. Toward AI Governance: Identifying Best Practices and Potential Barriers and Outcomes. **Information Systems Frontiers**, vol. 25, p. 123-141, 2023. Disponível em: <https://doi.org/10.1007/s10796-022-10251-y>. Acesso em: 11 out. 2024.

PARK, Y. J. Structural Logic of AI Surveillance and its Normalisation in the Public Sphere. **Javnost – The Public**, vol. 28, n. 4, p. 341-357, 2021.

PEREIRA, R.; DA SILVA, M. M. IT Governance Implementation: The Determinant Factors. **Communications of the IBIMA**, vol. 2012, 2012. Disponível em: <https://doi.org/10.5171/2012.970363>. Acesso em: 16 out. 2024.

PERIFANIS, N. A.; KITSIOS, F. Investigating the Influence of Artificial Intelligence on Business Value in the Digital Era of Strategy: A Literature Review. **Information**, vol. 14, n. 2, p. 85, 2023.

PORTER, M. E. **Vantagem Competitiva:** criando e sustentando um desempenho superior. Rio de Janeiro: Campus, 1989.

POTHINENI, S. The Impact of Data Strategy and Emerging Technologies on Business Performance. **International Journal of Business Strategy and Automation**, vol. 4, n. 1, 2023.

PRAHALAD, C. K.; HAMEL, G. The core competence of the corporation**. International Library of Critical Writings in Economics**, vol. 163, p. 210-222, 2003.

PRAMANIK, H. S.; KIRTANIA, M.; PANI, A. K. Essence of digital transformation—Manifestations at large financial institutions from North America. **Future Generation Computer Systems**, vol. 95, p. 323-343, June 2019. Disponível em: <https://doi.org/10.1016/j.future.2018.12.003>. Acesso em: 16 out. 2024.

PWC BRASIL. **Pesquisa Global de Empresas Familiares 2023.** Disponível em: <https://www.pwc.com.br/pt/estudos/setores-atividade/empresas-familiares/2023/pesquisa-global-de-empresas-familiares-2023.html>. Acesso em: 11 out. 2024.

PWC. **King IV – Steering point:** a summary of the King IV Report on Corporate Governance™ for South Africa. Disponível em: <https://www.pwc.co.za/en/publications/king4.html>. Acesso em: 05 nov. 2024.

RAJPUROHIT, D. Data Strategy and Its Role in Business Success. **Journal of Information Technology and Management**, 2017.

REDDY, S. Generative AI in healthcare: an implementation science informed translational path on application, integration and governance. **Implementation Science**, vol. 19, n. 1, 2024.

REUEL, A.; UNDHEIM, T. A. Generative AI Needs Adaptive Governance. **arXiv:2406.04554v1 [cs.CY]**, June 06, 2024. Disponível em: <https://arxiv.org/abs/2406.04554v1>. Acesso em: 16 out. 2024.

ROBINSON, L. *et al*. Digital inequalities 2.0: Legacy inequalities in the information age. **First Monday**, vol. 25, n. 7, 17 June 2020.

RODRIGUES, B.; ANDRADE, A. O potencial da inteligência artificial para o desenvolvimento e competitividade das empresas: uma scoping review. **Gestão e Desenvolvimento**, n. 29, p. 381-422, 2021. Disponível em: <https://doi.org/10.34632/

gestaoedesenvolvimento.2021.10038>. Acesso em: 10 out. 2024.

ROGERS, D. **The Digital Transformation Playbook:** rethink your business for the digital age. New York, NY: Columbia University Press, 2016.

RUSSELL, S.; NORVIG, P. **Artificial intelligence:** a modern approach. 3rd.ed. Upper Saddle River, NJ: Prentice Hall, 2010.

SÆTRA, H. S. Generative AI: Here to stay, but for good? **Technology in Society**, vol. 75, Nov. 2023. Disponível em: <https://doi.org/10.1016/j.techsoc.2023.102372>. Acesso em: 10 out. 2024.

SALTZ, J. What is the AI Life Cycle? **Data Science Process Aliance**, Mar. 31, 2024. Disponível em: <https://www.datascience-pm.com/ai-lifecycle/>. Acesso em: 24 out. 2024.

SAMPATH, G.; BHATTACHARYYA, S. S.; KRISHNAMOORTHY, B. Microfoundations approach to strategic agility – Exploration to operationalization. **Journal of General Management**, vol. 46, n. 2, p. 103-128, 2021. Disponível em: <http://doi.org/10.1177/0306307020939359>. Acesso em: 16 out. 2024.

SARKER, I. H. LLM potentiality and awareness: a position paper from the perspective of trustworthy and responsible AI modeling. **Discovery Artificial Intelligence**, vol. 4, May 2024. Disponível em: <https://doi.org/10.1007/s44163-024-00129-0>. Acesso em: 10 out. 2024.

SCHNEIDER, J. *et al.* Artificial Intelligence Governance For Businesses. **Information Systems Management**, vol. 40, n. 3, p. 229-249, 2023. Disponível em: <https://doi.org/10.1080/10580530.2022.2085825>. Acesso em: 11 out. 2024.

SENADO FEDERAL. **Projeto de Lei nº 2.338, de 2023.** Dispõe sobre o uso da Inteligência Artificial. Disponível em: <https://www25.senado.leg.br/web/atividade/materias/-/materia/157233>. Acesso em: 15 out. 2024.

SERVOU, E.; BEHRENDT, F.; HORST, M. Data, AI and governance in MaaS – Leading to sustainable mobility? **Transportation Research Interdisciplinary Perspectives**, vol. 19, 2023.

SGC. Site. Disponível em: <https://www.societycorpgov.org/home>. Acesso em: 05 nov. 2024.

SHARMA, N.; SHARMA, R.; JINDAL, N. Machine learning and deep learning applications-a vision. **Global Transitions Proceedings**, vol. 2, n. 1, p. 24-28, 2021.

SICHMAN, J. Inteligência Artificial e sociedade: avanços e riscos. **Estudos Avançados**, vol. 35, p. 37-50, 2021.

SJÖDIN, D. *et al*. How AI capabilities enable business model innovation: Scaling AI through co-evolutionary processes and feedback loops. **Journal of Business Research**, vol. 134, p. 574-587, 2021.

SLATTERY, P. *et al*. AI Risk Repository. **MIT**, s.d. Disponível em: <https://airisk.mit.edu/>. Acesso em: 10 out. 2024.

SOHMEN, V.; RAZZAQUE, A. A transcultural model of e-governance for the healthcare industry. **Journal of Economic Development, IT, Finance and Marketing**, vol. 1, n. 1, p. 193-222, 2009.

SOUSA-ZOMER, T. T.; NEELY, A.; MARTINEZ, V. Digital transforming capability and performance: a microfoundational perspective. **International Journal of Operations & Production Management**, vol. 40, n. 7/8, p. 1095-1108, 2020. Disponível em: <http://doi.org/10.1108/ijopm-06-2019-0444>. Acesso em: 16 out. 2024.

TAEIHAGH, A. Governance of artificial intelligence. **Policy and Society**, vol. 40, n. 2, June 2021, p. 137-157. Disponível em: <https://doi.org/10.1080/14494035.2021.1928377>. Acesso em: 16 out. 2024.

TAPSCOTT, D.; TAPSCOTT, A. **Blockchain Revolution:** how the technology behind bitcoin is changing money, business, and the world. New York, NY: Penguin, 2016.

TEECE, D. J. Business models and dynamic capabilities. **Long Range Planning**, vol. 51, n. 1, p. 40-49, 2018.

TEECE, D. J. Explicating dynamic capabilities: the nature and microfoundations of (sustainable) enterprise performance. **Strategic Management Journal**, vol. 28, n. 13, p. 1319-1350, 2007.

TEECE, D. J. The foundations of enterprise performance: dynamic and ordinary capabilities in an (economic) theory of firms. **Academy of Management Perspectives**, vol. 28, n. 4, p. 328-352, 2014.

TEECE, D. J.; LINDEN, G. Business models, value capture, and the digital enterprise. **Journal of organization design**, vol. 6, p. 1-14, 2017.

TEECE, D. J.; PISANO, G.; SHUEN, A. Dynamic capabilities and strategic management. **Strategic Management Journal**, vol. 18, n. 7, p. 509-533, 1997.

TEECE, D. J.; RASPIN, P. G.; COX, D. R. Novas estratégias num mundo dinâmico. **MIT SLOAN Management Review Brasil**, 18 dez. 2020.

TEECE, D.; PETERAF, M.; LEIH, S. Dynamic capabilities and organizational agility: risk, uncertainty, and strategy in the innovation economy. **California Management Review**, vol. 58, n. 4, p. 13-35, 2016.

TEKIC, Z.; KOROTEEV, D. From disruptively digital to proudly analog: A holistic typology of digital transformation strategies. **Business Horizons**, vol. 62, n. 6, p. 683-693, Nov.-Dec. 2019. Disponível em: <https://doi.org/10.1016/j.bushor.2019.07.002>. Acesso em: 16 out. 2024.

THIEBES, S.; LINS, S.; SUNYAEV, A. Trustworthy artificial intelligence. **Eletronic Markets**, vol. 31, p. 447-464, 2021. Disponível em: <https://doi.org/10.1007/s12525-020-00441-4>. Acesso em: 05 nov. 2024.

TROCIN, C. *et al*. How Artificial Intelligence affords digital innovation: A cross-case analysis of Scandinavian companies. **Technological Forecasting and Social Change**, vol. 173, p. 121081, 2021.

TUKIA, A. **Data Governance for Sustainable Artificial Intelligence.** 2022. 75f. Master of Science Thesis (Faculty of Management and Business) – Tampere University, Tampere, Finlândia, 2022.

VIAL, G. Understanding digital transformation: A review and a research agenda. **The Journal of Strategic Information Systems**, vol. 28, n. 2, p. 118-144, June 2019. Disponível em: <https://doi.org/10.1016/j.jsis.2019.01.003>. Acesso em: 15 out. 2024.

VON GRAFENSTEIN, M. Reconciling Conflicting Interests in Data through Data Governance. An Analytical Framework (and a Brief Discussion of the Data Governance Act Draft, the Data Act Draft, the AI Regulation Draft, as well as the GDPR). **HIIG Discussion Paper Series**, n. 2022-02, 2022. Disponível em: <https://ssrn.com/abstract=4104502>. Acesso em: 15 out. 2024.

WAMBA-TAGUIMDJE, S.-L. *et al*. Influence of artificial intelligence (AI) on firm performance: the business value of AI-based transformation projects. **Business Process Management Journal**, vol. 26, n. 7, p. 1893-1924, 2020. Disponível em: <https://doi.org/10.1108/BPMJ-10-2019-0411>. Acesso em: 10 out. 2024.

WARNER, K. S. R.; WÄGER, M. Building dynamic capabilities for digital transformation: an ongoing process of strategic renewal. **Long range planning**, vol. 52, n. 3, p. 326-349, 2019.

WBG. **GovTech Maturity Index, 2022 Update:** Trends in Public Sector Digital Transformation. Washington, DC: World Bank Group, 2022.

WEBB, P.; POLLARD, C.; RIDLEY, G. Attempting to Define IT Governance: wisdom or folly? *In*: 39th Annual Hawaii International Conference on Systems Sciences, 39., 2006, Kauai. **Proceedings...** 2006, p. 10.

WIESBÖCK, F.; HESS, T. Digital innovations: embedding in organizations. **Electron Markets**, vol. 30, p. 75-86, 2020. Disponível em: <https://doi.org/10.1007/s12525-019-00364-9>. Acesso em: 15 out. 2024.

WITT, B. A.; WOLANSKE, S. J.; MERHOUT, J., W. **I&T Governance Framework for Artificial Intelligence in Marketing:** A COBIT 2019 Expansion. ISACA, 2021.

YAZDI, M. *et al.* Navigating the Power of Artificial Intelligence in Risk Management: A Comparative Analysis. **Safety**, vol. 10, n. 2, p. 42, 1 June 2024.

YEOH, W.; POPOVIČ, A. Extending the Understanding of Critical Success Factors for Implementing Business Intelligence Systems. **Journal of the American Medical Informatics Association**, vol. 67, n. 1, 2016.

YIN, R. K. **Estudo de Caso:** planejamento e métodos. Porto Alegre: Bookman, 2015.

ZAKI, M. Digital transformation: harnessing digital technologies for the next generation of services. **Journal of Services Marketing**, vol. 33, n. 4, p. 429-435, 2019. Disponível em: <https://doi.org/10.1108/JSM-01-2019-0034>. Acesso em: 16 out. 2024.

ZEQUIM, E. P.; RIBEIRO, D. F. O papel da inteligência artificial na segurança cibernética: o uso de sistemas inteligentes em benefício da segurança dos dados das empresas. **Revista Interface Tecnológica**, vol. 19, n. 1, p. 21-33, 2022.

ZHANG, H.; BABAR, M. A. On searching relevant studies in software engineering. *In*: **14th International Conference on Evaluation and Assessment in Software Engineering (EASE)**, 14., 2010, p. 1-10.

Sobre a Brasport

Há 29 anos, a Brasport é referência em publicações de tecnologia, gestão e carreira.

Nosso catálogo, disponível em **www.editorabrasport.com.br**, é composto por obras que você encontra tanto em livrarias físicas, como na Amazon e em eventos especializados.

Além disso, nossas publicações estão acessíveis em uma plataforma digital que alcança 4 milhões de assinantes, distribuídos em 900 universidades e empresas.

Quer se unir a essa trajetória de sucesso? Entre em contato conosco pelo e-mail: **administrativo@brasport.com.br**